高等职业教育会计专业系列教材

U0661108

成本会计

（第 2 版）

潘　悦　罗小兰　李佳楠　主　编

张　宁　伍春晖　石聪颖　陆海莉　副主编

微信扫描
获取课件等资源

南京大学出版社

内 容 简 介

本书从高职高专人才培养模式的基本特点和会计专业人才培养目标的基本要求出发，结合成本会计工作岗位的实际，以工业企业为对象，对成本核算的理论和方法进行了全面、系统的阐述。全书内容包括4个部分，即成本会计的理论概述、成本费用的核算、产品成本的计算方法以及成本报表的编制和分析。全书以成本会计的理论知识为开篇，以成本会计的职能和核算要求为切入点，详细介绍了成本费用的归集和分配，重点讲解了品种法、分批法、分步法等产品成本的计算方法，以典型案例为载体，以实践技能为核心，辅以相关专业理论知识来培养学生的综合职业能力。

本书既可作为高等职业院校、高等专科院校、成人高校和民办高校财会专业及相关专业的成本会计实务的培养教材，也可作为会计人员岗位培训辅导用书。

图书在版编目（CIP）数据

成本会计 / 潘悦，罗小兰，李佳楠主编. -- 2 版.
-- 南京：南京大学出版社，2020.8
  ISBN 978-7-305-23489-7

Ⅰ. ①成… Ⅱ. ①潘… ②罗… ③李… Ⅲ. ①成本会
计－高等职业教育－教材 Ⅳ. ①F234.2

中国版本图书馆 CIP 数据核字(2020)第 106537 号

出版发行　南京大学出版社
社　　　址　南京市汉口路 22 号　　　　邮　　编　210093
出 版 人　金鑫荣

书　　名　成本会计
主　编　潘　悦　罗小兰　李佳楠
策划编辑　胡伟卷
责任编辑　武　坦　　　　　编辑热线　025-83592315

印　　刷　扬州皓宇图文印刷有限公司
开　　本　787×1092　1/16　印张 13.25　字数 339 千
版　　次　2020 年 8 月第 2 版　2020 年 8 月第 1 次印刷
ISBN 978-7-305-23489-7
定　　价　39.80 元

网　　址：http://www.njupco.com
官方微博：http://weibo.com/njupco
微信服务号：njuyuexue
销售咨询热线：（025）83594756

前　言

　　成本会计作为会计学的分支学科，有着自身相对独立的理论体系和方法体系。随着市场经济的加速发展、企业经营管理要求的不断提高，成本会计作为会计工作的重要组成部分，在企业生产经营管理中发挥着举足轻重的作用。因此，不论是会计专业学生的成本会计课程的学习，还是企业成本会计的实务操作，一本体系结构合理、内容充实、体例适当的成本会计教材是必不可少的。为了适应新经济形势的需要，本书根据财政部最新《企业会计准则》的变化和要求，从企业成本会计岗位的实际出发，紧密结合高等职业教育教学的特点进行编写，旨在强化学生成本核算与分析能力，提高学生的就业竞争力。与同类教材比较，本书的内容具有以下特点：

　　1. **突出完整性和通用性**。本书较为系统地阐述了成本会计对象、成本会计目标、成本会计环节和成本会计组织等相关理论问题，对学生全面认识成本会计内容和作用、把握本课程与其他相关课程之间的分工具有非常重要的意义。

　　2. **突出高职课程"理论够用、强化实践"的特点**。教材以职业能力和职业发展为导向，内容去繁从简，融入企业实际发生的成本会计业务，通过真实的实务操作帮助学生提升专业技能。

　　3. **体例活泼、简洁实用**。教材结构直观，主干突出，每个项目列示了学习目标、项目小结、复习思考题、练习题，相关项目还配有小提示、小专栏，引导学生积极参与思考，有助于增加教学过程中的互动性。

　　本书由金肯职业技术学院潘悦、罗小兰，湖南民族职业学院李佳楠担任主编；南京航空航天大学金城学院张宁，金肯职业技术学院伍春晖、石聪颖和陆海莉担任副主编。潘悦负责编写大纲的拟定和对全书统稿，罗小兰、李佳楠负责审校工作。具体分工如下：潘悦编写项目3、项目4、项目6；李佳楠编写项目9、项目10和项目11；张宁编写项目1；伍春晖编写项目1和项目12；石聪颖编写项目7和项目13；陆海莉编写项目5和项目8。

　　本书是湖南省教育科学"十三五"规划2020年度一般课题《"大智移云"时代高职会计专业复合型人才培养模式研究与实践》（课题编号XJK20CZY059）阶段性研究成果。本书在编写过程中参阅了其他不少成本会计教材，借鉴了很多成本核算方面的案例，也得到了很多老师的大力支持，在此一并表示感谢！

　　由于编写时间仓促，编者水平有限，书中不妥之处，恳请专家和读者批评指正！

编　者

2020年6月

目 录

项目 *1*

总 论

学习目标

1. 理解成本的经济实质、成本会计的定义。
2. 掌握成本会计的对象、职能和任务。
3. 了解成本会计的产生、发展,明确成本会计的法规和制度。
4. 通过对成本会计基本概念的学习,为进一步学习成本会计理论,掌握成本会计核算体系奠定基础。

成本会计是为了适应特定的经济发展的要求而产生的,并在同外部环境的相互作用中不断发展。在过去几十年中发展起来的产品成本计算方法和成本管理实践对特定类型的决策环境与特定类型的生产技术是适用的。但在 20 世纪 80 年代,伴随着日益白热化的国际竞争而出现的利润空间的急剧缩小,使得精确计算产品成本和加强成本控制在管理决策中占据了关键地位。在当今的经济环境中,信息的产生和使用,尤其是成本管理信息的产生和使用是管理者有效进行管理,提升竞争地位的重要因素。如今,任何一个企业的成功——小到社区的便利超市,大到跨国公司——都离不开成本会计。

1.1 成本和成本会计

1.1.1 成本的含义

“成本”一词可以运用于人类生产、生活的各个方面,在日常生活中,人们通常将成本描述为“花费”或“代价”。例如,一个家庭要培养这名大学生,要花费一定数量的货币,这项花费就是该家庭培养这名大学生的成本。在财务会计中,成本主要运用于两个方面。

① 资产计价,即成本是为了取得资产或某种利益发生的资金耗费,如将各种资产的购置支出定义为资产的取得成本。

② 将成本和费用区分开来。费用是指企业为销售商品、提供劳务等日常活动所发生的经济利益的流出,费用的发生会导致企业资产的减少或负债的增加;成本是指企业为生产产品、提供劳务而发生的各种耗费,是对象化的费用。本书所指的成本是一种狭义的内容,即仅指产品成本。

按照我国《企业会计准则》的规定,理解成本的含义需要关注以下几个方面。

1. 界定成本的开支范围

为了促使企业加强经济核算,减少生产损失,对于劳动者为社会劳动所创造的某些价值,如财产保险费等,以及一些不形成产品价值的损失性支出,如工业企业的废品损失、季节性和修理期间的停工损失等,也计入了成本。可见,实际工作中的成本开支范围同理论成本包括的内容是有一定差别的。就废品损失、停工损失等损失性支出来说,从实质上看,并不形成产品价值——它不是产品的生产性耗费,而是纯粹的损耗,其性质并不属于成本的范围。但是考虑到经济核算的要求,将其计入成本,可促使企业减少生产损失。当然,对于成本实际开支范围同成本经济实质的背离,必须严格限制,否则成本的计算就失去了理论依据。

2. 产品成本核算采用"制造成本法"

理论上的"成本"概念是指企业生产经营中所发生的全部劳动耗费,即是一个"完全成本"的概念。在实际工作中,按照我国现行企业会计制度的规定,工业企业应采用制造成本法计算产品成本,从而企业生产经营中所发生的全部劳动耗费就相应地分为产品制造(生产)成本和期间费用两大部分。产品的制造成本是指为制造产品而发生的各种费用的总和,包括直接材料、直接人工和全部制造费用;期间费用则包括管理费用、销售费用和财务费用。在制造成本法下,期间费用不计入产品成本,而是应直接计入当期损益。

3. 成本概念的扩展

随着社会经济的发展和企业管理要求的提高,成本概念在不断地发展、变化,人们能感受到成本范围的逐渐扩大。从其过程结构来看,它已不只是局限于生产过程的成本,而是伴随着产品的设计、开发、生产、销售和使用的全过程;从其内容结构来看,它已不只是考虑同生产、销售和售后服务相关的直接消耗的物化劳动和活劳动的价值,而是对事前、事中、事后成本的一种全面考虑;从其所涉及的对象来看,它已不只是人们所熟悉的生产成本,而是随着会计管理职能的逐渐扩大,引入了诸如质量成本、边际成本、机会成本、作业成本、环境成本和战略成本等众多新型的成本范畴。所以说,成本已是一个含义较广的综合性概念。

1.1.2 成本作用

在社会主义市场经济条件下,成本在企业管理工作中具有十分重要的作用,成本的高低是企业进行决策时必须考虑的重要因素之一。

1. 成本是企业补偿生产耗费、确定毛利的基本尺度

为了保证企业再生产的不断进行,必须对生产耗费即资金耗费进行补偿。作为自负盈亏的商品生产者和经营者的企业,要确保其简单再生产的正常进行,就需要定期从收入中把相当于成本的数额划分出来,用以补偿其资金耗费。同时,已耗成本也是企业确定毛利的基本依据,因为扣除已耗成本后才是企业的毛利,而且已耗成本和企业毛利之间存在着反比例数量关系。

2. 成本是产品定价的基础

产品的定价是一项复杂的工作,需要考虑的因素有很多,如国家的价格政策、各种产品

的比价关系、产品在市场上的供求关系及市场竞争的态势等。但是,企业在制定产品价格时,必须考虑企业的实际承受能力,即产品实际成本水平,因为成本是产品价格制定的最低经济界限。如果产品的价格低于它的成本,企业生产耗费就不能全部由产品销售收入来补偿。因此,产品成本是制定产品价格的一项重要依据。

3. 成本是企业合理决策的重要依据

对服务业来说,在服务收入既定、保证服务质量的前提下,企业应选择那些服务综合成本较低或服务净收益较高的服务项目。

对制造业来说,提高企业在市场上的竞争能力和经济效益是决策者进行合理决策的主要目标。在进行产品生产(或劳务提供)决策时,只要是社会需要且企业也具备相应的能力,在预测了价格因素的基础上决定生产哪些产品、生产多少产品(或提供哪些劳务)的最重要因素便是产品(或劳务)的成本水平。在价格等因素一定的前提下,成本的高低直接影响着企业盈利的多少,较低的成本可以使企业在市场竞争中处于有利的地位。

另外,成本大小还会影响企业流动资金占用金额的多少,关系到不同规模企业的资金周转能力等问题。这自然影响企业的经营方向和经营规模等重大决策。

4. 成本是影响企业经营成果的关键因素

在市场经济条件下,每个企业经营成果的好坏一定意义上取决于其成本的高低,即在生产量或创造价值量不变的条件下,成本越低的企业,其经营成果越好。这是因为在市场竞争、供求关系等诸多因素的影响下,全社会自然构筑了每种商品产品的平均市场价格,也就派生出了社会平均成本。

成本是反映生产耗费的综合指标,所以企业经营管理中各方面工作的业绩都可以直接或间接地在成本上反映出来。例如,固定资产的利用情况、产品设计的好坏、生产工艺的合理程度、原材料的节约与浪费、劳动生产率的高低、产品质量的高低、产品产量的增减及供、产、销各个环节的工作是否衔接协调等,最终都可以在成本中反映出来。因此,成本是衡量企业生产经营活动质量的综合指标,只有那些个别成本低于社会平均成本的企业,才会获得超额利润,才会在竞争中取胜。从宏观的角度来看更是如此,即全社会经济效益的提高,最终依靠的是对资源科学、合理的开发及对资源的节约和有效使用。

1.1.3　成本会计的对象

成本会计有狭义和广义之分。狭义的成本会计主要是指成本核算,是按照一定的程序、标准和方法,对企业发生的各种费用进行归集和分配,从而计算出产品总成本和单位成本的一系列程序和方法;广义的成本会计不但包括成本核算,而且还包括成本预测、成本决策、成本控制、成本考核和成本分析等内容。本书主要介绍狭义的成本会计。

微课

马克思、恩格斯曾经指出,劳动不是创造一切财富的唯一源泉。企业在生产经营活动中,劳动者必须同生产资料相结合,才能创造物质财富,而且生产资料和活劳动,作为生产经营活动的基本生产要素是缺一不可的。从资金循环和周转的过程可知,随着生产经营活动的不断进行,所耗费的生产要素逐渐地转化为劳动的生产成果,而生产成果

再通过其价值的实现,又可以更新补偿和收回生产经营过程所垫付的资金,进而又可以开始下一轮的再生产。

同会计对象相似,成本会计的对象是指成本会计所要反映和监督的内容。其具体内容应从以下两个方面来谈。

从政治经济学的角度来看,成本是企业为市场生产商品,提供劳务而耗费的物化劳动和活劳动的必要劳动量的补偿价值。产品成本是产品价值的重要组成部分。产品的价值由 3 个部分组成:生产过程中耗费的生产资料的价值(包括劳动资料和劳动对象),即物化劳动价值转移的部分(C);劳动者活劳动的消耗所创造的价值中归个人支配,主要以工资形式支付给劳动者的劳动报酬的部分(V);劳动者活劳动消耗所创造的价值归社会支配,主要以税金和利润形式进行分配的部分(M)。从理论上来看,产品成本是企业在生产产品过程中实际发生的 C 与 V 之和,通常可称为理论成本。成本的经济实质可以概括为:企业在生产经营过程中所耗费的生产资料转移的价值和劳动者为自己劳动所创造的价值的货币表现,也就是企业在生产经营过程中所耗费的资金的综合。

👀 提示

在现实经济活动中,一般很难确定纯粹的 $C+V$ 这种理论成本,更何况成本常被作为国家宏观调控经济的杠杆来运用,使实际成本同理论成本常常不一致。理论成本不考虑生产经营活动中偶然因素和异常情况的消耗,只对正常的物化劳动和活劳动消耗进行货币计量;实际成本则是按照现行制度规定的成本开支范围,以正常的生产经营为前提,是生产经营过程中实际消耗的物化劳动的转移价值和活劳动所创造价值中应纳入成本范围的那部分价值的货币表现。它往往受国家经济工作方针、政策和当期生产经营条件等客观条件变化的影响。

综上所述,按照《企业会计准则》和《企业会计制度》的有关规定,可以把工业企业成本会计对象概括为企业生产经营过程中发生的生产经营业务成本和期间费用。

在会计实务中,成本开支范围是由国家通过有关法规制度来加以界定的,实际产品成本内容同理论成本包含的内容有一定的差别。在实际操作中,为了加强经济核算,减少资金占用,节约生产费用及减少生产损失(如废品损失和停工损失),将某些不构成产品价值的损失也计入产品成本。此外,企业为组织和管理生产经营而发生的管理费用、为销售产品而发生的销售费用,以及为筹集生产经营资金而发生的财务费用都很难确定其产品对象归属,但很容易确定其发生的期间。为了简化成本核算工作,就将它们作为期间费用处理,直接计入当期损益,不计入产品成本。因此,会计实务中的产品成本是指产品中的生产成本或制造成本。由此可见,工业企业成本会计对象包括产品生产成本和期间费用。

1.1.4 成本会计的产生与发展

同其他经济学科一样,成本会计也是基于生产管理的需要而产生,并随着生产力的发展而不断发展和完善的。成本会计的产生和发展先后经历了早期成本会计、近代成本会计和现代成本会计各个阶段。成本会计的理论和方法体系,随着发展阶段的不同而呈现出不同特点。

1. 早期成本会计阶段（1880—1920 年）

随着英国产业革命的完成,由机器代替了手工劳动,由工厂制代替了手工工场,会计人员为了满足企业管理上的需要,起初是在会计账簿之外,用统计的方法来计算成本的。这就是成本会计的萌芽。为了满足有关方面对成本信息资料的需要和企业管理上的需要,提高成本核算的精确性,成本计算由统计核算逐步纳入复式账簿系统,同会计核算结合起来,实现了成本记录和会计账簿一体化,从而形成了真正的成本会计。从成本会计的方式来看,在早期成本会计阶段,主要采用分批法或分步法成本会计制度;从成本会计的目的来看,计算产品成本是为了确定存货成本和销售成本。因此,初创阶段的成本会计也被称为记录型成本会计。

这个时期的记录型成本会计取得了一定的进展,主要表现在:设立材料账户和材料卡片等建立的材料核算和管理办法;按部门归集和分配人工成本所建立的工时记录制人工成本的计算方法;在实践中先后提出了按实际数进行间接费用分配的正常分配理论;在制造业开始推广采用通过分批成本法和分步成本计算法计算产品成本等。被称为第一本成本会计专著的是 1885 年出版的梅特卡夫（H. Metcalfe）著的《制造成本》。英国电力工程师加克（E. Garcke）和会计师费尔斯（J. M. Fells）合著的《工厂会计》于 1887 年问世,该书提出了在总账中设立"生产""产成品""营业"等账户来结转产品成本,最后通过"营业"账户借贷双方余额的结算,得出营业毛利。该著作的问世,对于成本会计的建立具有极其重要的意义,被誉为 19 世纪最著名、最有影响的成本会计专著。

2. 近代成本会计阶段（1921—1945 年）

随着科学技术的发展和社会生产力的进步,市场竞争日益加剧,成本管理在企业管理中的重要性也日渐显现,对企业管理提出了越来越高的要求,进而又促使成本会计的不断发展。

19 世纪末 20 世纪初,在制造业中发展起来的以泰勒为代表的科学管理,对成本会计的发展产生了深刻的影响。美国会计学家将标准成本制度从实验阶段推进到了实施和广泛推广阶段。这就使得原来的事后成本核算转变为事先制定成本标准,事中控制和事后核算同分析相结合。到了 1928 年,美国一些会计师和工程师还提出并实行了分别制定弹性预算和固定预算来合理地控制不同属性的费用支出,使得成本会计的应用范围从原来的工业企业扩展到其他行业。这一时期代表性的成本会计著作有美国尼科尔森（J. L. Nicholson）和罗尔巴克（F. D. Rohrback）合著的《成本会计》、陀耳（J. L. Dohr）著的《成本会计原理和实务》等,从而使成本会计的理论和方法得到进一步发展和完善,形成了完全独立的学科。

3. 现代成本会计阶段（1945 年以后）

20 世纪 50 年代后期,随着科技进步和企业生产自动化程度的提高,西方国家的社会经济进入了新的发展时期,跨国公司纷纷涌现。为适应企业管理现代化的要求,运筹学、系统工程和电子计算机等各种科学技术成就在成本会计中得到了更为广泛的应用,形成了新型的注重管理的经营型成本会计。成本会计的发展重点已由如何对成本进行事中控制、事后计算和分析,转移到新型的以管理为主的现代成本会计。其主要表现为开展成本的预测和决策、实行目标成本计算、实施责任成本计算、实行变动成本计算法、推行质量成本计算等。

专栏 1—1

成本优势的巨人却是成本管理上的弱智,麦青锡这样评价中国的企业。

据波士顿咨询公司报告,中国制造业人力成本仅及美国的2.2%,相应带来的采购成本、服务成本更低得多,这是中国企业参与国际竞争的撒手锏。国人也对此津津乐道,成本低廉就意味着拥有更多的利润空间。但回过头来细想就觉得不对劲儿了。

实际上,即使在经济高速增长的年份,中国很多企业也是微利或是赔本赚吆喝的。以IT行业为例,全球20%的PC、超过60%的数码相机、70%的DVD、80%的扫描仪等都是在中国制造的,然而,为什么低人力成本的中国IT企业平均利润只有5%~10%,而高人力成本的戴尔、英特尔等企业的利润却高达70%~80%呢? 为什么原材料价格稍稍抬头,整个行业的业绩就大幅跳水?

为什么中国所有银行的利润相加仅略高于汇丰银行一家的利润? 中国啤酒销售量居世界第一,可全行业的利润只相当于一家世界中型啤酒厂的利润?

除了品牌和技术层面的差距,还有一个被我们长期忽视的问题:成本管理。坦率地说,我们并不懂得如何去系统控制成本,一味以单一的人力成本优势宽自己的心,而浪费大、次品率高、工作效率低等通病直接抬高了中国企业的综合运营成本,侵蚀了原本丰厚的利润区。随着原材料价格大幅上扬,全球一体化招标采购成为趋势,原材料上的成本优势不复存在;弄明白了的欧美企业也把工厂撤到了中国,伴随着民工荒,劳动力成本的优势愈发不明显;人民币升值可能导致出口型企业的利润缩水甚至归零。

这一切,都向中国的企业提出了新的课题——在成本的失误中顿悟出来,从资源型成本优势跃升到管理型成本优势,同技术进步交相辉映,从而形成具有时代意义的核心竞争力。战略成本管理是企业做大做强的基石,基业长青的根本!

资料来源:乐艳芬. 成本管理会计[M]. 上海:复旦大学出版社,2010.

1.2 成本会计的职能和任务

1.2.1 成本会计的职能

成本会计的具体职能包括成本预测、成本决策、成本计划、成本控制、成本核算、成本分析、成本考核等7项职能。本书所阐述的主要是成本控制和成本核算两个基本职能。

1. 成本预测

成本预测就是在目前成本水平的基础上,根据各种有关数据,考虑各种因素,认真分析技术、经济条件和发展前景,研究可能采取的措施,运用一定的技术方法,对未来的成本水平及其变动趋势做出科学的估计和推断的职能。通过成本预测,可以减少生产经营管理的盲目性,提高降低成本和费用的自觉性,充分挖掘降低成本和费用的潜力。

2. 成本决策

成本决策是在成本预测的基础上,结合其他有关资料,运用定量和定性分析的方法,选择最优的行动方案。为了进行成本决策,应该在成本预测的基础上编制各种提高生产质量、改进技术、改善经营管理及降低成本、费用的方案,并且采取一系列的专门方法,对各个方案进行可行性研究和技术分析,做出成本决策,确定目标成本的职能。进行成本决策、确定目标成本是编制成本计划的前提,也是实现成本事前控制,提高经济效益的重要途径。

3. 成本计划

成本计划是根据成本决策所确定的方案、计划期的生产任务降低成本的要求及有关资料,通过一定的程序,运用一定的方法,以货币形式规定计划期产品生产耗费和产品的成本水平,并提出保证成本计划顺利实现所应采取措施的职能。成本计划既是降低成本和费用的具体目标,也是进行成本控制、成本分析和成本考核的依据。成本计划的编制过程也是充分挖掘降低成本和费用潜力的过程。

4. 成本控制

成本控制主要是指在生产经营过程中,根据成本计划对各项实际发生或将要发生的成本和费用进行审核、控制,将其限制在计划成本之内,防止超支、浪费和损失的发生,以保证成本计划执行的职能。

从企业的经营过程来看,成本控制包括产品生产的事前控制、事中控制和事后控制。成本控制的事前控制是从立项建厂、扩建、改建、技术组织措施,以及新产品设计、研制、老产品改造,直到产品正式投产前所进行的一系列降低产品成本的活动。事前控制是整个成本控制活动中很重要的环节,直接影响产品制造成本和使用成本的高低。事中控制就是根据各种消耗定额和费用定额,按照国家有关部门规定的成本开支范围和开支标准,对成本和费用进行的控制。这也是本书主要讲述的内容。事后控制是定期地对某一段时间成本控制的总结,并反馈控制下阶段的成本。通过成本控制,可以防止浪费,及时揭示存在的问题,消除生产损失,实现成本目标。

5. 成本核算

成本核算是根据产品成本核算对象,采用适当的成本核算方法,按规定的成本项目,通过一系列生产费用的归集和分配,正确划分各种费用界限,从而计算出各种产品的实际总成本和实际单位成本的职能。成本核算是成本会计的中心内容,是其他各环节的基础。成本核算的过程,既是对产品的实际生产费用进行如实反映的过程,也是对各种生产费用实际支出进行控制的过程。也可以说,成本控制贯穿于成本核算的全过程。

6. 成本分析

成本分析是根据成本报表提供的成本数据和其他有关资料,与本期计划成本、上年同期实际成本、本企业历史先进的成本水平及与国内外先进企业的成本等进行比较,确定成本差异,并且分析这些差异的原因,查明成本超支的责任,以便采取相应的措施,改进生产经营管理,降低成本和费用,提高经济效益的职能。成本分析通常在期末进行,如果能够在成本和费用发生时即可揭示其差异,再根据这些日常成本、费用的差异数据进行成本的事中分析,就能及时揭示成本和费用超支的原因,从而及时、有效地控制成本。成本分析提供的信息,应该及时反馈。对于实际成本和费用中存在的超支和浪费,应该及时采取措施,改进工作,消除不合理的超支浪费;对于成本计划、消耗定额本身存在的问题,应当按照规定修订计划和定额。成本分析还可为成本考核提供依据,为未来成本预测和决策及编制新的成本计划提供资料。

7. 成本考核

成本考核是在成本分析的基础上,定期对成本计划的执行结果进行评价和考核的职能。成本考核应按成本责任的归属,考核规定指标的完成情况,结合奖惩制度,对各部门、各单位或个人成本计划执行的结果进行奖惩,以有利于客观评价工作业绩和明确责任,同时也有利于激励企业员工改进工作,提高企业整体管理水平和经济效益。

综上所述,成本会计的各项职能是相互配合、相互依存的,是有机的整体。这些职能应当贯穿于企业生产经营活动的全过程。

专栏1—2

目前,中国企业最需要的是成本管理会计师,一个成本管理会计师胜过一群经济学家。

中国企业大量缺乏成本管理会计师。我国的大学对现代成本管理的教学和研究远远落后于世界上大多数国家,这主要是由于我国以前是以计划经济为主,另外现代成本管理会计是一项跨学科、综合性很强、需要懂得生产管理和信息技术等新知识,又是不断地发展的管理技术。

我国的成本管理会计师师资严重缺乏,也是目前我国大学难以培养企业急需的成本管理会计人才的原因之一。当前,企业只有自己来培训成本管理会计师。由于缺乏成本管理会计师,企业应用成本管理会计的大多数时候只是产品成本核算业务且还是使用反映成本信息不准确的传统成本核算方法。例如,由于不清楚哪种产品、哪些客户的准确成本是多少,所以也就不知道哪些产品、哪些客户是盈利的,哪些产品、哪些客户是亏损的,这常常是造成决策错误的根本原因。实施成本管理会计项目需要企业全员参与,是个跨部门的项目,会计、生产、营销、采购、仓库、管理、后勤等部门都要积极参与。企业信息化很重要,但是仅仅实施ERP还不够,ERP只是信息工具,只有从中获取有利于提高企业利润的决策信息并被管理者利用才真正有用。这就需要成本管理会计师的工作。

资料来源:乐艳芬. 成本管理会计[M]. 上海:复旦大学出版社,2010.

1.2.2 成本会计的任务

成本会计是企业经营管理的一个重要组成部分。成本会计的任务是由经营管理的要求所决定的,受成本会计的对象和职能所制约,在成本会计对象和职能的范围内,为企业经营管理提供所需的数据和信息,并参与经营管理,以达到降低成本和费用,提高经济效益的目的。

成本会计有以下4个方面的具体任务。

1. 及时、正确地进行成本核算,提供有用的成本信息

正确计算产品成本是成本会计的基本工作。企业只有及时提供成本信息,才能保证经

营成果计算和存货估价的准确性。有效地考核成本计划的完成情况,有助于成本的预测、决策的开展,以及财务报表的编制。因此,企业要对发生的各项费用进行严格审核和控制,制止各种浪费和损失,依据《企业会计准则》和《企业会计制度》的有关要求,按照企业特点采用适当的成本计算方法,及时核算产品成本。

2. 加强成本预测,优化成本决策

加强成本预测是优化成本决策的前提,而优化成本决策是加强成本预测的结果。做好成本预测和成本决策工作,可以为企业挖掘降低成本的潜力,提高经济效益指明方向和途径。

3. 制定目标成本,加强成本控制

制定目标成本的正确与否对于成本控制的有效性有着重要影响。科学制定目标成本,可以充分调动职工的积极性,真正起到控制成本的作用。而成本控制又是在目标成本分解的基础上进行的——加强成本控制,必须对目标成本的分解指标进行归口分级控制,对产品成本形成的全过程进行有效控制。

4. 建立成本责任制度,加强成本考核

建立成本责任制,就是要把成本责任指标分解落实,使企业生产经营各部门、各层次和每个人都承担一定的责任成本,并使责、权、利相结合,以增强企业活力。而成本考核可以分清责任,正确评价各部门工作,鼓励先进,鞭策落后,并把成本管理的好坏同职工的切身利益紧密结合起来。

1.3 成本会计工作的组织

为了发挥会计的职能作用,完成成本会计的任务,必须科学地组织成本会计工作。成本会计工作的组织应包括成本会计工作应遵守的法规制度、机构的设置、人员的配备及其职责和权限,以及成本会计工作的组织形式等内容。一般说来,企业应根据本单位生产经营的特点、生产规模的大小和成本管理的要求等具体情况来组织成本会计工作。

1.3.1 成本会计的机构

企业的成本会计机构是企业中直接从事成本会计工作的机构。企业的成本会计机构是企业会计机构的一部分。就制造业来讲,厂部的成本会计机构一般设在厂部会计部门内,是厂部财务处的一个科,或者是厂部会计科的一个组。厂部供、产、销等职能部门和下属生产车间等,可以设置成本会计组,或者配备专职、兼职的成本会计或成本核算人员。这些单位的成本会计机构或人员,在业务上都应接受厂部成本会计机构的指导和监督。

成本会计机构内部的组织分工可以按成本会计的职能进行划分,如将厂部成本会计科分为成本核算和成本分析等小组,也可以按成本会计的对象分,如分为产品成本和经营管理费用等小组。为了科学地组织成本会计工作,还应按照分工建立成本会计岗位责任制,使每一项成本会计工作都有人负责,每一个成本会计人员都明确自己的责任。

企业内部各级成本会计机构之间的组织分工,有集中工作和分散工作两种方式。所谓集中工作方式,是指成本会计工作中的核算、分析等方面的工作,主要由厂部成本会计机构集中进行,车间等其他单位中的成本会计机构或人员只负责登记原始记录和填制原始凭证,对它们进行初步的审核、整理和汇总,为厂部进一步工作提供资料。在这种方式下,车间等其他单位大多只配备专职或者兼职的成本会计或核算人员。所谓分散工作方式,又称非集中工作方式,是指成本会计工作中的核算和分析等方面工作由分散在车间等其他单位的成本会计机构或人员分别进行,厂部成本会计机构负责对各下级成本会计机构或人员进行业务上的指导和监督,并对全厂成本进行综合的核算、分析等工作。

采用集中工作方式,厂部成本会计机构可以比较及时地掌握企业有关成本的全面信息,便于集中使用计算机进行成本数据处理,还可以减少成本会计机构的层次和成本会计人员的数量。但是,不便于实行责任成本核算,不便于直接从事生产经营活动的各单位和职工及时掌握本单位的成本信息,因而不利于调动其自我控制成本和费用及提高经济效益的积极性。分散工作方式的优缺点同集中工作方式的优缺点恰好相反。

企业应该根据规模、内部单位经营管理的要求,以及成本会计人员的数量和素质,从有利于充分发挥成本会计工作的职能作用,提高成本会计工作的效率的角度出发,确定采用何种工作方式。大中型企业一般采用分散工作方式,中小型企业一般采用集中工作方式。为了扬长避短,也可以在一个企业中结合采用两种方式,即对某些单位采用分散工作方式,而对另一些单位则采用集中工作方式。

为了充分发挥成本会计机构的职能作用,企业的总会计师和会计主管人员应该加强对成本会计机构的领导,经常研究成本会计工作,督促和检查成本会计机构做好各项业务工作,支持成本会计人员履行职责,帮助其解决工作中存在的问题,并且以身作则,遵守有关的规章制度。

1.3.2 成本会计人员

在企业的成本会计机构中,配备适当数量政治上和业务上合格的成本会计人员,是做好成本会计工作的决定性因素。为了充分调动会计人员做好工作的积极性,国家规定了会计人员的技术职称及会计人员的职责和权限,这些规定对于成本会计人员也完全适用。

成本会计人员应通过成本会计的各种职能,充分挖掘企业降低成本、费用的潜力,促使企业不断降低成本、费用。成本会计人员还应该从降低成本和费用,提高经济效益出发,参与企业生产经营决策,提出改进企业生产经营管理的建议,当好企业负责人的参谋。

企业成本会计机构的负责人,是企业成本会计工作的领导者和组织者,应在企业总会计师和会计主管人员的领导下,按照有关的法规和制度,结合本企业的实际情况,拟定本企业的成本会计制度或办法,并督促成本会计人员和有关职工贯彻执行。企业成本会计机构负责人还应经常总结经验,不断改进工作,使企业的成本会计工作更好地适应社会主义市场经济的需要;还应组织成本会计人员学习有关的业务理论和业务技术,不断更新专业知识,并对成本会计人员进行定期的考核,参与研究成本会计人员的任用和评价。

成本会计人员有权要求企业有关单位和职工认真执行成本计划,严格遵守有关的法规和制度。成本会计人员应该积极参与制定企业生产经营计划和各项定额,参与同成本有关的生产经营管理的会议,一并有权督促检查企业内部各单位对成本计划和有关法规、制度的执行情况。

成本会计人员应该认真履行自己的职责,确保行使自己的职权——既要从国家利益和企业降低成本与费用,提高经济效益出发,坚持原则,执行有关的法规和制度,又要结合实际向有关人员和职工宣传、解释国家有关的方针、政策、法规和制度,防止主观武断,滥用职权。此外,成本会计人员还应以身作则,模范地遵守这些法规和制度。为此,成本会计人员应该努力学习国家有关的政策、法规和企业有关的制度,熟悉企业的生产工艺流程,刻苦钻研业务,不断提高自身的理论水平和业务能力。

1.3.3　成本会计的法规和制度

成本会计的法规和制度是组织与从事成本会计工作必须遵守的规范,是会计法规和制度的重要组成部分。制定和执行成本会计的法规与制度,可以使企业的成本会计工作贯彻国家有关的方针、政策,保证成本会计资料真实、规范、及时和有用。

1. 制定成本会计法规和制度的原则

成本会计法规和制度,应按照统一领导、分级管理的原则制定。全国性的成本会计法规和制度,应由国务院和财政部统一制定;每一个企业的成本会计制度或办法,应由企业根据国家的有关规定,结合企业的实际情况制定。

成本会计法规和制度的制定,既要满足宏观、微观管理的要求,又要做到简明实用,以便贯彻执行,并节约成本会计工作的人力和费用。成本会计法规和制度也属于上层建筑,应该随着经济的发展、经济体制改革的深入及会计法规和制度的改革,进行相应的改革。成本会计法规和制度,应该既吸收国际上有关的先进经验,同国际惯例接轨,又要考虑我国国情,从实际出发。

2. 成本会计法规和制度的种类

同成本会计有关的法规和制度,可以分为以下4类。

(1)《中华人民共和国会计法》(以下简称《会计法》)

这是我国会计工作的基本法,各专业会计,包括成本会计的一切法规、制度都应按照该要求制定。用法律形式确定会计工作的地位和作用,有利于提高人们对会计工作的认识,端正人们对待会计工作的态度。

(2)《企业会计准则》和《企业产品成本核算制度(试行)》

《企业会计准则》和《企业产品成本核算制度(试行)》是依据《会计法》制定的由财政部发布施行的规章,是企业进行财务、会计工作的准则。财政部发布的《企业产品成本核算制度(试行)》于2014年1月1日起,在除金融保险企业以外的大中型企业范围内施行。这是财政部门探索加强管理会计工作,主动服务企业发展的重大举措。该制度体现了规范化、科学化、信息化的管理理念,体现了对现行成本核算办法的继承和发展,体现了与具体会计准则的有机协调,体现了管理会计的做法和经验。该制度的发布实施,将有利于加强企业内部管理,有利于企业贯彻实施"走出去"的战略,有利于推动管理会计发展。

(3)企业内部会计制度

这是由各企业根据《企业会计准则》、企业会计的具体准则和国家制定的企业会计制度,结合本企业具体条件自行制定的会计制度。企业的成本会计工作是本企业会计工作的重要组成部分,企业的成本会计工作也应符合本企业会计制度的规定。

(4) 企业成本会计制度、规程和办法

各企业为了具体规范本企业的成本会计工作,还应根据上述各种法规和制度,结合本企业生产经营特点和管理的要求,具体制定本企业的成本会计制度、规程或办法。这是企业进行成本会计工作具体的、直接的依据。

企业成本会计机构的会计人员应按照上述各种法规和制度的规定,分工协作、互相配合,并且组织职工群众共同做好成本会计工作,充分发挥成本会计的各种职能作用。

项目小结

成本是为了达到一定的目的而付出的代价。由于企业要完成各种生产经营任务,所以有各种各样的成本。例如,采购材料要发生材料采购成本、生产产品会发生产品生产成本等。本项目主要介绍的是产品的生产成本。

成本会计有狭义和广义之分:狭义的成本会计主要是指成本核算;广义的成本会计不但包括成本核算,还包括成本预测、成本决策、成本控制、成本考核和成本分析等内容。各行业成本会计的对象有所不同,工业企业成本会计对象可概括为企业生产经营过程中发生的生产经营业务成本和经营管理费用。现代成本会计的职能包括成本预测、成本决策、成本计划、成本控制、成本核算、成本分析、成本考核7项。

为了发挥会计的职能作用,完成成本会计的任务,必须科学地组织成本会计工作。成本会计工作的组织应包括成本会计机构的设置,成本会计人员的配备,及成本会计法规、制度的制定和执行。一般说来,企业应根据本单位生产经营的特点、生产规模的大小和成本管理的要求等具体情况来组织成本会计工作。

思考题

1. 成本的含义是什么?
2. 成本会计有哪些职能? 如何理解其内在关系?
3. 成本会计有哪些任务?

练习题

一、单项选择题

1. 一般说来,实际工作中的成本开支范围和理论成本包括的内容是( )。
   A. 有一定差别　　　　　　　B. 相互一致
   C. 不相关　　　　　　　　　D. 相互可以替代
2. 所谓理论成本,就是按照马克思的价值学说计算的成本,主要包括( )。
   A. 已耗费的生产资料转移的价值
   B. 劳动者为自己劳动所创造的价值

在线测试

  C. 劳动者为社会劳动所创造的价值

  D. 已耗费的生产资料转移的价值和劳动者为自己劳动所创造的价值

3. 制造成本是指为制造产品而发生的各种费用总和,包括(　　)。

  A. 直接材料、直接人工和制造费用　　　B. 直接材料、直接人工和期间费用

  C. 直接材料、直接人工　　　　　　　　D. 全部制造费用和期间费用

4. 实际工作中的产品成本是指(　　)。

  A. 产品的制造成本

  B. 产品所耗费的全部成本

  C. 企业在生产过程中已经耗费的,用货币额表现的生产资料

  D. 企业在生产过程中已经耗费的,用货币额表现的生产资料价值与相当于工资的劳动者为自己劳动所创造的价值的总和

5. 在成本会计的各个环节中,(　　)是基础。

  A. 成本预测　　　　B. 成本决策　　　　C. 成本计划　　　　D. 成本核算

二、多项选择题

1. 下列项目中,属于成本会计反映的内容有(　　　　　)。

  A. 产品销售收入的实现

  B. 利润的实现及分配

  C. 各项生产费用的支出和产品生产成本的形成

  D. 各项期间费用的支出及归集过程

2. 成本的主要作用有(　　　　　)。

  A. 是补偿生产耗费的尺度

  B. 是综合反映企业工作质量的重要指标

  C. 是企业对外报告的主要内容

  D. 是制定产品价格的重要因素和进行生产经营决策的重要依据

3. 企业应根据(　　　　　)来组织成本会计工作。

  A. 本企业生产经营的特点　　　　　　B. 本企业生产规模的大小

  C. 本企业成本管理的要求　　　　　　D. 成本会计的法规和制度

4. 成本会计的职能有(　　　　　)。

  A. 成本预测和决策　　　　　　　　　B. 成本核算和控制

  C. 成本分析和计划　　　　　　　　　D. 成本考核

5. 从政治经济学的角度来看,成本是企业为市场生产商品、提供劳务而耗费的物化劳动和活劳动的必要劳动量的补偿价值。从理论上来看,产品成本包括(　　　　　)。

  A. 生产中消耗的生产资料的价值　　　B. 劳动者为自己劳动创造的价值

  C. 劳动者为社会劳动创造的价值　　　D. 企业在生产过程中耗费的资金总和

6. 同成本会计有关的法规和制度,可以分为(　　　　　)。

  A.《中华人民共和国会计法》　　　　B. 国家统一的会计制度

  C. 企业内部会计制度　　　　　　　　D. 企业成本会计制度、规程或办法

三、判断题

1. 因为成本是产品价值的组成部分,所以成本必然会通过销售收入得到补偿。　(　)
2. 从理论上讲,商品价值中的补偿部分,就是商品的理论成本。　(　)
3. 企业应根据外部有关方面的需要来组织成本会计工作。　(　)
4. 成本会计的决策职能是预测职能的前提。　(　)
5. 成本会计工作必须由厂部统一组织进行,这样便于加强管理。　(　)
6. 成本是指企业为生产产品、提供劳务而发生的各种耗费,是对象化的费用。　(　)
7. 在实务中,产品成本是企业在产品生产过程中已经耗费的,用货币额表现的生产资料的价值。　(　)
8. 工业企业发生的各项费用都应计入产品成本。　(　)
9. 随着成本概念的发展、变化,成本会计的对象和成本会计本身也相应地发展、变化。　(　)
10. 在成本会计的各个环节中,成本预测是基础。　(　)
11. 在实际工作中,确定成本的开支范围是以成本的经济实质为理论依据的。　(　)
12. 在制造成本法中,产品成本也就是产品的制造成本。　(　)

四、计算题

普雷斯科特制造公司经营着几家工厂,每家工厂都生产一种不同的产品。在今年年初,约翰被选为麦道布鲁克工厂的新经理。年末,所有工厂的经理都被要求在公司董事会上总结其所管理工厂的经营状况。约翰在做陈述时用图表表示了下列信息。

约翰对董事会做的陈述说:"正如你们看到的,麦道布鲁克工厂的销售员保持不变。今年和去年我们的销售量都是100 000件。但是,我们在成本控制方面取得了实质性的进步。通过高效的工厂经营,我们已经较大幅度地降低了产品成本,其表现为已售产品的单位成本由2014年的10.20美元/件(=1 020 000/100 000)下降到20××年的9.09美元/件(=909 000/100 000)。"其他资料如表1-1所示。

表1-1　产成品相关资料

项目	20××年		2014年	
	数量/件	金额/元	数量/件	金额/元
年初产成品存货	30 000	8 255 000	10 000	885 000
年末产成品存货	20 000	202 000	30 000	255 000
生产完工成品的成本	—	909 000	—	1 020 000

卡特是圣玛丽大学的校长,同时也是Prescott制造公司董事会的董事。但是,他对制造公司的会计处理知之甚少,他要求你帮助他评估约翰的陈述。

要求:

(1) 具体评价约翰关于所出售产品的成本计算过程是否正确。

(2) 是否可以通过更有效率的经营使得所出售产品的成本降低。

成本核算的要求和一般程序

学习目标

1. 了解成本核算的要求和各种费用界限的划分。
2. 掌握成本核算的一般程序和账户设置。

成本是综合反映企业生产经营耗费的一项重要指标,原材料及能源消耗的节约与浪费、生产设备利用是否合理、工艺技术是否先进及劳动生产率水平的高低等最终都会综合反映在产品成本这一经济指标上。成本核算正确与否,不仅直接影响成本的预测、计划、控制、分析、考核等成本会计各环节的工作,而且也直接影响企业财务会计中损益的确定和所得税的计算,同时还将对企业的经营决策产生重大影响。

2.1 成本核算的要求

2.1.1 算管结合,算为管用

成本核算是加强企业管理,尤其是加强财务管理和成本管理的重要手段。因此,成本核算应该从满足管理的要求出发,做到核算和管理相结合,并且成本核算要为管理服务,成本核算所提供的成本信息要为管理所用,要能满足管理的各种需要。在实际的成本核算工作中,既要防止片面地简化,又要避免为算而算,搞烦琐哲学的错误倾向。应当从管理的要求出发,在满足管理需要的前提下,按照重要性原则分清主次,区别对待——主要的从细,次要的从简;细而有用,简而有理;算为管用,算管结合——正确、科学、合理并及时地归集和分配生产费用,计算产品成本。

2.1.2 正确划分各种费用界限

为了正确地计算产品成本和损益,企业必须正确划分以下5个方面的费用界限。

1. 正确划分生产经营管理费用和非生产经营管理费用的界限

企业的经济活动是多方面的,除了生产经营活动以外,还有其他方面的经济活动,因而费用的用途也是多方面的,有的应计入生产经营管理费用,而有的却不计入生产经营管理费用。计入生产经营管理费用的只包括用于产品的生产和销售、用于组织和管理生产经营活动,以及用于筹集和使用生产经营资金的各种费用。而如企业购置和建造固定资产、购买无形资产及进行对外投资等,因这些经济活动不是企业日常的生产经营活动,所发生的费用就不应计入生产经营管理费用;又如,企业的固定资产盘亏损失、固定资产报废清理损失、由于自然灾害等原因而发生的非常损失,以及由于非正常原因发生的停工损失等,也不是由于日常的生产经营活动所引起的,所以也不应计入生产经营管理费用。因此,每个企业都应根据费用的用途正确地划分生产经营管理费用和非生产经营管理费用的界限,遵守国家关于成本、费用开支范围的规定,防止乱计或少计生产经营管理费用的错误做法。

2. 正确划分生产费用和经营管理费用的界限

生产费用是指用于产品生产的原材料费用、生产工人工资费用和制造费用等,生产费用应计入产品成本;经营管理费用是指用于企业经营管理的各项费用,包括销售费用、管理费用和财务费用等,经营管理费用不计入产品成本。计入产品成本的生产费用和不计入产品成本的经营管理费用对企业的损益有着不同的影响。生产费用要在产品产成并销售以后才体现在企业的损益之中,而当月投产的产品不一定当月产成并销售,当月产成并销售的产品也不一定是当月投产的,因而当月发生的生产费用往往不等于计入当月损益、从当月收入中扣除的产品销售成本。但是,企业发生的经营管理费用是作为期间费用处理的,不计入产品成本,而直接计入当月损益,从当月收入中扣除。因此,为了正确地计算企业各个月份的损益,必须将生产经营管理费用再进一步划分为生产费用和经营管理费用,防止混淆成本(产品成本)和费用(期间费用)的界限,防止人为地将某些产品成本计入期间费用,或者将某些期间费用计入产品成本,借以调节产品成本和各月损益的错误做法。

3. 正确划分各个月份的费用界限

企业当月支出的费用,并不一定全由当月的成本、费用负担。例如,本月虽已支付,但属于本月和以后各月受益的费用,应作为待摊费用,分摊计入本月和以后各月的成本、费用之中;本月虽未支付,但本月已经受益的费用,应作为预提费用,预先计入本月的成本、费用之中。因此,企业在核算产品成本时,必须认真贯彻权责发生制原则,严格掌握待摊费用和预提费用的摊提标准,正确核算待摊费用和预提费用,将计入产品成本的生产费用和作为期间费用处理的经营管理费用在各个月份之间进行正确划分,防止利用费用待摊和预提的办法人为调节各个月份的产品成本与经营管理费用,人为调节各月损益的错误做法。

4. 正确划分各种产品的费用界限

计入本月产品成本的生产费用,不一定都由某一种产品负担。因此,需要将其在各种产品之间进行划分。凡属于某种产品单独发生,能够直接计入该种产品成本的生产费用,应该直接计入该种产品的成本;凡属于几种产品共同发生,不能直接计入某种产品成本的生产费用,则应采用适当的分配方法,分配计入这几种产品的成本。在划分这类费用界限时,要做到如实反映各种产品的生产耗费,避免人为地在各种产品之间任意转移费用,以盈补亏,调节各种产品成本的错误做法。

5. 正确划分完工产品和在产品的费用界限

通过以上费用界限的划分,已分别确定了各种产品本月应负担的生产费用。月末,如果某种产品都已完工,则该产品所负担的生产费用就是该产品的完工产品成本;如果某种产品都未完工,则该产品所负担的生产费用就是该产品的月末在产品成本;如果某种产品既有完工产品又有在产品,则就需要采用适当的分配方法,将该产品所负担的费用在完工产品和在产品之间进行分配,以分别计算出完工产品所负担的费用和月末在产品所负担的费用。在划分这类费用界限时,要防止任意提高或降低月末在产品所负担的费用,人为调节完工产品成本的错误做法。

为提高成本核算的准确性,在划分以上 5 个方面的费用界限时,应该贯彻受益原则,即谁受益谁负担费用,何时受益何时负担费用。负担费用的多少同受益程度的大小成正比。

上述 5 个方面费用界限的划分,充分体现了企业会计制度的要求。根据财政部颁布的《企业会计制度》第一百〇五条的规定:"企业必须分清本期成本、费用和下期成本、费用的界限,不得任意预提和摊销费用。工业企业必须分清各种产品成本的界限,分清在产品成本和产成品成本的界限,不得任意压低或提高在产品和产成品的成本。"

能否正确划分以上 5 个方面的费用界限,是成本核算正确与否的关键。实际上,这 5 个方面费用界限的划分过程,也就是产品成本的核算过程。

2.1.3　正确确定财产物资的计价方法和价值转移方法

企业在生产经营活动中需要拥有大量的财产物资,包括各种固定资产和存货等。它们的价值将随着其在生产经营过程中的耗用,转移到成本、费用中去。因此,这些财产物资的计价方法和价值转移方法,也会影响成本、费用计算的正确性。例如,同固定资产有关的有固定资产原值计算方法、折旧方法、折旧率的种类和高低等;同流动资产有关的有材料成本的组成内容,材料按实际成本进行核算时发出材料单位成本的计算方法(先进先出法、加权平均法或个别计价法),材料按计划成本进行核算时材料成本差异率的种类(个别差异率、分类差异率还是综合差异率,本月差异率还是上月差异率),采用分类差异率时材料类距的大小及包装物和低值易耗品的摊销方法、摊销期限,等等。此外,还有固定资产和低值易耗品的划分标准、无形资产的摊销方法和期限等。为了正确及时地计算成本和费用,在确定这些财产物资的计价方法和价值转移方法时,既要注意科学合理,又要注意简便实用。凡国家有统一规定的,应采用国家统一规定的方法。某种方法一经确定就必须保持相对稳定,不应随意改变。

2.1.4　做好成本核算的基础工作

成本核算的基础工作需要企业的会计部门和其他有关部门的共同努力才能完成。一般认为,应做好的成本核算基础工作主要包括以下几项。

1. 做好各项消耗定额的制定和修订工作

生产过程中的原材料、燃料、动力和工时等消耗定额,同成本核算的关系十分密切。产品的各项消耗定额,既是编制成本计划,分析和考核成本水平的依据,也是审核和控制生产耗费的标准。而在计算产品成本时,也常常需要按照产品的定额消耗量比例,进行费用的分配。因此,为了加强成本管理,企业必须建立、健全定额管理制度,凡是能够制定定额的各种消耗,都应根据企业当前的设备条件和技术水平,充分考虑职工群众的积极因素,制定先进而又可行的各项定额，并随着生产的发展、技术的进步、劳动生产率的提高不断地修订定额，以充分发挥定额管理的作用。

2. 建立材料物资的计量、收发、领退和盘点制度

材料物资的计量是否准确，收发、领退手续是否健全，盘点制度是否完善，都将影响成本核算的准确性及其控制的有效性。因此，为了做好成本核算工作，对于企业中材料物资的收发领退，都要认真计量，填制必要的凭证，并办理必要的手续。对于车间、班组在月底已领未用的材料，要进行清查盘点，不需要使用的要及时退库，需要继续使用的应办理"假退料"等转账手续。对于在产品和库存的材料物资要定期盘点，分析盈亏原因，计价入账。做好这些工作，也是加强生产管理、物资管理和资金管理的有效措施。

3. 建立和健全原始记录工作

原始记录是反映生产经营活动的原始资料，是进行成本核算的凭证依据。因此，企业对于材料的领用、工时与动力的消耗、生产设备的运转、费用的开支、废品的产生、在产品在生产过程中的转移、自制半成品和产成品的交库、产品质量的检验等，都要有真实的原始记录。为了使原始记录工作制度化、规范化，企业成本核算人员应会同有关部门及有关人员认真制定既符合各方面管理需要，又符合成本核算要求，既科学又实用的原始记录制度，并组织有关职工认真做好各种原始记录的登记、传递、审核和保管工作，以便正确及时地为成本核算和其他有关方面提供所需要的各种信息和资料。

4. 制定和修订厂内计划价格

为了分清企业内部各单位的经济责任，便于分析和考核企业内部各单位成本计划的完成情况，以反映出它们在成本工作中所取得的成绩或存在的问题，企业应对原材料、燃料、动力、辅助材料、在产品、半成品和劳务等制定厂内计划价格。厂内计划价格应该尽可能接近实际并保持相对稳定，应由企业统一颁布，各部门、车间应遵照执行，不得擅自改变。厂内计划价格是内部结算的依据，企业中材料领用、半成品转移及各车间、部门之间相互提供劳务，都应按厂内计划价格进行结算。按计划价格进行企业内部往来的结算，还可以简化和加速成本、费用的核算工作。

5. 采用适当的成本计算方法

产品成本是在生产过程中形成的，不同的生产组织和生产工艺过程，应选择与之相适应的成本计算方法。计算产品成本是为了加强成本管理，因而采用什么方法计算成本必须考虑企业管理的要求。企业生产组织和生产工艺过程的特点是影响成本计算方法选择的客观因素，企业管理的要求是影响成本计算方法选择的主观因素。因此，只有将两方面因素很好地结合起来，选用适当的成本计算方法，才能切合实际地为企业进行成本管理提供有用的信息，以便更好地发挥成本资料对企业成本控制和成本管理的作用。

2.2　费用要素和成本项目

工业企业的生产费用多种多样，为了正确合理地进行产品成本和期间费用的计算，应对

企业生产经营过程中发生的各种费用按照不同的标准进行科学的分类。其中,最基本的就是按照生产费用的经济内容和经济用途进行分类,即费用要素和成本项目。

2.2.1　费用要素

费用按经济内容(或性质)划分,主要有劳动对象方面的费用、劳动手段方面的费用和活劳动方面的费用三大类。为了具体反映生产经营费用的构成和水平,还应在此基础上将费用进一步划分为以下 9 个费用要素。

1. 外购材料

外购材料是指企业为进行生产经营活动而发生的一切从外部购进的原料及主要材料、半成品、辅助材料、包装物、修理用备件和低值易耗品等。

2. 外购燃料

外购燃料是指企业为进行生产经营活动而发生的一切从外部购进的各种燃料,包括固体、液体、气体燃料等。

3. 外购动力

外购动力是指企业为进行生产经营活动而发生的从外部购进的各种动力,包括电力、热力和蒸汽等。

4. 工资

工资是指企业为进行生产经营活动而为职工劳动所支付的报酬。

5. 提取的职工福利费

提取的职工福利费是指企业按照职工的工资规定比例计提的职工福利费。

6. 折旧费

折旧费是指企业按照规定计提的固定资产折旧费用。

7. 利息支出

利息支出是指企业为借入生产经营资金而发生的利息支出(扣除利息支出)。

8. 税金

税金是指企业发生的各种税金,包括房产税、车船使用税、印花税、土地使用税等。

9. 其他费用

其他费用是指不属于以上各种要素费用的费用,如邮电费、差旅费、租赁费、保险费和劳动保护费等。

按照上述费用要素反映的费用称为要素费用,按照要素费用核算企业的生产经营费用,可以反映企业在一定时期内发生了哪些生产经营费用,数额是多少;可以据以分析各个时期各种生产经营费用的结构和水平,并为制订有关计划和定额提供依据。但这种分类的不足之处则在于它不能说明各种费用的用途,因而不便于分析各种费用的支出是否合理。

2.2.2 成本项目

费用按照经济用途的不同,首先将其分为应计入产品成本的费用和不应计入产品成本的费用两大类,即生产费用和期间费用。在此基础上,对计入产品成本的费用再进一步划分为若干个产品成本项目;对不应计入产品成本的费用,则需进一步划分为若干个期间费用项目,如图2-1所示。

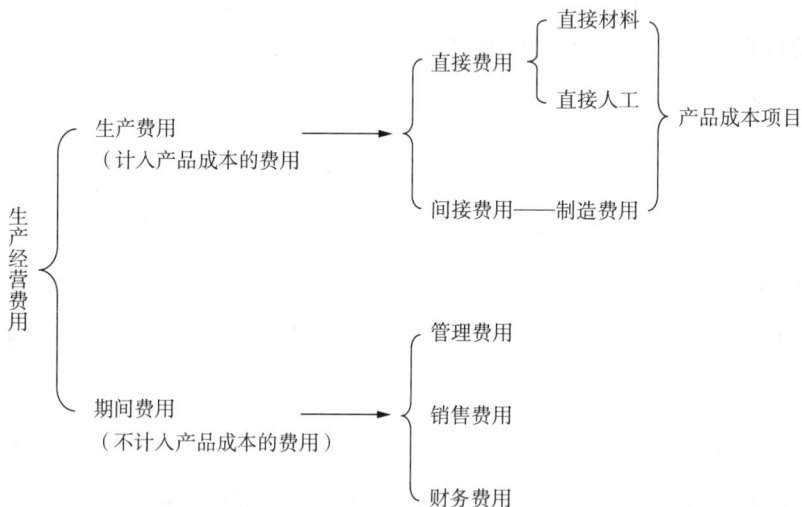

图2-1 费用按照经济用途分类

1. 产品成本项目

产品成本项目是指对计入产品成本的费用按经济用途进行分类的具体项目。一般情况下,产品成本项目包括直接材料、直接人工和制造费用项目。

（1）直接材料

直接材料是指直接用于产品生产、构成产品实体的原料及主要材料,或者有助于产品形成的辅助材料,主要包括原料、主要材料、辅助材料、备品配件、外购半成品、燃料、动力、包装物和低值易耗品。

（2）直接人工

直接人工是指直接参加产品生产的工人工资及按工人工资总额的一定比例计算提取的职工福利费及各项薪酬费用。

（3）制造费用

制造费用是指企业内部各生产单位为组织和管理产品所发生的费用,主要包括间接用于产品而没有专设成本项目的费用,如机物料消耗等;直接用于产品生产,但不便于直接计入产品成本,因而没有专设成品项目的费用,如机器设备的折旧费等;为组织管理生产所发生的费用,如车间管理人员的工资、办公费用等。

2. 期间费用项目

对于不应计入产品成本的费用(期间费用)按照其经济用途可分为销售费用、管理费用和财务费用。

（1）销售费用

销售费用是指企业在产品销售过程中所发生的费用和为销售本企业产品而专设的销售机构的各项经费,包括由企业负担的运输费、装卸费、包装费、保险费、委托代销手续费、广告费、展览费、租赁费和销售服务费,以及专设的销售机构的人员工资及福利费、差旅费、办公费、折旧费、修理费、物料消耗和低值易耗品摊销等。

（2）管理费用

管理费用是指企业行政管理部门为组织和管理生产经营活动而发生的各项费用,包括总部管理人员工资及福利费、差旅费、办公费、折旧费、修理费、物料消耗、低值易耗品摊销,以及企业的工会经费、职工教育经费、劳动保险费、待业保险费、董事会费、咨询费、审计费、诉讼费、排污费、绿化费、税金、土地使用费、土地损失补偿费、技术转让费、技术开发费、无形资产摊销、开办费摊销、业务招待费、坏账损失、存货盘亏、毁损和报废等。

（3）财务费用

财务费用是指企业为筹集生产经营所需资金而发生的各项费用,包括企业生产经营期间发生的利息费用、汇兑损失、调剂外汇手续费和金融机构手续费等。

👀 提示

以上各成本项目的费用之和构成产品的生产经营费用。为了使产品成本项目能够反映企业的生产特点,满足成本管理的要求,各企业可以根据自身的要求对以上项目做适当的调整。工业企业按经济用途进一步分类,可以清晰地反映产品成本的构成情况,便于考核费用定额或计划的执行情况;便于查找产品成本升降的原因;便于加强成本管理和成本分析;便于分析费用支出是否合理、节约。

生产费用以费用要素来反映它的构成内容,产品成本以成本项目来表示它的构成内容。接下来,我们举例来说明生产费用和费用要素同产品成本和成本项目的联系与区别。

📝 **例 2-1**　某木器加工厂本月生产一批课桌,生产领用木材 10 000 元,修理厂部办公室领用木材 500 元,共耗木材 10 500 元。另外,本月共耗电费 1 000 元。其中,生产用电 800 元,车间照明用电 50 元,厂部照明用电 150 元。本月支付工资共 9 000 元。其中,生产工人工资 7 000 元,车间管理人员和厂部管理人员工资分别为 1 000 元。本月发生其他费用 1 000 元,属于制造费用 200 元,属于管理费用 800 元。此外,还知道该厂生产的这批课桌是上月投产的,本月全部完工,月末无在产品。

上述资料中生产费用同产品成本的联系和区别已反映在图 2-2 中。

生产费用要素		产品成本项目		本期费用	上期费用	产品成本
外购材料	10 500	→	直接材料	10 000	5 000	15 000
		→	燃料及动力	800	600	1 400
外购动力	1 000					
工资	9 000	→	直接人工	7 000	4 000	11 000
		→	制造费用	1 250	1 000	2 250
其他费用	1 000		（动力50＋工资1 000＋其他200）			
费用合计	21 500		合计	19 050	10 600	29 650

管理费用

材料	500
动力	150
工资	1 000
其他	800
合计	2 450

图2-2　生产费用和费用要素同产品成本和成本项目的关系（单位：元）

图中生产费用合计为21 500元，但计入本期产品成本的只有19 050元。此外，由于上期生产产品发生的费用为10 600元，因此该批课桌的成本合计为29 650元。

2.3　成本核算的账户设置和一般程序

产品成本的核算过程实际上就是按照工业企业成本核算的要求对费用进行确认、归集、分配、再归集、再分配的过程，通过多次的分配和归集，从而计算出产品的成本。

2.3.1　成本核算的账户设置

企业在成本核算时一般应设置"基本生产成本""辅助生产成本""制造费用""销售费用""管理费用""财务费用"等账户。如果需要单独核算废品损失、停工损失等，还应设置"废品损失""停工损失"等账户。下面分别说明。

1. "基本生产成本"账户

基本生产是指为完成工业企业主要生产目的而进行的商品产品的生产。为了归集基本生产所发生的各项生产费用，计算基本生产产品成本，企业应开设"基本生产成本"账户。该账户借方登记为进行基本生产所发生的直接材料、直接人工等直接生产费用及期末分配转入的制造费用，贷

微课

方登记完工入库的产成品成本;期末如有借方余额,表示为月末尚未完工的在产品成本。该账目还应按成本计算对象设置明细账,即一般所说的产品成本明细账或产品成本计算单,账内应分行反映该产品的月初在产品成本、本月生产费用、本月完工产品成本、月末在产品成本等,并按成本项目设置专栏。其格式如表2-1所示。

表2-1 "基本生产成本"明细账

总第 页

成本对象:A产品　　　　　　　生产车间:××　　　　　投产时间:20××年　　　　　　　　元

月	日	产量/件	摘　要	直接材料	直接人工	制造费用	成本合计
9	30	—	月初在产品成本	4 600	380	2 300	7 280
10	31	—	本月生产费用	28 400	2 160	2 120	32 680
10	31	—	生产费用合计	33 000	2 540	4 420	39 960
10	31	200	本月完工产品成本	22 000	2 032	3 536	27 568
10	31	—	产成品单位成本	110	10.16	17.68	137.84
10	31	—	月末在产品成本	11 000	508	884	12 392

2. "辅助生产成本"账户

辅助生产是指为基本生产和企业管理服务而进行的产品生产与劳务供应,如工具、模具、修理用备件等产品的生产和修理、运输,以及供电、供水等劳务的供应。辅助生产提供的产品和劳务,有时也对外销售,但这不是它的主要目的。为了归集进行辅助生产所发生的各项费用,计算辅助生产产品和劳务的成本,应设立"辅助生产成本"账户。该账户借方登记为进行辅助生产而发生的各项费用,贷方登记完工入库产品的成本和分配转出的劳务成本;期末如有余额在借方,表示辅助生产在产品的成本,即辅助生产在产品占用的资金。

3. "制造费用"账户

为了核算企业为生产产品和提供劳务而发生的各项间接费用,反映制造费用计划的执行情况,应设置"制造费用"账户。该账户的借方登记实际发生的制造费用,贷方登记分配转出的制造费用;除季节性生产企业外,该账户月末应无余额。"制造费用"账户应按各个生产单位(车间或分厂)设置明细账,账内按制造费用项目设立专栏进行明细登记。为简化成本核算工作,如果辅助生产车间规模小、费用少,可不单独设置"制造费用"账户,发生的制造费用直接记入"生产成本——辅助生产成本"账户及其有关明细账借方。

4. "销售费用"账户

为了核算企业在销售商品和提供劳务的过程中发生的各项费用,以及专设销售机构的各项经费,核算中应设立"销售费用"账户。该账户的借方登记实际发生的各项产品销售费用,贷方登记期末转入"本年利润"账户的产品销售费用;期末结转后该账户应无余额。"销售费用"账户的明细账应按费用项目设置专栏,进行明细登记。

5. "管理费用"账户

为了核算企业为组织和管理生产经营而发生的各项管理费用,核算中应设立"管理费用"账户。该账户的借方登记实际发生的各项管理费用,贷方登记期末转入"本年利润"账户的管理费用;期末结转后该账户应无余额。"管理费用"账户的明细账应按费用项目设置专栏,进行明细登记。

6. "财务费用"账户

为了核算企业为筹集生产经营资金而发生的各项费用,核算中应设立"财务费用"账户。该账户的借方登记实际发生的各项财务费用,贷方登记应冲减财务费用的利息收入、汇兑收益和期末转入"本年利润"账户的财务费用;期末结转后该账户应无余额。"财务费用"账户的明细账应按费用项目设置专栏,进行明细登记。

7. "废品损失"账户

需要单独核算废品损失的企业,应设置"废品损失"账户。该账户的借方登记不可修复废品的生产成本和可修复废品的修复费用,贷方登记废品残料回收的价值、应收的赔款及转出的废品净损失;该账户月末应无余额。"废品损失"账户应按车间设置明细账,账内按产品品种分设专户,并按成本项目设置专栏,进行明细登记。

8. "停工损失"账户

需要单独核算停工损失的企业,应设置"停工损失"账户。该账户借方登记本月发生的各种停工损失,贷方登记分配结转的停工损失;月末一般无余额。"停工损失"账户应按车间设置明细分类账,账内按成本项目分设专栏或专行进行明细核算。

2.3.2 成本核算的一般程序

根据生产费用的分类和成本核算的总体要求,成本核算程序可归纳为以下几个步骤。

1. 审核和控制生产费用

对企业生产经营过程中发生的各项费用支出,应当严格遵守国家规定的费用、成本开支范围,严格按照企业内部财务会计制度和成本费用核算办法中规定的费用审核标准进行费用的审核与控制。其主要是确定各项费用是否应该开支,应该开支的费用按照国家的有关规定是否应计入产品成本和期间费用,以及应计入产品成本还是期间费用。只有对所发生的费用支出进行严格的审核和控制,才可以正确确定应计入产品成本和期间费用的金额。

2. 确定成本计算对象

成本计算对象是生产费用的承担者。所谓的成本计算对象,就是归集和分配生产费用的对象。确定成本计算对象,是计算产品成本的前提。由于不同的企业有不同的生产类型和成本管理要求,所以成本计算对象也有所不同。对于工业企业而言,产品成本计算对象除了产品品种以外,还可以是产品批别或生产步骤等。企业应根据自身的生产特点和管理要求,确定成本计算对象,并根据确定的成本计算对象开设产品成本明细账。

3. 确定成本项目

成本项目是指生产费用要素按照经济用途划分成的若干项目。同成本计算对象一样,企业也应根据生产类型的特点和成本管理的要求,确定成本项目。通过成本项目,可以反映成本的经济构成及产品生产过程中不同的资金耗用情况。因此,企业为了满足成本管理的需要,可在直接材料、直接人工、制造费用3个成本项目的基础上进行必要的调整。

4. 确定成本计算期

成本计算期就是指多长时间计算一次成本,即成本计算的间隔期,不同生产组织的企业有不同的间隔期。一般情况下,生产批量大的产品成本计算期同会计期间一致,生产批量小的产品成本计算期同产品的生产周期相一致。

5. 设置成本费用明细账或成本计算单

成本费用明细账是在确定成本计算对象的基础上,企业根据自身的生产经营特点和成本管理的要求,按照确定的成本计算对象分别开设的产品成本明细账。工业企业一般要设置的明细账有:基本生产成本或辅助生产成本明细账,是按成本计算对象和成本项目分别核算基本生产部门或辅助生产部门发生的生产费用;制造费用明细账,是按生产部门和明细项目分别核算发生的制造费用,并按规定进行成本核算,月末一般无余额;库存商品、自制半成品明细账,是按成本计算对象和成本项目核算产品和自制半成品成本。此外,企业还可以根据需要设置其他相关费用的明细账等。

6. 归集和分配生产费用

生产费用在各个成本核算对象之间进行分配和归集,实际上就是要正确划分各种产品成本的界限,以正确确定本期应计入各种产品成本的费用。对产品生产直接发生的生产费用直接作为产品成本的构成内容,直接计入该产品成本;对于为产品生产服务发生的间接费用,期末应按有关标准,根据受益程度的大小分别计入各成本核算对象。产品成本计算的过程也就是生产费用的分配和汇总过程,是生产费用在各种产品之间横向的分配和归集。

7. 计算完工产品成本和在产品成本

如果既有完工产品又有期末在产品,各成本核算对象所承担的生产费用还应当在完工产品和期末在产品之间采用适当的方法进行分配,从而计算出完工产品成本和月末在产品成本。这是生产费用在同种产品中本月完工产品和月末在产品之间纵向的分配和归集。

项目·小结

在成本核算的过程中,应注意5个基本要求:一是从管理的要求出发,做到算管结合,算为管用;二是正确划分各种费用的界限;三是正确确定财产物资的计价和价值结转方法;四是做好成本核算的基础工作;五是采用适当的成本计算方法。

成本核算是一项复杂的工作,一般要遵循的成本核算程序为:审核和控制生产费用、确定成本计算对象、确定成本项目、确定成本计算期、设置成本费用明细账或成本计算单、归集和分配生产费用及计算完工产品成本和在产品成本。

产品成本核算是通过设置和运用账户进行的。企业一般设置"基本生产成本""辅助生产成本""制造费用"等总账账户,并在总账账户下再按一定要求设置明细账户。这些账户的运用过程构成了成本核算的账务处理基本程序。

思考题

1. 简述生产费用和产品成本的关系。
2. 简述成本核算的一般程序。

练习题

一、单项选择题

1. 应列入企业成本、费用的支出项目主要有(　　)。
   A. 报销差旅费　　　　　　　　　　　B. 购建生产用设备
   C. 对外投资支出　　　　　　　　　　D. 支付违约金

2. 下列项目中不应计入产品成本的有(　　)。
   A. 废品损失　　　　　　　　　　　　B. 专设销售机构人员工资
   C. 生产成品领用的原材料　　　　　　D. 车间管理人员工资

3. 构成产品成本的各项耗费,是指企业的(　　)。
   A. 生产经营费用　　　　　　　　　　B. 期间费用
   C. 生产费用　　　　　　　　　　　　D. 生产费用和期间费用

4. 工业企业费用按其经济内容可分为(　　)。
   A. 直接材料　　　B. 直接人工　　　C. 制造费用　　　D. 折旧费

5. 下列各项中属于产品成本项目的有(　　)。
   A. 制造费用　　　B. 财务费用　　　C. 管理费用　　　D. 办公费

6. 下列项目中,属于成本类的有(　　)。
   A. 制造费用　　　B. 财务费用　　　C. 管理费用　　　D. 销售费用

7. 生产成本明细账的一般格式采用(　　)。
   A. 三栏式　　　　B. 数量金额式　　C. 多栏式　　　　D. 横线登记式

8. 企业为生产产品而耗费的原料费用是(　　)。
   A. 直接生产费用　B. 间接生产费用　C. 直接计入费用　D. 间接计入费用

9. 企业产品成本核算中各项费用的划分,都应贯彻(　　)原则,以期正确核算产品成本和管理费用。
   A. 受益原则　　　B. 谨慎性原则　　C. 权责发生制原则　D. 配比原则

10. 下列各项中,属于间接生产费用的是(　　)。
    A. 生产工人工资　　　　　　　　　　B. 机器设备耗用电费
    C. 机器设备折旧费用　　　　　　　　D. 车间厂房折旧费用

二、多项选择题

1. 为了正确计算产品成本,必须正确划分以下几个方面的费用界限(　　　　　)。
   A. 盈利产品和亏损产品　　　　　　　B. 可比产品和不可比产品

在线测试

　　C. 生产费用与期间费用　　　　　　D. 各个会计期间

　　E. 完工产品与在产品

2. 下列各项中,不属于产品生产成本项目的是(　　　　　)。

　　A. 外购动力　　　　B. 工资费用　　　　C. 折旧　　　　　　D. 直接材料

　　E. 燃料及动力

3. 下列各项中,不属于工业企业费用要素的是(　　　　　)。

　　A. 废品损失　　　　B. 外购燃料　　　　C. 制造费用　　　　D. 直接材料

　　E. 工资及福利费

4. 为了正确计算产品成本,应做好的基础工作包括(　　　　　)。

　　A. 定额的制定和修订　　　　　　　　B. 做好原始记录工作

　　C. 正确选择各种分配方法　　　　　　D. 材料物资的计量、收发、领退和盘点

　　E. 成本计划的制定和修订

5. 不计入产品成本的费用是(　　　　　)。

　　A. 工人工资　　　　B. 销售费用　　　　C. 财务费用　　　　D. 管理费用

　　E. 产品用动力费用

三、判断题

1. 企业在生产经营活动中发生的一切费用支出都应计入产品成本。　　　　　　(　　)

2. 凡是在生产过程中发生的,同产品生产有关的所有直接或间接耗费,均应作为生产费用计入产品成本。　　　　　　　　　　　　　　　　　　　　　　　　　　　(　　)

3. 制造费用即间接费用,直接材料、直接人工即直接费用。　　　　　　　　　　(　　)

工业企业要素费用的核算

1. 明确要素费用分配的基本程序和原则。
2. 计算发出材料的总成本并分配材料费用。
3. 掌握外购动力费用支出和分配的核算。
4. 按计时工资制和计件工资制计算工资,并选择适当的标准分配工资费用。
5. 计算并按用途分配固定资产折旧费用。
6. 了解利息、税金及其他费用的核算。

要素费用的核算就是对企业在生产经营管理过程中发生的各项要素费用进行审核、控制并加以归集,然后按谁受益谁负担的原则在有关产品和部门之间进行分配的过程。要素费用的核算是计算各种产品成本和各项期间费用的基础,是整个成本核算工作的第1步。只有通过要素费用的核算,才可以划清生产经营管理费用和非生产经营管理费用的界限,以及生产费用和经营管理费用的界限。因此,要素费用核算的正确与否,直接影响着整个成本核算结果的真实性和可靠性,是成本核算的重要内容。

3.1 要素费用核算概述

产品生产过程中发生的各项生产费用应采用一定的方法进行归集并分配计入产品成本中。各项要素费用应按其用途和发生地点,将其区分为应计入产品成本的要素费用和不应计入产品成本的要素费用进行分配和归集。下面从企业成本核算一般应设置的会计账户和产品成本项目出发,就要素费用分配的内容概述如下:

① 对于基本生产车间直接用于产品生产,并且专设成本项目的各项费用,即专设成本项目的直接生产费用,如构成产品实体的原材料费用、产品生产工人的薪酬费用等,应记入"基本生产成本"账户,并直接记入或分配记入有关产品成本明细账的相关成本项目。也就是说,凡是能够根据原始凭证直接认定是某种产品消耗的费用,应直接记入该种产品成本明细账的相关成本项目;凡是几种产品共同耗用,不能直接确认各产品消耗数额的费用,则应采用适当的方法,在有关产品之间进行分配,根据分配结果登记有关产品明细账的相关成本项目。

② 对于基本生产车间直接用于产品生产,但没有专设成本项目的各项费用(如机器设

备的折旧费用)及间接用于产品的费用(如车间管理人员的薪酬费用),应先记入"制造费用"账户及其所属明细账有关的费用项目,再通过一定的分配程序,转入或分配转入"基本生产成本"账户及其所属明细账的相关成本项目。

③ 对于用于辅助生产的费用,应视不同情况分别进行处理:如果辅助生产车间设有"制造费用"明细账,则其费用的处理可以比照上述基本生产车间费用的处理办法进行;如果辅助生产车间未设"制造费用"明细账,则对于直接或间接用于辅助生产的各项费用,均记入"辅助生产成本"账户及其所属明细账的相关费用项目。对辅助生产费用应按其用途,采用一定的办法进行分配。

④ 对于上述费用中的各项间接计入费用,应该选择适当的方法进行分配。分配方法适当,是指分配所依据的标准同分配对象有比较密切的联系,因而分配结果比较合理,而且分配标准的资料比较容易取得,计算比较简便。分配间接计入费用的标准主要有:成果类,如产品的重量、体积、产量、产值等;消耗类,如生产工时、生产工资、机器工时、原材料消耗量或原材料费用等;定额类,如定额消耗量、定额费用等。分配费用的计算公式可以概括为:

$$费用分配率 = \frac{待分配费用总额}{分配标准总额}$$

$$某分配对象应分配的费用 = 该对象的分配标准额 \times 费用分配率$$

⑤ 对企业经营管理过程中发生的用于产品销售的费用、行政管理部门的费用,以及为筹集生产经营所需资金而发生的筹资费用等各项期间费用,不记入产品成本,而应分别记入"销售费用""管理费用""财务费用"的总账账户及其所属明细账的相关费用项目,然后转入"本年利润"账户,计入当期损益。

各要素费用的归集和分配,是通过编制各种费用要素分配表来进行的,根据分配表来登记各种成本、费用账户及其所属明细账。

3.2　材料费用的核算

3.2.1　材料费用的内容

材料是指企业通过采购或其他方式取得的用于制造产品并构成产品实体的物品,以及取得的供生产耗用但不构成产品主要实体的辅助材料、外购半成品、燃料、动力及包装物等。一般情况下,材料按其在生产中的用途可分为以下几类。

① 原料及主要材料。原料及主要材料是指经过加工以后能够构成产品主要实体的各种原料和材料,如冶炼用的矿砂、纺织用的原棉、木器制造用的原木和机器制造用的钢材等。其中,来自采掘工业和农业的一般称为原料,如上述的矿砂、原棉、原木等;来自加工企业的一般称为材料,如钢材等。

② 辅助材料。辅助材料是指在生产中不构成产品主要实体,只起一定辅助作用的各种材料,如燃料、油漆、润滑油、防锈剂等。

③ 外购半成本。外购半成品是指从外购进的需要本企业进一步加工或装配的已经完成一定生产步骤的半成品,如纺织布用的外购棉纱、汽车制造用的外购轮胎、轧钢用的外购

钢锭等。对于购入企业来说,外购半成品同原材料一样都是劳动对象,在继续加工中构成产品的主要实体,因而也可以归入原材料及主要材料,不单列一类。

④ 燃料。燃料是指在产品生产过程中用来燃烧发热的各种材料,是能产生热能、动力、光能的可燃物质。燃料可分为固体燃料(如煤、煤炭、木材)、液体燃料(如汽油、煤油、石油)和气体燃料(如天然气、煤气、沼气)。

⑤ 动力。动力是指在产品生产过程中耗用的电力、热力、蒸汽等。

⑥ 包装物。包装物是指为包装本企业产品,随同产品一起出售及在销售过程中出租或出借给购货单位使用的各种包装物品,如箱子、桶、瓶子等。各种包装用的材料(如纸张、绳子、铁丝、塑料袋等)不属于此类,应列入辅助材料一类。

材料费用就是企业在生产过程中使用上述材料所发生的费用。

3.2.2 材料费用的归集

通常,原材料费用是按照耗用材料的部门、用途及受益对象来归集的。

① 基本生产车间用于产品生产的材料费用由各产品负担,记入"基本生产成本"总账账户及其明细账中的"直接材料"成本项目。基本生产车间用于一般管理所耗费的材料费用(如维护设备),应记入"制造费用"账户。

② 辅助生产车间发生的用于辅助生产的材料费用,应记入"辅助生产成本"总账账户及明细账中的有关成本项目。辅助生产车间发生的用于维护设备等的各种材料费用,应记入"制造费用"账户。如果辅助生产车间发生的费用较少,也可不设"制造费用"账户,而直接记入"辅助生产成本"账户。

③ 以企业行政管理部门为组织和管理生产发生的材料费用,应记入"管理费用"账户。

④ 企业用于产品销售所耗费的材料费用,应记入"销售费用"账户。

原材料费用的归集按照谁受益谁负担的原则进行。

3.2.3 材料费用的分配

1. 直接耗用材料费用的分配

企业在生产过程中领用的原材料,凡能根据领料凭证直接确定其为某一种产品所耗用的材料,并能直接确定其归属对象的,可于月末直接根据凭证汇总表编制发料凭证汇总表(见表3-1),并据以登记有关生产成本账户及其所属明细账的"直接材料"成本项目。

例 3-1 20××年×月,长星工厂生产甲、乙两种产品。当月甲、乙产品分别耗用A、B两种材料,当月发料凭证汇总表如表3-1所示。

表3-1 发料凭证汇总表

编制单位:长星工厂 20××年×月 元

领料部门及用途		A材料	B材料	合 计
基本生产车间	生产甲产品	20 000	9 000	29 000
	生产乙产品	16 000	1 000	17 000
	一般耗用	800	200	1 000

（续表）

领料部门及用途		A 材料	B 材料	合　计
辅助生产车间	机修车间生产用	1 800	600	2 400
行政管理部门		1 600	400	2 000
销售部门		—	850	850
合　计		40 200	12 050	52 250

根据发料凭证汇总表,可编制如下会计分录。

借:生产成本——基本生产成本——甲产品　　　　　　　　　29 000

　　　　　　　　　　　　　——乙产品　　　　　　　　　17 000

　生产成本——辅助生产成本——机修车间　　　　　　　　2 400

　制造费用　　　　　　　　　　　　　　　　　　　　　　1 000

　管理费用　　　　　　　　　　　　　　　　　　　　　　2 000

　销售费用　　　　　　　　　　　　　　　　　　　　　　　850

　贷:原材料——A 材料　　　　　　　　　　　　　　　　　40 200

　　　　　——B 材料　　　　　　　　　　　　　　　　　12 050

2. 共同耗用材料费用的分配

如果企业生产领用的材料是由几种产品共同耗用的,且在领用时无法确定每种产品各耗用多少,那么就应该按照一定的标准在各产品之间计算分配后,才能计入各产品的成本。原材料费用的分配标准很多,可以按照产品的质量、体积分配。在材料定额比较准确的情况下,原材料费用可以按照产品的材料定额消耗量的比例或材料定额费用的比例分配。

（1）材料定额耗用量比例分配法

定额耗用量比例分配法是按照各种产品原材料消耗定额作为分配标准来分配材料费用的一种方法,一般适用于制造企业,且已建立健全的定额管理制度、各种材料消耗均有消耗定额的情况。因为制造企业对各种产品都要制定消耗定额,所以采用此方法进行材料费用分配较为普遍。其计算分配的程序如下。

① 计算各种产品材料定额耗用量。

某产品材料定额耗用量＝该产品实际产量×单位产品原材料消耗定额

② 材料费用分配率。

$$材料费用分配率＝\frac{几种产品共耗用材料费用总额}{各产品原材料定额耗用总量}$$

③ 计算出各产品应分配的材料费用。

某产品应分配的材料费用＝该种产品的原材料定额耗用量×材料费用分配率

例 3-2　延长公司生产甲、乙两种产品,共同耗用原材料费用 600 000 元。生产甲产品 1 200 件,单位产品原材料消耗定额为 30 千克;乙产品 800 件,单位产品原材料消耗定额为 15 千克。

原材料费用分配如下。

甲产品原材料定额耗用量 = 1 200 × 30 = 36 000(千克)

乙产品原材料定额耗用量 = 800 × 15 = 12 000(千克)

原材料费用分配率 = 600 000 ÷ (36 000 + 12 000) = 12.5

甲产品应分配的原材料费用 = 36 000 × 12.5 = 450 000(元)

乙产品应分配的原材料费用 = 12 000 × 12.5 = 150 000(元)

按此方法分配材料费用,可以同时考核产品各种材料消耗定额的执行情况,有利于进行材料消耗的数量管理。但这种方法只适用于各种产品共同耗用材料种类较少的情况,否则按材料种类分别进行材料费用的分配,分配工作量过大。

（2）材料定额费用比例分配法

在生产多种产品或多种产品共同耗用多种原材料费用的情况下,为了简化核算,可以采用原材料定额费用比例分配原材料费用。其计算分配的程序如下。

① 计算某种产品材料定额费用。

$$某种产品材料定额费用 = 该种产品实际产量 × 单位产品材料定额费用$$

② 计算材料费用分配率。

$$材料费用分配率 = \frac{应分配的材料费用总额}{各种产品材料定额费用总额}$$

$$某种产品应分配的材料费用 = 该种产品材料定额费用 × 材料费用分配率$$

例 3-3 某企业生产 A、B 两种产品,两种产品生产需要耗用甲、乙两种主要材料,共计 6 600 元。本月生产 A 产品 10 件,B 产品 20 件。A 产品直接材料消耗定额为:甲材料 4 千克/件,乙材料 6 千克/件;B 产品直接材料消耗定额为:甲材料 8 千克/件,乙材料 10 千克/件。甲材料单价为 10 元/千克,乙材料 5 元/千克。

根据上述资料,计算过程如下。

A 产品:甲材料定额费用 = 10 × 4 × 10 = 400(元)

乙材料定额费用 = 10 × 6 × 5 = 300(元)

直接材料定额费用合计 = 400 + 300 = 700(元)

B 产品:甲材料定额费用 = 20 × 8 × 10 = 1 600(元)

乙材料定额费用 = 20 × 10 × 5 = 1 000(元)

直接材料定额费用合计 = 1 600 + 1 000 = 2 600(元)

共同耗用材料费用分配率 = 6 600 ÷ (700 + 2 600) = 2

A 产品应分配的材料费用 = 700 × 2 = 1 400(元)

B 产品应分配的材料费用 = 2 600 × 2 = 5 200(元)

在各种产品共同耗用原材料种类较多的情况下,采用此法分配材料费用可简化分配计算工作,但不能同时考核材料消耗定额的执行情况。(消耗定额是指单位产品可以消耗的数量限额;定额消耗量是指一定产量下按照消耗定额计算的可以消耗的数量;费用定额和定额费用是指消耗定额与定额消耗量的货币表现)

（3）产品质量（产量、体积）比例分配法

质量（产量、体积等）比例分配法是指以各种产品的质量（产量、体积等）作为分配标准，分配共同发生的材料费用的方法。如果企业生产的几种产品共同耗用同种材料，耗用量的多少同产品质量（产量、体积等）又有直接关系，则可以选用质量（产量、体积等）比例分配法。其计算分配的公式为：

$$材料费用分配率 = \frac{待分配的原材料费用总额}{各种产品质量（产量、体积等）之和}$$

$$某产品应分配的材料费用 = 该产品质量（产量、体积等）× 材料费用分配率$$

例 3-4 某企业生产甲、乙两种产品，共耗用 A 材料 30 400 千克，每千克 4.5 元。甲产品质量为 12 000 千克，乙产品质量为 26 000 千克。采用产品重量比例分配法分配材料费用。

材料费用分配率 =（30 400 × 4.5）÷（12 000 + 26 000）= 3.6

甲产品应分配的材料费用 = 12 000 × 3.6 = 43 200（元）

乙产品应分配的材料费用 = 26 000 × 3.6 = 93 600（元）

在实际工作中，材料费用的分配是通过编制材料费用分配表进行的。原材料费用分配表是按车间、部门和原材料的类别，根据归类后的领、退料凭证和其他有关资料编制的，如表3-2所示。下面通过举例说明原材料费用分配表的编制和根据原材料费用分配表进行账务处理。

表 3-2　原材料费用分配表

20××年×月

应借科目		直接计入金额/元	分配计入		材料费用合计/元
			定额消耗量/千克	分配金额/元（分配率 10）	
基本生产成本	甲产品	30 000	5 000	50 000	80 000
	乙产品	42 000	2 500	25 000	67 000
	小　计	72 000	7 500	75 000	147 000
辅助生产成本	供电	21 000	—	—	21 000
	供水	25 000	—	—	25 000
	小　计	46 000	—	—	46 000
制造费用	基本生产车间	5 000	—	—	5 000
销售费用	—	2 000	—	—	2 000
管理费用	—	3 000	—	—	3 000
合　计	—	128 000	—	75 000	203 000

根据原材料费用分配表编制会计分录，据以登记有关总账和明细账。

借：生产成本——基本生产成本——甲产品　　　　　　　　80 000

　　　　　　　　　　　　　——乙产品　　　　　　　　67 000

　　生产成本——辅助生产成本——供电车间　　　　　　21 000

　　　　　　　　　　　　　——供水车间　　　　　　　25 000

制造费用	5 000
销售费用	2 000
管理费用	3 000
贷：原材料	203 000

3.3　外购动力费用的核算

3.3.1　外购动力费用支出的核算

外购动力费用是指企业为从事生产经营活动从外部购买各种动力而付出的费用,如电力费、热力费、煤气费等。外购动力有的直接用于产品生产,如生产工艺用电力;有的间接用于产品生产,如生产单位(车间或分厂)照明用电力;有的则用于经营管理,如行政管理部门照明用电力,等等。

外购动力费用支出的核算一般分为以下两种情况。

① 每月支付动力费用的日期基本固定,而且每月付款日到月末的应付动力费用相差不多。将每月支付的动力费用作为应付动力费用,在付款时借记各成本、费用账户,贷记"银行存款"账户。

② 一般情况下,要通过"应付账款"账户来核算,即在付款时先作为暂付款处理,借记"应付账款"账户,贷记"银行存款"账户;月末按照外购动力的用途分配费用时再借记各成本、费用账户,贷记"应付账款"账户,冲销原来记入"应付账款"账户借方的暂付款。"应付账款"账户借方所记本月支付的动力费用同贷方所记本月应付的动力费用往往不相等。如果借方有余额,为本月支付款大于应付款的多付动力费用,可冲抵下月应付费用;如果贷方有余额,则为本月应付款大于支付款的应付未付动力费用,可以在下月支付。

3.3.2　外购动力费用的归集和分配

外购动力费用是按照用途进行归集和分配的。直接用于产品生产,设有"燃料及动力"成本项目的动力费用,应单独记入"基本生产成本"总账账户及其所属有关的产品成本明细账的借方;直接用于辅助生产又单独设置"燃料及动力"成本项目的动力费用,应记入"辅助生产成本"总账账户及其所属有关的产品成本明细账的借方;用于基本生产车间和辅助生产车间以及行政管理部门、销售部门的照明用电等,应分别记入"制造费用""辅助生产成本""管理费用""销售费用"等总账账户及其所属明细账的借方;如果基本生产和辅助生产不单独设置"燃料及动力"成本项目,发生的动力费用应记入"制造费用"总账及其所属明细账的借方。以上各项贷记"应付账款"或"银行存款"。

如果车间、部门或产品安装有仪器仪表,可以直接根据仪器仪表所显示的耗用动力的数量和规定的动力单价计算外购动力费用;如果没有安装仪器仪表或车间生产用的动力无法按产品安装仪器仪表的,所发生的外购动力费用应采用一定的分配方法在受益对象之间进行分配,分配方法有生产工时比例分配法、机器工时比例分配法、定额耗用量比例分配法等。外购动力费用的分配通过编制外购动力费用分配表进行。

例3-5　长星工厂20××年×月共耗电费9 150元,电费尚未支付。其中,企业基本生产车间生产甲、乙两种产品共耗电费 6 000 元,车间照明用电 2 300 元,行政管理部门耗用电费 400 元,销售部门耗用 450 元。已知甲产品生产工时 20 000 小时,乙产品生产工时 30 000 小时。试按各部门所耗电力费用(甲、乙产品按生产工时比例分配电费)编制外购动力费用分配表(见表 3 - 3),并编制分配动力费用的会计分录。

表 3 - 3　外购动力费用分配表

20 × × 年 × 月

使用部门	动力用途	直接计入/元	生产工时/小时		分配率	应分配的动力费用/元
基本生产车间	产品生产	—	甲产品	20 000	0.12	2 400
		—	乙产品	30 000		3 600
	小　计	—	—	50 000	—	6 000
	照明	2 300	—	—	—	2 300
行政管理部门	管理用电	400	—	—	—	400
销售部门	管理用电	450	—	—	—	450
合　计		1 450	—	—	—	9 150

甲、乙产品动力费用分配计算过程如下。

生产用电分配率 = 6 000 ÷ (20 000 + 30 000) = 0.12

甲产品分配的电费 = 20 000 × 0.12 = 2 400(元)

乙产品分配的电费 = 30 000 × 0.12 = 3 600(元)

根据外购动力费用分配表编制会计分录如下。

借:生产成本——基本生产成本——甲产品　　　　　　　　　　　　2 400

　　　　　　　　　　　　　——乙产品　　　　　　　　　　　　3 600

　　制造费用　　　　　　　　　　　　　　　　　　　　　　　　2 300

　　管理费用　　　　　　　　　　　　　　　　　　　　　　　　400

　　销售费用　　　　　　　　　　　　　　　　　　　　　　　　450

　贷:应付账款　　　　　　　　　　　　　　　　　　　　　　　9 150

3.4　职工薪酬的核算

3.4.1　职工薪酬的内容

职工薪酬是指企业为获得职工提供的服务而给予的各种形式的报酬及其他相关支出。它既是职工对企业投入劳动获得的报酬,又是企业的成本费用,包括职工在职期间和离职后提供给职工的全部货币性薪酬和非货币性福利。企业提供给职工配偶、子女或其他被赡养人的福利等,也属于职工薪酬。

具体来说,职工薪酬主要包括以下内容。

1. 职工工资、奖金、津贴和补贴

职工工资、奖金、津贴和补贴,是指按照国家统计局《关于职工工资总额组成的规定》,构

成工资总额的计时工资、计件工资、支付给职工的超额劳动报酬和增收节支的劳动报酬、为了补偿职工特殊或额外的劳动消耗和因其他特殊原因支付给职工的津贴,以及为了保证职工工资水平不受物价影响支付给职工的物价补贴等。

2. 职工福利费

职工福利费是指企业为职工提供的福利,如为补助职工食堂和救济生活困难的职工等从成本费用中提取的金额。

3. 社会保障费

社会保障费是指企业按照国家规定的基准和比例计算,向社会保险经办机构交纳的医疗保险金、养老保险金、失业保险金、工伤保险费和生育保险费等。

4. 住房公积金

住房公积金是指企业按国家规定的基准和比例计算,向住房公积金管理机构交存的住房公积金。

5. 工会经费和职工教育经费

工会经费和职工教育经费是指企业为了改善职工文化生活,提高职工业务素质,用于开展工会活动和职工教育及职业技能培训所需要发生的相关支出。企业根据国家规定的基准和比例计提,并作为当期费用列支。

6. 非货币性福利

非货币性福利是指企业以自产产品或外购商品发放给职工作为福利,将自己拥有的资产无偿提供给职工使用,以及为职工无偿提供医疗保健服务等。

7. 辞退福利

辞退福利是指因非正常辞退职工而给予的离职补偿。辞退福利包括职工劳动合同到期前,不论职工本人是否愿意,企业决定解除同职工的劳动关系而给予的补偿;职工劳动合同到期前,为鼓励职工自愿接受裁减而给予的补偿;职工有权选择继续在职或接受补偿离职。

8. 其他同获得职工提供的服务相关的支出

其他同获得职工提供的服务相关的支出是指除以上 7 种薪酬以外的其他为获得职工提供的服务而给予的薪酬,比如提供给职工的认股权。

3.4.2 职工薪酬的计算

工资是职工薪酬的主要内容,为了正确进行工资的计算,企业必须建立和健全工资计算的原始记录。这些原始记录主要包括工资卡、考勤记录、产量记录等。企业可以根据具体情况采用各种不同的工资制度,其中最基本的工资制度是计时工资制度和计件工资制度。

1. 计时工资的计算

工资标准按其计算的时间不同,分为年薪制、月薪制、周薪制、日薪制和钟点工资制等。本书着重介绍月薪制和日薪制两种计时工资的计算方法。

（1）月薪制

在月薪制下,不论当月日历天数是多少,只要职工出全勤,即可领取固定的月标准工资。如果出现缺勤,应从月标准工资中将缺勤工资予以扣除。其计算公式为:

$$应付计时工资 = 该职工月标准工资 - 事假应扣工资 - 病假应扣工资$$
$$事假应扣工资 = 事假天数 \times 日工资率$$
$$病假应扣工资 = 病假天数 \times 日工资率 \times 病假扣款比例$$

式中日工资率的计算通常有两种方法。

① 按全年平均每月工作日数计算。

全年工作日数是按365天减去104个双休日和11个法定节假日计算的,即:

$$全年平均每月的工作日数 = (365 - 104 - 11) \div 12 = 20.83(天)$$

这种方法计算的日工资率固定不变,但节假日不发工资,所以缺勤期间的节假日也不扣工资。其计算公式为:

$$日工资率 = \frac{月标准工资}{20.83}$$

例 3-6　长星工厂职工小权月标准工资为3 000元。9.月份事假为4天(事假期间遇周末2天),8个休息日。试计算小权的计时工资。

日工资率 = 3 000 ÷ 20.83 = 144.02(元/天)

应付计时工资 = 3 000 - 2 × 144.02 = 2 711.96(元)

② 按全年平均每月日历日数计算。

$$全年平均每月的日历天数 = 365 \div 12 = 30.4(天)$$

为了简化计算,通常按照30天来计。这种方法计算的日工资率也是固定不变的,节假日照发工资,缺勤期间的节假日也照扣工资。其计算公式为:

$$日工资率 = \frac{月标准工资}{30}$$

例 3-7　承例3-6,试计算小权的计时工资。

日工资率 = 3 000 ÷ 30 = 100(元/天)

应付计时工资 = 3 000 - 4 × 100 = 2 600(元)

（2）日薪制

日薪制是指按职工实际出勤日数和日工资率计算应付工资的一种方法。其计算公式为:

$$应付计时工资 = 该职工本月出勤天数 \times 日工资率 + 病假应发工资$$

病假应发工资=病假天数×日工资率×病假应发比例(即1-病假扣款比例)

例3-8 延长公司小崔月标准工资为2 700元。8月份病假2天,事假2天,有双休日9天,出勤18天。病假、事假均未遇节假日,病假工资按月标准工资的80%计算。试用日薪制分别计算20.83天和30天情况下的应付计时工资。

按20.83天计算日工资率,则2 700÷20.83=129.62(元/天)

应付计时工资=18×129.62+2×129.62×80%=2 540.55(元)

按30天计算日工资率,则2 700÷30=90(元/天)

应付计时工资=(9+18)×90+2×90×80%=2 574(元)

2. 计件工资

计件工资是指根据规定的计件单价和完成的合格品数量计算支付的工资。在计算计件工资时,对于由于材料缺陷等客观原因产生的废品,即料废品,应照付计件工资;对于由于工人加工过失等原因而产生的废品,即工废品,则不应支付计件工资。计件工资按照支付对象的不同,可分为个人计件工资和集体计件工资两种。

(1) 个人计件工资

职工的计件工资,应根据产量记录表中登记的每一工人的产品产量,乘以规定的计件单价计算。其计算公式为:

$$应付计件工资 = \sum (月生产每种产品产量×该种产品计件单价)$$

$$产品产量 = 合格品数量 + 料废品数量$$

产品的计件单价是根据工人生产单位产品所需要的工时定额和该级工人每小时的工资率计算求出的。其计算公式为:

$$某产品的计件单价 = 生产单位产品所需的工时定额×该级工人小时工资率$$

例3-9 甲、乙产品都由六级工人加工。甲产品单件工时定额为30分钟,乙产品单件工时定额为60分钟。六级工人的小时工资率为2元,其加工甲产品800件,乙产品600件。试计算该工人的计件工资。

甲产品的计件单价=30÷60×2=1(元)

乙产品的计件单价=60÷60×2=2(元)

应付计件工资=1×800+2×600=2 000(元)

(2) 集体计件工资

按生产小组等集体计件工资的计算与个人计件工资的计算方法相同。但集体计件工资还需要在集体内部各工人之间按照贡献的大小进行分配,一般应以每人的工资标准和工作日数的乘积作为分配标准。

例3-10 某生产小组集体完成若干生产任务,按一般计件工资的计算方法算出并取得集体工资为60 000元。该小组由三名不同等级的工人组成,每人的姓名、等级、日工资率和出勤天数资料如表3-4所示。

表 3 – 4　某生产小组集体计件工资分配标准

集体单位：×生产组　　　　　　　　　　　　　　20××年×月　　　　　　　　　　　　　　元

工人姓名	等　级	工资标准（日工资率）	出勤天数	分配标准
王权	6	22	25	550
崔勋	5	20	23	460
姜成	4	18	22	396
合　计	—	—	70	1 406

该生产小组内部工资分配计算如下。

生产小组内部工资分配率 = 60 000 ÷ 1 406 = 42.67

王权应分配的工资 = 550 × 42.67 = 23 468.5(元)

崔勋应分配的工资 = 460 × 42.67 = 19 628.2(元)

姜成应分配的工资 = 60 000 – 23 468.5 – 19 628.2 = 16 903.3(元)

3.4.3　职工薪酬费用的归集

企业将应付职工薪酬进行汇总后,需要将职工薪酬按照其发生地点和用途进行归集。对于生产车间直接从事产品生产的生产工人工资,应记入"基本生产成本"账户及所属明细账的"直接人工"成本项目;生产车间管理人员的工资应记入"制造费用"账户;辅助生产车间生产工人的工资费用记入"辅助生产成本"账户;辅助生产车间管理人员的工资费用可记入"制造费用"账户,也可直接记入"辅助生产成本"账户;行政管理部门人员的工资应记入"管理费用"账户;专设销售机构人员的工资应记入"销售费用"账户。

3.4.4　职工薪酬费用的分配

1. 工资费用的分配

直接进行产品生产的生产工人工资,按照分配计入成本的方法可分为直接计入费用和间接计入费用。生产工人的计件工资,属于直接计入费用,而计时工资一般属于间接计入费用,但是当只生产一种产品时属于直接计入费用,可以直接计入该种产品成本的"直接人工"成本项目。在生产多种产品时,此时生产工人的计时工资属于间接计入费用,应按照产品的实际生产工时比例或定额生产工时比例等分配标准分配后再记入各种产品成本明细账"直接人工"成本项目。一般按照生产工时比例来进行分配,其计算公式为:

工资费用分配率 = 生产工人计时工资总额 ÷ 各种产品生产工时总额

某产品应分配计时工资 = 该产品生产工时 × 工资费用分配率

例 3 – 11　长星工厂生产甲、乙两种产品,这两种产品的生产均采用计时工资制度。本月生产工人工资总额为 6 000 元。该企业采用按生产工时比例分配,甲、乙产品生产工时分别为 2 000 小时和 1 000 小时。

分配计算过程如下。

工资费用分配率 = 6 000 ÷ (2 000 + 1 000) = 2

甲产品应分配的工资＝2 000×2＝4 000(元)

乙产品应分配的工资＝1 000×2＝2 000(元)

工资费用分配是通过编制工资费用分配表来进行的,根据工资费用分配表编制会计分录,登记有关总账和明细账。

例3-12 承例3-11,长星工厂20××年×月工资费用分配表如表3-5所示。

表3-5 工资费用分配表

20××年×月 元

部门及用途		成本费用项目	直接计入	分配计入		材料费用合 计
				生产工时	分配金额(分配率＝2)	
基本生产成本	甲产品	直接人工	1 500	2 000	4 000	5 500
	乙产品	直接人工	2 000	1 000	2 000	4 000
	小 计		3 500	3 000	6 000	9 500
辅助生产车间	机修	直接人工	1 000	—	—	1 000
	供电	直接人工	800			800
	小 计		1 800	—	—	1 800
基本生产车间管理		职工薪酬	2 000	—	—	2 000
行政管理部门		职工薪酬	1 200	—	—	1 200
专设销售机构		职工薪酬	800	—	—	800
合 计			9 300	—	6 000	15 300

根据工资分配表编制会计分录如下。

借:生产成本——基本生产成本——甲产品 　　　　　　　　　　　　5 500

　　　　　　　　　　　　——乙产品 　　　　　　　　　　　　4 000

　　生产成本——辅助生产成本——机修车间 　　　　　　　　　　1 000

　　　　　　　　　　　　——供电车间 　　　　　　　　　　　　800

　　制造费用 　　　　　　　　　　　　　　　　　　　　　　　　2 000

　　管理费用 　　　　　　　　　　　　　　　　　　　　　　　　1 200

　　销售费用 　　　　　　　　　　　　　　　　　　　　　　　　800

　　贷:应付职工薪酬——工资 　　　　　　　　　　　　　　　　15 300

2. 其他职工薪酬的分配

其他职工薪酬涉及内容较多,本书只讲解职工福利费、社会保险费、住房公积金、工会经费和职工教育经费。

职工福利费明细账核算的范围主要是职工困难补助和伙食补贴等。国家并没有规定职工福利费的计提基础和计提比例,因而企业可根据历史经验数据和实际情况,每月从成本费用中预提,年末可将预提数和实际支付数之间的差额直接转入管理费用;该明细账户年末不留余额。为简化核算,也可以将职工福利的实际发生额在发生的当期进行分配,记入有关成本费用项目,基本车间发生的职工福利费可全部记入"制造费用"账户,月末分配记入产品成本;行政管理部门、销售部门发生的职工福利费,应分别记入"管理费用""销售费用"等账户。

社会保险费、住房公积金、工会经费及职工教育经费等,国家规定了计提基础和计提比例,因此要按照国家规定的标准计提,并根据受益对象计入相关成本或当期费用。

例 3 – 13　长星工厂下设一所职工食堂,企业每月根据实际职工人数和每一职工的伙食补贴标准,将对职工的伙食补贴直接支付给食堂。企业当期在职人员 100 人,其中生产车间生产人员 60 人、管理人员 20 人、销售部门 20 人。企业对每一职工每月的伙食补贴为 200 元,20××年 5 月已将补贴款支付给食堂。

根据上述资料编制会计分录如下。

① 支付补贴款。

借:应付职工薪酬——福利费　　　　　　　　　　　　　　　　　20 000
　　贷:银行存款　　　　　　　　　　　　　　　　　　　　　　　　　　20 000

② 按福利费发生的部门对福利费进行分配。

借:制造费用　　　　　　　　　　　　　　　　　　　　　　　　　12 000
　　管理费用　　　　　　　　　　　　　　　　　　　　　　　　　　4 000
　　销售费用　　　　　　　　　　　　　　　　　　　　　　　　　　4 000
　　贷:应付职工薪酬——福利费　　　　　　　　　　　　　　　　　20 000

例 3 – 14　根据国家规定的计提标准,长星工厂 20××年×月应向社会保险经办机构交纳职工养老保险费共计 65 000 元。其中,应计入基本生产车间甲产品成本的金额为 25 000 元;应计入乙产品成本的金额为 15 000 元;应计入制造费用的金额为 9 000 元;应计入管理费用的金额为 8 000 元;应计入销售费用的金额为 8 000 元。

根据上述资料编制会计分录如下。

① 计提养老保险费。

借:生产成本——基本生产成本——甲产品　　　　　　　　　　　25 000
　　　　　　　　　　　　　　——乙产品　　　　　　　　　　　15 000
　　制造费用　　　　　　　　　　　　　　　　　　　　　　　　　9 000
　　管理费用　　　　　　　　　　　　　　　　　　　　　　　　　8 000
　　销售费用　　　　　　　　　　　　　　　　　　　　　　　　　8 000
　　贷:应付职工薪酬——社会保险费(养老保险费)　　　　　　　　65 000

② 交纳养老保险费。

借:应付职工薪酬——社会保险费(养老保险费)　　　　　　　　65 000
　　贷:银行存款　　　　　　　　　　　　　　　　　　　　　　　65 000

3.5　折旧费用的核算

3.5.1　折旧费用的含义和计提范围

固定资产在长期使用过程中保持实物形态不变,但其价值随着固定资产的损耗而逐渐减少。在会计上,定期将固定资产损耗的价值计入产品的成本或期间费用,叫作计提折旧;计入有关成本或期间费用的折旧额,称为折旧费用。企业应当根据同固定资产有关的经济利益的预期实现方式,合理地选择固定资产折旧方法。可选用的折旧方法包括平均年限法、工作量法、双倍余额递减法和年数总和法等。

按照企业会计准则的规定,企业应当对所有固定资产计提折旧。但是,已提足折旧仍继续使用的固定资产和单独计价入账的土地除外。在确定计提折旧范围时,还应注意以下几点。

① 固定资产按月计提折旧。为了简化折旧的计算工作,当月增加的固定资产,当月不计提折旧,从下月起计提折旧;当月减少的固定资产,当月仍计提折旧,从下月起停止计提折旧。

② 固定资产应自达到预定可使用状态时开始计提折旧,终止确认时或划分为持有待售非流动资产时停止计提折旧。已达到预定可使用状态但尚未办理竣工决算的固定资产,应当按照估计价值确定其成本并计提折旧,待办理竣工决算后再按实际成本调整原来的暂估价值,但不需要调整原已计提的折旧额。

③ 固定资产已提足折旧后,不论是否继续使用,均不再计提折旧,提前报废的固定资产也不再补提折旧。所谓提足折旧,是指已经提足该项固定资产的应计折旧额。

3.5.2 折旧费用的归集与分配

折旧费用应按固定资产的具体使用的车间、部门或用途进行分配。工业企业进行产品生产往往需要使用多种机器设备,某种设备也可能生产多种产品,因此,机器设备的折旧费用虽是直接用于产品生产的费用,但实务中一般不设立专门的成本项目,而是作为间接计入费用和生产车间的其他固定资产折旧费用一并记入"制造费用"总账及所属明细账的"折旧费"项目;企业管理部门、专设销售机构所用固定资产的折旧费用,则应分别记入"管理费用""销售费用"等总账及其明细账的"折旧费"项目。

为了简化核算,目前大多数企业一般采用平均年限法计提折旧。在此基础上,如果固定资产不发生增减变化,即固定资产的原值不变,每月的折旧额也是固定不变的。因此,在一般情况下,并不需要每月计算固定资产的月折旧额,只有在固定资产总额发生增减变化时,才需要按现行制度的规定对月折旧额进行调整。其计算公式为:

本月折旧额 = 上月折旧额 + 上月增加的固定资产应提的折旧额 −
上月减少的固定资产应提的折旧额

为便于折旧费用的分配核算,实务中折旧费用的分配是通过编制固定资产折旧费用分配表进行的,企业据以编制会计分录,登记有关总账及所属明细账。

例 3-15 20××年×月长星工厂的折旧费用分配情况如表 3-6 所示。

表 3-6 折旧费用分配表

20××年×月
元

项 目	基本生产车间	行政管理部门	专设销售机构	合 计
折旧费	25 000	2 800	2 300	30 100

根据上述资料编制会计分录如下。

借:制造费用——基本生产车间   25 000
　　管理费用   2 800
　　销售费用   2 300
　　贷:累计折旧   30 100

3.6 利息、税金及其他费用的核算

3.6.1 利息费用的核算

利息费用不是产品成本的组成部分,而是财务费用的组成部分。通常在财务费用中为利息费用设立一个费用项目。

利息费用一般按季结算支付。可以先分月按计划预提,借记"财务费用"账户,贷记"应付利息"账户;支付时借记"应付利息"账户,贷记"银行存款"账户。

实际利息费用和按计划预提利息费用之间的差额,调整计入季末月份的财务费用:实际支付额大于预提费用时,借记"财务费用"账户,贷记"应付利息"账户;实际支付数小于预提费用时,用红字编制上述会计分录。季末月份也可以不按每月预提数预提,而以实际支付数减去前两个月预提数的差额,直接借记"财务费用"账户,贷记"应付利息"账户。如果利息费用数额不大,为了简化核算也可以不预提利息费用,而在季末实际支付时将利息全部记入当月的财务费用,借记"财务费用"账户,贷记"银行存款"账户。

长期借款利息费用一般是每年计算一次应付利息,到期一次还本付息。每年计算结转应付利息时,借记"财务费用""在建工程"账户,贷记"长期借款"账户;到期还本付息时,借记"长期借款"账户,贷记"银行存款"等账户。

3.6.2 税金的核算

工业企业要素费用中的税金,如印花税、房产税、车船使用税和土地使用税等,不构成产品成本。2016 年 12 月 3 日,财政部出台关于《增值税会计处理规定》(财会〔2016〕22 号),编制了针对 2016 年 5 月 1 日全面实行"营改增"后企业的增值税业务的会计处理规定,并把"营业税金及附加"会计科目修改为"税金及附加",将执行不同会计制度下的企业发生的"房产税、车船税、土地使用税和印花税"统一记入"税金及附加"损益类的会计科目,方便了纳税人的会计核算。

可以用银行存款等直接交纳的税金,如印花税,交纳时,直接借记"税金及附加"总账账户及其所属明细账有关费用项目,贷记"银行存款"等账户。

例 3 - 16 延长公司本月开出转账支票购印花税票共计 150 元。

编制会计分录如下。

借:税金及附加   150
　　贷:银行存款   150

需要预先计算应交金额,然后交纳的税金,如房产税、车船税和土地使用税,应通过"应交税费"账户核算。计提时,应记入"税金及附加"账户的借方及其所属明细账有关费用项目,贷记"应交税费"科目;实际交纳时,借记"应交税费"账户,贷记"银行存款"账户。

例3-17 延长公司5月份计提房产税310元,车船使用税440元,土地使用税550元,共计1 300元。

编制会计分录如下。

借:税金及附加　　　　　　　　　　　　　　　　　　1 300
　　贷:应交税费——房产税　　　　　　　　　　　　　　310
　　　　　　　　——车船使用税　　　　　　　　　　　　440
　　　　　　　　——土地使用税　　　　　　　　　　　　550

例3-18 承例3-17,延长公司通过转账支票支付上述税款共计1 300元。

借:应交税费——房产税　　　　　　　　　　　　　　310
　　　　　　——应车船使用税　　　　　　　　　　　　440
　　　　　　——应交土地使用税　　　　　　　　　　　550
　　贷:银行存款　　　　　　　　　　　　　　　　　　1 300

3.6.3　其他费用的核算

其他费用是指除上述各项费用以外的费用,包括差旅费、邮递费、保险费、劳动保护费、运输费、办公费、水电费、技术转让费、业务招待费等。这些费用有的计入产品成本,有的计入期间费用,即使应计入产品成本也没有单独设立成本项目。因此,这些费用发生时,根据有关的付款凭证等,按照费用的用途进行归集,分别借记"制造费用""辅助生产成本""管理费用""销售费用"等账户,贷记"银行存款"等账户。

📖 项目小结

1. 要素费用的核算,就是对企业在生产经营管理过程中发生的各项要素费用进行审核、控制并加以归集,然后按谁受益、谁负担的原则在有关产品和部门之间进行分配的过程。这是整个成本核算工作的第1步。

2. 材料费用核算的主要内容是根据发出材料的具体用途在各受益部门、产品之间分配材料费用,将其计入有关产品成本和经营管理费用,包括按材料消耗定额标准分配、按生产成果(重量、体积)标准分配等方法。

3. 计算当期职工薪酬总额,并根据用途在部门和产品之间分配职工薪酬,是人工费用核算的主要内容。职工薪酬是指企业为获得职工提供的服务而给予各种形式的报酬及其他相关支出。企业应根据职工提供服务的受益对象,将应确认的职工薪酬计入相关资产成本或当期损益。

4. 外购动力费用是指企业为从事生产经营活动从外部购买各种动力而付出的费用,如电力费、热力费、煤气费等。直接用于产品生产的动力费用,应该单独记入相关产品生产成本的"燃料及动力"成本项目。如果企业未专设"燃料及动力"成本项目,则用于基本生产的动力费用记入"制造费用"项目。

5. 企业应当对所有固定资产计提折旧,但是已提足折旧仍继续使用的固定资产和单独计价入账的土地除外。折旧费用应按固定资产的具体使用单位进行支配,其中基本生产车间使用的固定资产,不论是直接用于产品生产,还是用于车间一般使用,为简化折旧费用的分配工作,其折旧费用全部记入本车间的"制造费用"总账及所属明细账的"折旧费"项目。

思考题

1. 如何选择材料费用的分配方法?
2. 采用定额耗用量比例分配法分配材料费用时应如何计算? 这种方法适用于什么条件?
3. 计时工资的计算方法有哪些? 如何按用途分配工资费用?
4. 怎样计算和分配外购动力费用?

练习题

一、单项选择题

1. 用于生产产品、构成产品实体的原材料费用,应记入(　　)账户。
   A. 基本生产成本　　　　　　　　　　B. 制造费用
   C. 废品损失　　　　　　　　　　　　D. 销售费用
2. 基本生产车间计提的固定资产折旧费,应借记(　　)账户。
   A. 基本生产成本　　　　　　　　　　B. 管理费用
   C. 制造费用　　　　　　　　　　　　D. 销售费用
3. 企业分配薪酬费用时,基本生产车间管理人员的薪酬,应借记(　　)账户。
   A. 基本生产成本　　　　　　　　　　B. 辅助生产成本
   C. 制造费用　　　　　　　　　　　　D. 管理费用
4. 如果付款时间同费用核算时间不一致,支付外购动力费用时,应借记(　　)账户。
   A. 预付账款　　　　　　　　　　　　B. 应付账款
   C. 其他应付款　　　　　　　　　　　D. 成本、费用等
5. 下列各项中,属于直接生产费用的是(　　)。
   A. 生产车间厂房的折旧费
   B. 产品生产领用材料
   C. 企业行政管理部门固定资产的折旧费用
   D. 生产车间的办公费用
6. 向供应动力单位支付外购动力费用时,一般应借记(　　)账户。
   A. 制造费用　　　B. 应付账款　　　C. 管理费用　　　D. 销售费用
7. 几种产品共同耗用的原材料费用,属于间接计入费用,应采用的分配方法是(　　)。
   A. 计划成本分配法　　　　　　　　　B. 材料定额耗用量比例法
   C. 工时比例分配法　　　　　　　　　D. 代数分配法
8. 甲、乙两种产品共同耗费的燃料费用为6 000元,按燃料定额消耗量比例分配。甲、

乙产品的定额消耗量分别为200千克和300千克。据此计算的燃料费用分配率为(　　　)。

    A. 12　　　　　　　B. 20　　　　　　　C. 40　　　　　　　D. 60

9. 在企业成本明细账中设置"燃料及动力"成本项目,发生的直接用于产品生产的动力费用,应借记(　　　)。

    A. "基本生产成本"账户的"燃料及动力"成本项目

    B. "基本生产成本"账户的"制造费用"成本项目

    C. "制造费用"账户

    D. "辅助生产成本"账户

10. 以下不通过"应交税费"账户核算的税金是(　　　)。

    A. 印花税　　　　B. 车船税　　　　C. 房产税　　　　D. 土地使用税

11. 下列税金中,在交纳时应直接计入税金及附加的税金是(　　　)。

    A. 增值税　　　　B. 营业税　　　　C. 印花税　　　　D. 所得税

12. 全年平均每月的工作日数为(　　　)。

    A. 30天　　　　　B. 25.5天　　　　C. 20.83天　　　　D. 21.17天

二、多项选择题

1. 下列属于要素费用的有(　　　)。

    A. 材料费用　　　B. 薪酬费用　　　C. 制造费用　　　D. 管理费用

2. 应计入产品成本的各种材料费用,按其用途进行分配,应记入的账户有(　　　)。

    A. 管理费用　　　B. 基本生产成本　　C. 制造费用　　　D. 财务费用

3. 以下各项中,(　　　)属于应付职工薪酬的工资项目的内容。

    A. 职工工资　　　B. 津贴和补贴　　C. 职工的福利费　　D. 职工的奖金

4. 下列发生的各项费用,可以直接借记"基本生产成本"账户的有(　　　)。

    A. 车间照明用电费用　　　　　　B. 构成产品实体的原材料费用

    C. 车间管理人员工资　　　　　　D. 车间生产工人工资

5. 下列固定资产中,其折旧额应作为产品成本构成内容的是(　　　)。

    A. 生产车间房屋　　　　　　　　B. 企业管理部门房屋

    C. 生产用设备　　　　　　　　　D. 专设销售机构用卡车

6. 材料费用的分配标准有(　　　)。

    A. 材料定额消耗量　　　　　　　B. 材料定额费用

    C. 产品体积　　　　　　　　　　D. 产品工时定额

7. 生产经营过程中领用的材料,按照用途进行归类,生产产品耗用、生产车间耗用、企业行政管理部门耗用,应分别记入(　　　)账户。

    A. 基本生产成本　　B. 制造费用　　　C. 管理费用　　　D. 销售费用

8. 在按20.83天计算日工资率的企业中,节假日工资的计算方法有(　　　)。

    A. 节假日作为出勤日计发工资　　　B. 节假日不计发工资

    C. 缺勤期间的节假日不扣发工资　　D. 缺勤期间的节假日扣发工资

9. 计件工资计算时的计件单价由(　　　)计算而得到。

    A. 定额工时　　　B. 工时定额　　　C. 小时工资率　　　D. 产品数量

10. 固定资产计提折旧的主要方法有(　　　　　)。
　　A. 平均年限法　　　B. 年数总和法　　　C. 工作量法　　　D. 双倍余额递减法
　　E. 约当产量法

三、判断题

1. 基本生产车间发生的费用均应直接借记"基本生产成本"账户。　　　　　　(　　)
2. 企业发生的折旧费用应全部计入产品成本。　　　　　　　　　　　　　　(　　)
3. 对于几种产品生产共同耗用的,并且构成产品实体的原材料费用,应该直接计入各种产品成本。　　　　　　　　　　　　　　　　　　　　　　　　　　　　　　(　　)
4. 当月增加的固定资产当月不计提折旧,从下月起计提折旧。　　　　　　　(　　)
5. 凡生产车间领用材料,均应计入产品生产成本。　　　　　　　　　　　　(　　)
6. 生产人员、车间管理人员和技术人员的薪酬费用,是生产成本的重要组成部分,应该直接计入各种产品成本。　　　　　　　　　　　　　　　　　　　　　　　(　　)
7. 用银行存款支付房产税时,直接借记"管理费用"账户,贷记"银行存款"账户。(　　)
8. 成本费用的分配方法要符合企业自身的生产技术条件,要能体现受益原则。(　　)
9. 直接用于产品生产,设有"燃料及动力"成本项目的动力费用,可以单独记入"基本生产成本"总账账户。　　　　　　　　　　　　　　　　　　　　　　　　　(　　)
10. 在计件工资下,不合格品不计算工资。　　　　　　　　　　　　　　　　(　　)

四、计算题

1. 某企业生产甲、乙两种产品,20××年×月编制的领料凭证汇总表如表3-7所示。已知甲产品投产100件,单件甲产品C材料消耗定额30千克;乙产品投产80件,单件乙产品C材料消耗定额20千克。

表3-7　领料凭证汇总表

20××年×月　　　　　　　　　　　　　　　　　　　　　　　　　元

领料部门	用　　途	A材料	B材料	C材料	合　计
基本生产车间	甲产品直接耗用	300 000	—	—	300 000
	乙产品直接耗用	—	24 000	—	24 000
	甲、乙产品共同耗用	—	—	46 000	46 000
	一般耗用	—	18 000	—	18 000
辅助生产车间	供电车间辅助生产耗用	60 000	—	—	60 000
合　　计		360 000	42 000	46 000	448 000

要求:

(1) 编制材料费用分配表,采用定额耗用量比例法对共同耗用材料进行分配,如表3-8所示。

表3-8 原材料费用分配表

年　　月　　　　　　　　　　　　　元

应借科目		直接计入金额	分配计入			金额合计
			定额耗用量/千克	分配率	分配金额	
基本生产成本	甲产品					
	乙产品					
	小　计					
辅助生产成本	供电					
	小　计					
制造费用	基本生产车间					
合　计						

（2）根据材料费用分配表填制记账凭证，如表3-9所示。

表3-9 转账凭证

年　　月　　日　　　　　　　　　　　　　转字第　　　号

摘　要	总账科目	明细科目	借方金额									√	贷方金额									√
			百	十	万	千	百	十	元	角	分		百	十	万	千	百	十	元	角	分	
合　计																						

会计主管　　　　　　记账　　　　　　复核　　　　　　制单

2. 某企业20××年×月根据自来水公司账单共耗用电力10 000千瓦时，每千瓦时单价为0.6元，价款共6 000元。增值税税率9%，价税款以银行存款支付。月末根据车间、部门安装的电表所示，基本生产产品耗用8 500千瓦时，辅助生产车间耗用500千瓦时，基本生产车间照明耗用500千瓦时，行政管理部门耗用300千瓦时，销售部门耗用200千瓦时。基本生产车间生产甲、乙两种产品，按产品生产工时比例分配。甲产品的生产工时为3 000小时，乙产品生产工时为2 000小时。

要求：

（1）根据以上资料编制外购动力分配表，生产用电按照生产工时在甲、乙产品之间进行分配，如表3-10所示。

表 3 – 10　外购动力费用分配表

年　　月　　　　　　　　　　　　　　元

应借科目		直接计入	分配计入			金额合计
			生产工时/小时	分配率	分配金额	
基本生产成本	甲产品					
	乙产品					
	小　计					
辅助生产成本						
制造费用						
管理费用						
销售费用						
合　计						

（2）根据外购动力分配表、增值税专用发票及转账支票存根（略）编制记账凭证,如表 3 – 11 所示。

表 3 – 11　转账凭证

年　月　日　　　　　　　　　　　　　　转字第　　号

摘　要	总账科目	明细科目	借方金额									√	贷方金额									√
			百	十	万	千	百	十	元	角	分		百	十	万	千	百	十	元	角	分	
合　计																						

会计主管　　　　　　　记账　　　　　　　　复核　　　　　　　　制单

3. 职工李芳 20××年×月加工甲、乙两种产品,加工甲产品 300 件,乙产品 150 件。验收时发现甲产品有废品 30 件。其中,料废品 10 件,工废品 20 件,乙产品全部合格。该职工的小时工资率为 5 元,甲产品的定额工时为 30 分钟,乙产品的定额工时为 2 小时。

要求:根据上述资料,计算李芳本月的应付计件工资。

4. 职工王华的月标准工资为 4 500 元。20××年 3 月,该工人病假 2 天,事假 3 天,周末休假 10 天,出勤 16 天。根据该工人的工龄,其病假发放比例为 80%,该工人的病假和事假期间未遇节假日。

要求:请根据上述资料,采用月薪制和日薪制计算王华 3 月份的应付计时工资。

5. 某企业 20××年×月大量生产甲、乙产品,一共发生职工薪酬 56 000 元。另外,车间管理人员工资 36 000 元,行政管理人员工资 25 000 元,专设销售机构人员工资 23 000 元。甲产品的生产工时为 2 000 小时,乙产品的生产工时为 3 000 小时。

要求:

(1) 采用工时比例分配法对职工薪酬进行分配,计算甲、乙产品各自应负担的职工薪酬,编制职工薪酬分配表,如表 3 – 12 所示。

表 3 – 12　工资费用分配表

年　　月　　　　　　　　　　　　　　　　　　元

应借科目		直接计入	分配计入			金额合计
			生产工时/小时	分配率	分配金额	
基本生产成本	甲产品					
	乙产品					
	小　计					
制造费用						
管理费用						
销售费用						
合　计						

(2) 根据以上职工薪酬费用分配表编制记账凭证,如表 3 – 13 所示。

表 3 – 13　转账凭证

年　　月　　日　　　　　　　　　　　　　　　转字第　　　号

摘　要	总账科目	明细科目	借方金额									√	贷方金额									√
			百	十	万	千	百	十	元	角	分		百	十	万	千	百	十	元	角	分	
合　计																						

会计主管　　　　　　　记账　　　　　　　复核　　　　　　　制单

项目 4

辅助生产费用的核算

学习目标

1. 了解辅助生产费用归集、分配的成本流程。
2. 理解设置辅助生产费用核算的账户和费用分配程序。
3. 熟悉按直接分配法、交互分配法、代数分配法分配辅助生产费用。
4. 熟悉按计划分配法分配辅助生产费用，明确计划分配法的优缺点和应用条件。

辅助生产产品和劳务成本的高低，对于企业的产品成本和期间费用的高低有着很大的影响，并且只有辅助生产产品和劳务的成本确定分配以后，才能计算企业产品的成本和确定企业的期间费用。这就决定了辅助生产车间所发生的费用，必须单独进行归集和核算，并将其分配计入各受益对象中。因此，正确及时地计算辅助生产产品和劳务的成本，合理分配辅助生产费用，对于降低产品成本、节约费用及正确计算产品成本和期间费用有着重要的意义。

4.1　辅助生产费用概述

辅助生产车间是指为基本生产车间、行政管理部门等提供产品或劳务的生产车间。辅助生产车间有的只生产一种产品或提供一种劳务，如供水、机修、运输等辅助生产；有的生产多种产品或提供多种劳务，如从事工具、模具的制造，以及机器设备的修理等辅助生产。辅助生产车间提供的产品和劳务主要是为基本生产车间生产产品服务，对外很少销售。

辅助生产费用是指企业所属的辅助生产部门为生产提供工业性产品和劳务所发生的各种费用，包括辅助生产车间为生产产品、劳务作业所耗用的材料、燃料、动力、职工薪酬、折旧费和维修费，以及为管理和组织生产所发生的费用等。其实质就是辅助生产车间生产的产品或提供劳务的成本。辅助生产车间生产的产品和劳务，首先是为基本生产车间服务的，这部分辅助生产费用必然成为企业产品成本的组成部分；其次，是为企业其他各部门服务的，应作为企业的期间费用；再次，如果有为外单位服务的，则作为企业的销售成本。

4.2　辅助生产费用的归集

辅助生产费用的归集和分配是通过"辅助生产成本"账户进行的。"辅助生产成本"账户一般应按车间及产品或劳务的种类设置明细账,账内按成本项目设置专栏,进行明细核算。

①"辅助生产成本"账户的借方登记日常发生的辅助生产产品或提供劳务的各种辅助生产费用,以及在辅助生产车间之间相互提供劳务的情况下,各受益辅助生产车间从提供劳务的辅助生产车间分配转入的劳务成本。辅助生产车间的制造费用,一般应先通过"制造费用"账户进行归集,然后从该账户直接转入或分配转入"辅助生产成本"账户及所属相关明细账的"制造费用"成本项目。

②"辅助生产成本"账户贷方反映分配转出的劳务成本及完工入库的产品生产成本的转出数。期末如果有借方余额,则为辅助生产的在产品成本。

例 4 - 1   延长公司20××年×月辅助生产成本和辅助生产车间制造费用明细账如表4 - 1至表4 - 4所示。

表4 - 1   辅助生产成本明细账

辅助车间:机修　　　　　　　　　　　　　20××年×月　　　　　　　　　　　　　　　　元

摘　要	原材料	外购燃料和动力	职工薪酬	制造费用	合　计	转　出
原材料费用分配表	32 000	—	—	—	32 000	—
外购动力费用分配表	—	2 200	—	—	2 200	—
工资费用分配表	—	—	48 000	—	48 000	—
待分配费用小计	32 000	2 200	48 000	—	82 200	—
制造费用分配表	—	—	—	45 000	45 000	—
辅助生产成本分配表	—	—	—	—	—	127 200
合　计	32 000	2 200	48 000	45 000	27 200	127 200

表4 - 2   辅助生产成本明细账

辅助车间:供电　　　　　　　　　　　　　20××年×月　　　　　　　　　　　　　　　　元

摘　要	原材料	外购燃料和动力	职工薪酬	制造费用	合　计	转　出
原材料费用分配表	42 000	—	—	—	42 000	—
外购动力费用分配表	—	3 000	—	—	3 000	—
工资费用分配表	—	—	32 000	—	32 000	—
待分配费用小计	42 000	3 000	32 000	—	77 000	—
制造费用分配表	—	—	—	28 000	28 000	—
辅助生产成本分配表	—	—	—	—	—	105 000
合计	42 000	3 000	32 000	28 000	105 000	105 000

表4 - 3   制造费明细账

辅助车间:机修　　　　　　　　　　　　　20××年×月　　　　　　　　　　　　　　　　元

摘　要	机物料消耗	燃料和动力	职工薪酬	折旧费	电费	合　计	转　出
原材料费用分配表	2 500	—	—	—	—	2 500	—
外购动力费用分配表	—	2 000	—	—	—	2 000	—
职工薪酬分配表	—	—	12 000	—	—	12 000	—

（续表）

摘 要	机物料消耗	燃料和动力	职工薪酬	折旧费	电费	合 计	转 出
折旧费用分配表	—	—	—	3 500	—	3 500	—
待分配费用小计	2 500	2 000	12 000	3 500		20 000	
辅助生产成本分配表	—	—	—	—	25 000	25 000	
制造费用分配表							45 000
合 计	2 500	2 000	12 000	3 500	25 000	45 000	45 000

表4－4　制造费明细账

辅助车间：供电　　　　　　　　　　　20××年×月　　　　　　　　　　　　　　元

摘 要	机物料消耗	燃料和动力	职工薪酬	折旧费	修理费	合 计	转 出
原材料费用分配表	2 500	—	—	—	—	2 500	—
外购动力费用分配表	—	2 000	—	—	—	2 000	—
职工薪酬分配表	—	—	12 000	—	—	12 000	—
折旧费用分配表	—	—	—	3 500	—	3 500	—
待分配费用小计	2 500	2 000	12 000	3 500		20 000	
辅助生产成本分配表	—	—	—	—	8 000	8 000	—
制造费用分配表	—	—	—	—	—		28 000
合 计	2 500	2 000	12 000	3 500	25 000	28 000	28 000

上述辅助生产费用的归集中，"辅助生产成本"账户和"基本生产成本"账户一样，一般按车间及产品和劳务设置明细账，账内按成本项目设立专栏或专行进行明细核算。辅助生产车间的制造费用，通过单独设置的"制造费用"明细账核算，然后转入"辅助生产成本"账户的借方，计入辅助生产产品或劳务的成本。

有的辅助生产车间规模很小、制造费用很少，也不对外销售产品或提供劳务，因而不需要按照规定的成本项目计算辅助生产的成本。为简化核算操作，可不开设"制造费用"账户，发生的所有费用均记入"辅助生产成本"账户。

例4－2　肯度公司有供水、供电两个辅助车间，因其规模较小，不设"制造费用"明细账。其辅助生产成本明细账如表4－5和表4－6所示。

表4－5　辅助生产成本明细账

辅助车间：供水　　　　　　　　　　　20××年×月　　　　　　　　　　　　　　元

摘 要	原材料	职工薪酬	折旧费用	办公费	合 计	转 出
原材料费用分配表	4 000	—	—	—	4 000	—
职工薪酬分配表	—	28 000	—	—	28 000	—
折旧费用分配表	—	—	2 200	—	2 200	—
办公费用支出	—	—	—	1 500	1 500	—
辅助生产成本分配表	—	—	—	—		35 700
合 计	4 000	28 000	2 200	1 500	35 700	35 700

表4-6　辅助生产成本明细账

辅助车间：供电　　　　　　　　　　　　　20××年×月　　　　　　　　　　　　　　　　元

摘　　要	原材料	职工薪酬	折旧费用	办公费	合　计	转　　出
原材料费用分配表	5 000	—	—	—	5 000	
职工薪酬分配表	—	25 000	—	—	25 000	
折旧费用分配表	—	—	1 500	—	1 500	
办公费用支出	—	—	—	2 000	2 000	
辅助生产成本分配表	—	—	—	—	—	33 500
合　　计	5 000	25 000	1 500	2 000	33 500	33 500

上述辅助生产费用的归集中，辅助生产车间的制造费用不通过"制造费用"账户核算，而是直接记入"辅助生产成本"账户。

4.3　辅助生产费用的分配

企业发生的辅助生产费用按辅助生产车间分别归集后，月末需采用一定方法在各受益对象之间进行分配。

在辅助生产费用的分配中，由于辅助生产车间所生产的产品和劳务的种类不同，所以费用转出、分配的程序也有所不同。如果辅助生产车间生产产品，如工具、自制材料等，当产品完工时，应将其从"辅助生产成本"账户的贷方转入"低值易耗品"或"原材料"等账户的借方。

如果辅助生产车间提供劳务作业，如供电、供水、修理和运输等，所发生的费用则要在各受益对象之间按照所耗数量或其他比例进行分配，受益对象主要包括基本生产车间、行政管理部门、销售部门等。因此，发生的费用从"辅助生产成本"账户的贷方转入"基本生产成本""制造费用""管理费用""销售费用"等账户的借方。

一般情况下，辅助生产车间主要为基本生产车间提供产品和劳务，但在某些辅助生产车间之间，也会相互提供产品或劳务，如修理车间为供电车间修理设备、供电车间为修理车间提供电力。那么，为了计算修理车间的修理成本，需要确定耗用供电车间的电费，而为了计算供电车间的供电成本，又要确定耗用机修车间的修理费。因此，需要选择恰当的分配方法，正确、合理地将辅助生产费用分配给各受益对象——一般有直接分配法、交互分配法、代数分配法和计划成本分配法。

4.3.1　直接分配法

直接分配法是指将辅助生产车间所发生的实际费用直接分配到辅助生产车间以外的各受益单位，而不考虑辅助生产车间之间相互提供产品或劳务情况的一种分配方法。其计算公式为：

$$某辅助生产费用分配率 = \frac{该辅助生产车间直接发生的费用总额}{该辅助生产车间产品（劳务）总量 - 其他辅助生产车间耗用量}$$

各受益单位应分配的辅助生产费用＝各受益单位耗用产品（劳务）量×辅助生产费用分配率

例4-3　长星工厂有供电、机修两个辅助生产车间，主要为本企业基本生产车间和行政管理等部门服务。20××年×月供电车间发生费用60 000元,机修车间发生费用36 000元,各辅助生产车间提供的产品和劳务数量如表4-7所示。

表4-7 辅助生产车间提供产品和劳务汇总表
20××年×月

受益单位		供电车间供电/千瓦时	机修车间修理/小时
辅助生产车间	供电车间	—	800
	机修车间	8 000	—
基本生产车间	甲产品	14 000	—
	乙产品	12 000	—
	一般耗用	4 000	3 000
专设销售机构		4 000	400
行政管理部门		6 000	600
合 计		48 000	4 800

根据上述资料,用直接分配法计算各辅助生产车间的费用分配率如下。

供电车间费用分配率 = 60 000 ÷ (48 000 - 8 000) = 1.5(元/千瓦时)

机修车间费用分配率 = 36 000 ÷ (4 800 - 800) = 9(元/小时)

在实际工作中,辅助生产费用分配是通过编制辅助生产费用分配表进行的。根据各辅助生产车间的费用分配率和各受益对象的耗用数量,可以计算出各受益对象应分配的辅助生产费用,如表4-8所示。

表4-8 辅助生产费用分配表(直接分配法)
20××年×月 元

项 目		供电车间	机修车间	金额合计
待分配辅助生产费用		60 000	36 000	96 000
对外提供的劳务数量		40 000	4 000	—
计量单位		千瓦时	小时	元
辅助生产费用分配率		1.5	9	—
基本生产成本——甲产品	数量	14 000	—	
	金额	21 000	—	21 000
基本生产成本——乙产品	数量	12 000	—	
	金额	18 000	—	18 000
基本生产车间	数量	4 000	3 000	
	金额	6 000	27 000	33 000
专设销售机构	数量	4 000	400	
	金额	6 000	3 600	9 600
行政管理部门	数量	6 000	600	
	金额	9 000	5 400	14 400
金额合计		60 000	36 000	96 000

根据表 4 - 8 所示的辅助生产费用分配表,编制会计分录如下。

借:生产成本——基本生产成本——甲产品   21 000

                     ——乙产品   18 000

   制造费用   33 000

   销售费用   9 600

   管理费用   14 400

   贷:生产成本——辅助生产成本——供电车间   60 000

                     ——机修车间   36 000

采用直接分配法,辅助生产车间发生的费用仅对外进行一次性分配,计算工作简单。但该方法没有对辅助生产车间之间相互提供的产品或劳务进行分配,当各辅助生产车间相互提供产品或劳务数量较多时,分配结果往往同实际不符,导致各辅助生产车间的成本计算不准确。因此,该方法适用于辅助生产车间之间不相互提供产品或劳务,或者相互提供产品或劳务较少的企业。

4.3.2 交互分配法

交互分配法将辅助生产费用分两次进行分配:第 1 次只限于各辅助生产车间相互提供的产品或劳务的数量按交互分配前的单位成本(费用分配率),在辅助生产车间之间进行第 1 次交互分配;第 2 次将各辅助生产车间交互分配后的费用(即交互分配前的费用加上交互分配转入的费用,减去交互分配转出的费用),按其提供给基本生产车间和其他部门的产品或劳务的数量和交互分配后的单位成本(费用分配率),在辅助生产车间以外的各受益单位之间进行分配。

采用这种方法时,辅助生产费用的分配应分以下两步进行。

1. 交互分配

将各辅助生产车间直接发生的费用在各辅助生产车间之间进行交互分配,其他受益单位暂不分配。其计算公式为:

$$某辅助生产车间交互分配费用分配率 = \frac{该辅助生产车间直接发生的费用}{该辅助生产车间提供的产品或劳务总量}$$

$$\begin{array}{l}某辅助生产车间应分配其他 \\ 辅助生产车间的费用\end{array} = \begin{array}{l}该辅助生产车间耗用其他 \\ 辅助生产车间的劳务量\end{array} \times \begin{array}{l}其他辅助生产间交互 \\ 分配费用分配率\end{array}$$

2. 对外分配

将各辅助生产车间交互分配后的费用,对辅助生产车间以外的各受益单位进行分配。其计算公式为:

$$\begin{array}{l}某辅助生产车间交互 \\ 分配后的实际费用\end{array} = \begin{array}{l}该辅助生产车间 \\ 直接发生的费用\end{array} + \begin{array}{l}该辅助生产车间交互 \\ 分配转入的费用\end{array} - \begin{array}{l}该辅助生产车间交互 \\ 分配转出的费用\end{array}$$

$$某辅助生产车间对外分配费用分配率 = \frac{该辅助生产车间交互分配后的实际费用}{该辅助生产车间对外提供的产品或劳务总量}$$

$$\text{某辅助生产车间以外的}\atop\text{受益单位应分配的费用}=\text{该受益单位耗用的}\atop\text{产品或劳务数量}\times\text{某辅助生产车间对外}\atop\text{分配费用分配率}$$

例4-4　承例4-3的资料,采用交互分配法时,其分配计算的结果如表4-9所示。

表4-9　辅助生产费用分配表(交互分配法)

20××年×月

项　目			交互分配			对外分配		
辅助生产车间			供电车间	机修车间	合　计	供电车间	机修车间	合　计
待辅助生产费用/元			60 000	36 000	96 000	56 000	40 000	96 000
产品(劳务)供应总量			48 000	4 800	—	40 000	4 000	—
计量单位			千瓦时	小时	元	千瓦时	小时	元
费用分配率			1.25	7.5	—	1.4	10	—
辅助生产车间耗用	供电车间	数量	—	800	—	—	—	—
		金额/元	—	6 000	6 000	—	—	—
	机修车间	数量	8 000	—	—	—	—	—
		金额/元	10 000	—	10 000	—	—	—
基本生产车间——甲产品		数量	—	—	—	14 000	—	—
		金额/元	—	—	—	19 600	—	19 600
基本生产车间——乙产品		数量	—	—	—	12 000	—	—
		金额/元	—	—	—	16 800	—	16 800
基本生产车间一般耗用		数量	—	—	—	4 000	3 000	—
		金额/元	—	—	—	5 600	30 000	35 600
专设销售机构		数量	—	—	—	4 000	400	—
		金额/元	—	—	—	5 600	4 000	9 600
行政管理部门		数量	—	—	—	6 000	600	—
		金额/元	—	—	—	8 400	6 000	14 400
分配金额合计			10 000	6 000	16 000	56 000	40 000	96 000

计算过程如下。

① 交互分配。

供电车间交互分配费用分配率 = 60 000 ÷ 48 000 = 1.25

机修车间交互分配费用分配率 = 36 000 ÷ 4 800 = 7.5

供电车间应分的机修费 = 800 × 7.5 = 6 000(元)

机修车间应分的电费 = 8 000 × 1.25 = 10 000(元)

② 对外分配。

供电车间交互分配后的实际费用 = 60 000 + 6 000 - 10 000 = 56 000(元)

机修车间交互分配后的实际费用 = 36 000 + 10 000 - 6 000 = 40 000(元)

供电车间对外分配费用分配率 = 56 000 ÷ (48 000 - 8 000) = 1.4

机修车间对外分配费用分配率 = 40 000 ÷ (4 800 − 800) = 10

基本生产车间——甲产品应分配的电费 = 14 000 × 1.4 = 19 600(元)

基本生产车间——乙产品应分配的电费 = 12 000 × 1.4 = 16 800(元)

基本生产车间应分配的电费 = 4 000 × 1.4 = 5 600(元)

基本生产车间应分配的机修费 = 3 000 × 10 = 30 000(元)

专设销售机构应分配的电费 = 4 000 × 1.4 = 5 600(元)

专设销售机构应分配的机修费 = 400 × 10 = 4 000(元)

行政管理部门应分配的电费 = 6 000 × 1.4 = 8 400(元)

行政管理部门应分配的机修费 = 600 × 10 = 6 000(元)

根据表 4 − 9 所示的辅助生产费用分配表,编制会计分录如下。

① 交互分配。

借:生产成本——辅助生产成本——供电车间	6 000
——机修车间	10 000
贷:生产成本——辅助生产成本——供电车间	10 000
——机修车间	6 000

② 对外分配。

借:生产成本——基本生产成本——甲产品	19 600
——乙产品	16 800
制造费用	35 600
销售费用	9 600
管理费用	14 400
贷:生产成本——辅助生产成本——供电车间	56 000
——机修车间	40 000

采用交互分配法,由于对辅助生产车间之间相互提供产品或劳务的费用进行了交互分配,从而提高了分配结果的客观性和准确性。但该方法在进行辅助生产费用分配时只进行了一次分配,对外分配仍采用直接分配法,其分配的准确性受到了一定影响。该方法适用于各辅助生产车间之间相互提供产品或劳务较多且不平衡的情况。

4.3.3 代数分配法

代数分配法是依据代数中多元一次方程组的原理,先计算辅助生产产品或劳务的单位成本(即分配率),然后根据该单位成本和各受益单位耗用辅助生产车间产品或劳务数量进行辅助生产费用分配的方法。其计算公式为:

$$\begin{array}{l} \text{待分配的辅助} \\ \text{生产费用} \end{array} + \begin{array}{l} \text{该辅助车间耗用其他辅助} \\ \text{生产车间产品或劳务的数量} \end{array} \times \begin{array}{l} \text{其他辅助生产车间产品} \\ \text{或劳务的单位成本} \end{array}$$

$$= \begin{array}{l} \text{该辅助生产车间} \\ \text{提供的劳务总量} \end{array} \times \begin{array}{l} \text{该辅助生产车间产品} \\ \text{或劳务的单位成本} \end{array}$$

$$\begin{array}{l} \text{某受益单位应负担} \\ \text{的辅助生产费用} \end{array} = \begin{array}{l} \text{该受益单位接受} \\ \text{的劳务量} \end{array} \times \begin{array}{l} \text{对应的辅助生产产品} \\ \text{或劳务的单位成本} \end{array}$$

例4-5　承例4-3的资料,采用代数分配法分配辅助生产车间的辅助费用。

假设供电车间每千瓦时电的单位成本为 x,机修车间每小时修理的单位成本为 y,方程组为:

$$\begin{cases} 60\,000 + 800y = 48\,000x \\ 36\,000 + 8\,000x = 4\,800y \end{cases}$$

解方程组得:

$$\begin{cases} x = 1.414 \\ y = 9.857 \end{cases}$$

根据上述计算结果,编制辅助生产费用分配表如表4-10所示。

表4-10　辅助生产费用分配表(代数分配法)

20××年×月　　　　　　　　　　　　　　　　　　　　元

受益单位	供应单位		供电车间	机修车间	合　计
单位成本(分配率)	计量单位		千瓦时	小时	元
	—		1.414	9.857	—
辅助生产车间耗用	供电车间	数量	—	800	—
		金额/元	—	7 885.6	7 885.6
	机修车间	数量	8 000	—	—
		金额/元	11 312	—	11 312
基本生产车间——甲产品		数量	14 000	—	—
		金额/元	19 796	—	19 796
基本生产车间——乙产品		数量	12 000	—	—
		金额/元	16 968	—	16 968
基本生产车间		数量	4 000	3 000	—
		金额/元	5 656	29 571	35 227
专设销售机构		数量	4 000	400	—
		金额/元	5 656	3 942.8	9 598.8
行政管理部门		数量	6 000	600	—
		金额/元	8 484	5 914.2	14 398.2
分配金额合计			67 872	47 313.6	115 185.6

根据表4-10所示的辅助生产费用分配表,编制会计分录如下。

借:生产成本——辅助生产成本——供电车间　　　　　　　　　7 885.6
　　　　　　　　　　　　　　——机修车间　　　　　　　　　11 312
　　生产成本——基本生产成本——甲产品　　　　　　　　　　19 796
　　　　　　　　　　　　　　——乙产品　　　　　　　　　　16 968
　　制造费用　　　　　　　　　　　　　　　　　　　　　　　35 227
　　销售费用　　　　　　　　　　　　　　　　　　　　　　　9 598.8

管理费用	14 398.2
贷:生产成本——辅助生产成本——供电车间	67 872
——机修车间	47 313.6

采用代数分配法分配辅助生产费用,分配结果最正确。但在辅助生产车间较多的情况下未知数较多,计算工作量会大大增加,计算也较为复杂,因而这种分配方法适用于计算工作已实现电算化的企业。

4.3.4 计划成本分配法

计划成本分配法是指辅助生产车间生产的产品或提供的劳务按照计划单位成本计算,分配辅助生产费用的方法。它一般按以下两个步骤进行。

1. 按计划成本分配

根据辅助生产车间为各受益单位(包括辅助生产车间)提供的产品或劳务的实际耗用量和计划单位成本,计算分配辅助生产费用。其计算公式为:

$$\begin{array}{c}某受益单位应分配的\\辅助生产费用的计划成本\end{array} = \begin{array}{c}该受益单位实际耗用\\该产品或劳务的数量\end{array} \times \begin{array}{c}该产品或劳务的\\计划单位成本\end{array}$$

2. 差异调整

对辅助生产车间实际发生的费用(包括辅助生产相互分配转入的费用在内)和按计划单位成本分配转出的费用之间的差额进行调整分配。其计算公式为:

$$\begin{array}{c}某辅助生产车间\\的成本差异\end{array} = \begin{array}{c}该辅助生产\\车间实际费用\end{array} - \begin{array}{c}该辅助生产车间按计划单位\\成本分配转出费用总额\end{array}$$

$$\begin{array}{c}某辅助生产车间\\的实际费用\end{array} = \begin{array}{c}按计划成本分配\\前已归集的费用\end{array} + \begin{array}{c}按计划单位成本\\分配转入的费用\end{array}$$

辅助生产成本差异确定以后,应将差异进行调整分配。调整分配一般有两种方法:①可以根据受益比例,将差异追加分配给辅助生产以外的各受益单位;②为了简化计算工作,可以将差异全部分配给行政管理部门,记入"管理费用"账户,如果是超支差,应增加管理费用,如果是节约差,则应红字冲减管理费用。由于第②种方法简便易行,因此在实际工作中被广泛采用。

例 4 - 6 承例 4 - 3,假设每千瓦时电的计划单位成本为 1.30 元,每小时机修工作的单位成本为 8.50 元,按计划成本分配法分配辅助生产费用,如表 4 - 11 所示。

表 4 - 11 辅助生产费用分配表(计划成本分配法)

20××年×月

项 目	供电车间	机修车间	合 计
待分配辅助生产费用	60 000	36 000	96 000
产品或劳务供应总量	48 000	4 800	——

（续表）

项　目			供电车间	机修车间	合　计
计量单位			千瓦时	小时	元
计划单位成本			1.30	8.50	—
辅助生产车间	供电车间	数量		800	—
		金额/元		6 800	6 800
	机修车间	数量	8 000	—	—
		金额/元	10 400	—	10 400
基本生产车间——甲产品		数量	14 000	—	—
		金额/元	18 200	—	18 200
基本生产车间——乙产品		数量	12 000	—	—
		金额/元	15 600	—	15 600
基本生产车间		数量	4 000	3 000	—
		金额/元	5 200	25 500	30 700
专设销售机构		数量	4 000	400	—
		金额/元	5 200	3 400	8 600
行政管理部门		数量	6 000	600	—
		金额/元	7 800	5 100	12 900
按计划成本分配合计			62 400	40 800	103 200
辅助生产实际成本			66 800	46 400	113 200
辅助生产成本差异			4 400	5 600	10 000

计算过程如下。

① 按计划成本分配。

供电车间应分配的机修费用 = 800 × 8.5 = 6 800(元)

机修车间应分配的电费 = 8 000 × 1.3 = 10 400(元)

基本生产车间——甲产品应分配的电费 = 14 000 × 1.3 = 18 200(元)

基本生产车间——乙产品应分配的电费 = 12 000 × 1.3 = 15 600(元)

基本生产车间应分配的电费 = 4 000 × 1.3 = 5 200(元)

基本生产车间应分配的机修费 = 3 000 × 8.5 = 25 500(元)

专设销售机构应分配的电费 = 4 000 × 1.3 = 5 200(元)

专设销售机构应分配的机修费 = 400 × 8.5 = 3 400(元)

行政管理部门应分配的电费 = 6 000 × 1.3 = 7 800(元)

行政管理部门应分配的机修费 = 600 × 8.5 = 5 100(元)

② 计算成本差异。

供电车间实际成本 = 60 000 + 6 800 = 66 800(元)

机修车间实际成本 = 36 000 + 10 400 = 46 400(元)

供电车间成本差异 = 66 800 - 62 400 = 4 400(元)

机修车间成本差异 = 46 400 - 40 800 = 5 600(元)

根据表 4 - 11 所示的额辅助生产费用分配表,编制会计分录如下。

① 按计划成本分配。

借:生产成本——辅助生产成本——供电车间   6 800

                      ——机修车间   10 400

   生产成本——基本生产成本——甲产品   18 200

                      ——乙产品   15 600

    制造费用   30 700

    销售费用   8 600

    管理费用   12 900

    贷:生产成本——辅助生产成本——供电车间   62 400

                       ——机修车间   40 800

② 调整辅助生产成本差异。

借:管理费用   10 000

    贷:生产成本——辅助生产成本——供电车间   4 400

                       ——机修车间   5 600

采用计划成本分配法,由于辅助生产车间的产品或劳务的计划单位成本有现成资料,只要有各受益单位耗用辅助生产车间的产品或劳务量,便可进行分配,从而简化和加速了分配的计算工作。同时,采用这种分配方法,通过实际成本同计划成本的比较,不仅能反映和考核辅助生产成本计划的执行情况,有助于进一步分析差异的原因,而且还便于分析和考核各受益单位的成本,便于分清企业内部各单位的经济责任。但是这种方法以事先确定的产品或劳务的计划单位成本为分配基础,因而计划成本分配法适用于各辅助生产车间产品或劳务的计划单位成本比较准确的企业。

项目·小结

1. 辅助生产主要为基本生产车间、企业管理部门和其他部门提供产品和服务。

2. 辅助生产车间在产品生产和劳务供应过程中所耗费的各种生产费用,称为辅助生产费用。辅助生产车间生产的产品和劳务,被产品、部门耗用及基本生产车间一般耗用后,辅助生产费用应当分配转入基本生产成本、管理费用、制造费用等。

3. 为了归集反映辅助生产车间的各项生产费用,需要设置"辅助生产成本"账户进行核算。在辅助生产规模很大,特别是辅助生产车间同时进行多种产品生产的情况下,还应在"制造费用"账户中增设按辅助生产车间设置的辅助生产制造费用明细账。但对于生产单一产品,特别是提供单一劳务的辅助生产车间,为了简化核算工作,一般不专设"制造费用"账户。

4. 辅助生产费用分配的直接分配法,只将各辅助生产车间的费用直接分配给辅助生产车间以外的各受益单位,因此分配的结果不够准确,一般只适用于辅助生产内部相互提供劳务不多或提供劳务较少的情况下。在交互分配法下,辅助生产费用先在辅助生产车间之间交互分配,然后再对外分配,提高了分配结果的正确性,但增加了分配工作量;在代数分配法下,通过解方程组,先计算出辅助生产产品和劳务的实际单位成本,然后再根据各受益单位耗用的劳务数量计算分配辅助生产费用,分配结果最准确,但在辅助生产车间数量较多时,计算工作量太大;在计划成本分配法下,按照劳务的计划单位成本和各受益单位实际耗用的劳务数量,分配辅助生产费用,不但可以简化费用分配工作,而且通过辅助生产成本差异的计算,还能反映和考核辅助生产成本计划的完成情况。

思考题

1. 直接分配法如何计算? 有什么特点?

2. 采用交互分配法时,第 1 阶段交互分配和第 2 阶段对外分配时所要分配的费用及劳务数量有什么不同?

3. 计划成本分配法如何计算? 有什么特点? 差异额如何处理?

4. 代数分配法如何计算? 有什么特点? 在什么情况下采用?

5. 试比较不同的辅助生产费用分配方法的特点和适用范围。

练习题

一、单项选择题

1. 如果辅助生产车间规模不大,制造费用不多,为简化核算,其制造费用可直接记入(　　)账户。
    A. 基本生产成本
    B. 本年利润
    C. 制造费用
    D. 辅助生产成本

[在线测试]

2. 下列方法中,属于辅助生产费用分配方法的是(　　)。
    A. 按生产工人工资比例分配法
    B. 按机器工时比例分配法
    C. 按计划成本分配法
    D. 按约当产量比例分配法

3. 各辅助生产分配方法中,以(　　)的结果最为精确。
    A. 直接分配法
    B. 代数分配法
    C. 交互分配法
    D. 计划成本分配法

4. 辅助生产的直接分配法宜在(　　)的情况下采用。
    A. 各辅助生产车间、部门之间相互受益程度有明显顺序
    B. 计算工作已经实现电算化
    C. 企业的定额制度,各项计划管理比较健全
    D. 辅助生产内部相互提供劳务或产品不多,且不进行交互分配对成本核算影响不大

5. 辅助生产费用交互分配法第 1 次分配是在(　　)之间进行分配的。
    A. 辅助生产以外各受益单位
    B. 各受益单位
    C. 各受益的基本生产车间
    D. 各受益的辅助生产车间

6. 辅助生产费用采用计划成本分配法计算出来的辅助生产成本差异,一般全部记入(　　)账户。
    A. 辅助生产成本
    B. 制造费用
    C. 基本生产成本
    D. 管理费用

7. 辅助生产费用分配中的交互分配法,其对外分配的劳务量同(　　)是一致的。
    A. 直接分配法
    B. 按计划成本分配法

C. 按年度计划分配率分配法　　　　D. 代数分配法

二、多项选择题

1. 月份终了,辅助生产费用按一定分配标准分配给各受益对象,可以借记(　　　　)账户。

    A. 管理费用　　　B. 销售费用　　　C. 主营业务成本　　　D. 基本生产成本

2. 辅助生产车间对各受益单位分配费用的方法有(　　　　)。

    A. 生产工资比例法　　　　　　　　B. 直接分配法

    C. 交互分配法　　　　　　　　　　D. 按年度计划分配率分配法

3. 辅助生产费用按计划成本分配法的优点是(　　　　)。

    A. 简化成本计算工作

    B. 便于考核各受益单位的成本

    C. 便于考核辅助生产成本计划的完成情况

    D. 分配结果最准确

4. 下列情况中,辅助生产车间的制造费用可以不通过"制造费用"账户核算的是(　　　　)。

    A. 车间规模很大　　　　　　　　　B. 车间只生产一种产品

    C. 制造费用很多　　　　　　　　　D. 制造费用很少

    E. 不对外销售产品或提供劳务

5. 采用交互分配法分配辅助生产费用时,应该(　　　　)。

    A. 先在企业内部各受益单位之间进行一次交互分配

    B. 先在辅助生产内部各受益单位之间进行一次交互分配

    C. 算出交互分配后的实际费用

    D. 再向企业以外各受益单位进行一次对外分配

    E. 再向辅助生产车间以外各受益单位进行一次对外分配

6. 分配或结转辅助生产费用可能涉及的账户有(　　　　)。

    A. 基本生产成本　　B. 营业外支出　　C. 管理费用　　　D. 主营业务收入

三、判断题

1. 辅助生产费用最终要全部转入基本生产的产品成本。　　　　　　　　　　(　　)

2. 辅助生产费用的直接分配法,就是将辅助生产费用直接计入各辅助生产产品或劳务成本的方法。　　　　　　　　　　　　　　　　　　　　　　　　　　　　(　　)

3. 辅助生产费用的交互分配法,就是只进行辅助生产车间之间费用的交互分配,而不进行对外分配的方法。　　　　　　　　　　　　　　　　　　　　　　　　　(　　)

4. 在计划分配法下,辅助生产车间的实际费用等于该辅助生产车间费用总额加上按计划单位成本分配转入的费用,减去按计划单位成本分配转出的费用。　　　　　(　　)

5. 采用直接分配法分配辅助生产费用时,辅助生产车间之间相互提供产品或劳务也应计算其应负担的金额。　　　　　　　　　　　　　　　　　　　　　　　　(　　)

6. 采用代数分配法分配辅助生产费用时,应用代数中解方程组的原理,直接分配各受

益车间、部门应负担的费用,不需计算辅助生产产品或劳务的单位成本。　　　　　（　　）

7. 辅助生产费用按直接分配法分配最简单,按代数分配法分配最正确,按计划成本法分配可简化计算工作并能分清经济责任。　　　　　　　　　　　　　　　　　　　（　　）

8. 工具和模具车间生产的工具、模具和修理用备件等产品成本,应在产品完工入库时,以"辅助生产成本"账户及其明细账的贷方分别转入"周转材料"和"原材料"账户的借方。
　　　　　　　　　　　　　　　　　　　　　　　　　　　　　　　　　　　（　　）

9. "辅助生产成本"账户月末可能没有余额。　　　　　　　　　　　　　　　（　　）

四、计算题

1. 某企业设有供电和供水两个辅助生产车间,20××年×月两辅助车间的辅助生产费用分别为:供电车间18 000元,供水车间90 000元。两辅助车间提供的劳务如表4-12所示。

表4-12　辅助生产车间向各受益单位提供的劳务数量

受益单位	供电车间/千瓦时	供水车间/立方米
供电车间	—	2 500
供水车间	3 000	—
甲产品	56 900	—
基本生产车间消耗	10 600	17 000
行政管理部门	4 500	3 000
合　计	75 000	22 500

要求:

（1）直接分配法

① 采用直接分配法分配辅助生产费用,填制辅助生产费用分配表4-13,并编制相关会计分录。

表4-13　辅助生产费用分配表(直接分配法)

20××年×月

项　目		供电车间	供水车间	金额合计
待分配辅助生产费用				
对外提供的劳务数量				
计量单位				
辅助生产费用分配率				
基本生产成本——甲产品	数量			
	金额/元			
基本生产车间	数量			
	金额/元			
行政管理部门	数量			
	金额/元			
金额合计				

② 根据表4-13编制直接分配辅助生产成本的记账凭证,如表4-14所示。

表 4 - 14　转账凭证

年　月　日　　　　　　　　　　　　　　　　　　　　　　　　　　　　　　转字第　　号

摘　要	总账科目	明细科目	借方金额									√	贷方金额									√
			百	十	万	千	百	十	元	角	分		百	十	万	千	百	十	元	角	分	
合　计																						

会计主管　　　　　　　　　记账　　　　　　　　复核　　　　　　　　制单

（2）交互分配法

① 采用交互分配法分配辅助生产费用，填制辅助生产费用分配表 4 - 15，并编制相关会计分录。

表 4 - 15　辅助生产费用分配表（交互分配法）

20 × × 年 × 月

项　目			交互分配			对外分配		
辅助生产车间			供电车间	供水车间	合　计	供电车间	供水车间	合　计
待辅助生产费用								
产品（劳务）供应总量								
计量单位								
费用分配率（单位成本）								
辅助生产车间耗用	供电车间	数量						
		金额/元						
	供水车间	数量						
		金额/元						
基本生产车间——甲产品		数量						
		金额/元						
基本生产车间一般耗用		数量						
		金额/元						
行政管理部门		数量						
		金额/元						
分配金额合计								

② 根据表 4 - 15 编制交互分配辅助生产成本的记账凭证,如表 4 - 16 和表 4 - 17 所示。

表 4 - 16　转账凭证

年　月　日　　　　　　　　　　　　　　　　　　　　　　转字第　　号

摘　要	总账科目	明细科目	借方金额									√	贷方金额									√
			百	十	万	千	百	十	元	角	分		百	十	万	千	百	十	元	角	分	
合　计																						

会计主管　　　　　　记账　　　　　　　　复核　　　　　　　制单

表 4 - 17　转账凭证

年　月　日　　　　　　　　　　　　　　　　　　　　　　转字第　　号

摘　要	总账科目	明细科目	借方金额									√	贷方金额									√
			百	十	万	千	百	十	元	角	分		百	十	万	千	百	十	元	角	分	
合　计																						

会计主管　　　　　　记账　　　　　　　　复核　　　　　　　制单

（3）计划成本法

① 采用计划成本分配法分配辅助生产费用,假定企业确定的计划单位成本为:每千瓦时电 0.42 元,每立方米水 2.95 元。填制辅助生产费用分配表 4 - 18,并编制相关会计分录。

表4－18 辅助生产费用分配表（计划成本分配法）

20××年×月

项 目			供电车间	供水车间	合 计
待分配辅助生产费用					
产品或劳务供应总量					
计量单位					
计划单位成本					
辅助生产车间	供电车间	数量			
		金额/元			
	供水车间	数量			
		金额/元			
基本生产成本——甲产品		数量			
		金额/元			
基本生产车间		数量			
		金额/元			
行政管理部门		数量			
		金额/元			
按计划成本分配合计					
辅助生产实际成本					
辅助生产成本差异					

② 根据表4－18编制按计划成本分配辅助生产成本的记账凭证,如表4－19和表4－20所示。

表4－19 转账凭证

年 月 日　　　　　　　　　　　　　　　　转字第　号

摘 要	总账科目	明细科目	借方金额									√	贷方金额									√
			百	十	万	千	百	十	元	角	分		百	十	万	千	百	十	元	角	分	
合 计																						

会计主管　　　　　　　记账　　　　　　　　复核　　　　　　　　制单

表 4 - 20　转账凭证

年　月　日　　　　　　　　　　　　　　　　　　　　　　转字第　　号

摘　要	总账科目	明细科目	借方金额									√	贷方金额									√
			百	十	万	千	百	十	元	角	分		百	十	万	千	百	十	元	角	分	
合　计																						

会计主管　　　　　　　　记账　　　　　　　　复核　　　　　　　　制单

项目5

制造费用的核算

学习目标

1. 理解制造费用的定义。
2. 明确制造费用的核算内容。
3. 掌握制造费用的归集和分配。
4. 掌握生产工时比例法、机器工时比例法、生产工人工资比例法、产品产量比例法。
5. 了解制造费用明细表的编制。

制造费用主要是指企业生产车间(部门)为生产产品、提供劳务而发生的各项间接费用,主要包括企业各个生产单位(车间、分厂)为组织和管理生产所发生的一切费用。制造费用属于间接生产费用,需要采用一定的方法,将归集的制造费用在各车间、各产品之间进行正确的分配。

5.1 制造费用归集的核算

5.1.1 制造费用的内容

制造费用是指为生产产品(或提供劳务)而发生的,应计入产品成本,但没有专设成本项目的各项间接生产费用。例如,机物料消耗,生产车间用房屋、建筑物的折旧费、修理费、保险费、租赁费,车间生产用的照明费、取暖费、降温费、运输费、劳动保护费等间接用于产品生产的费用。另外,也有直接用于产品生产,但管理上不要求或核算上不便单独核算的费用。例如,生产用机器设备的折旧费、生产用低值易耗品摊销、设计图纸费和试验检验费等。

制造费用的内容比较复杂,为了减少耗费项目,简化核算工作,制造费用的耗费项目一般不按直接用于产品生产、间接用于产品生产及用于组织管理生产划分,而是将性质相同的耗费合并设立相应的耗费项目。

1. 制造费用包括的具体内容

① 间接材料费用。间接材料费用是指企业内部各生产单位(分厂、车间)耗用的一般性消耗材料的费用,如机物料消耗、低值易耗品摊销。

② 间接人工费用。间接人工费用是指企业内部各生产单位(分厂、车间),除生产工人

之外的管理人员、工程技术人员、车间辅助人员、清洁工、维修工、搬运工等人员的工资及职工薪酬。

③ 其他制造费用。其他制造费用是指企业内部各生产单位(分厂、车间)发生的不属于材料和人工的各种同产品生产有关的费用,包括房屋、建筑物、机器设备的折旧费、水电费。

2. 制造费用明细账的具体栏目

① 职工薪酬。职工薪酬是指生产单位(分厂、车间、下同)除生产工人之外的管理人员、工程技术人员和其他生产人员的工资、职工福利、社会保险、住房公积金等。

② 折旧费。折旧费是指生产单位的房屋、建筑物、机器设备等固定资产按规定的折旧方法计算的费用。

③ 租赁费。租赁费是指生产单位租入固定资产和专用工具而发生的租金,但不包括融资租赁费。

④ 机物料消耗。机物料消耗是指生产单位为维护生产设备等管理上所消耗的各种材料。

⑤ 低值易耗品摊销。低值易耗品摊销是指生产单位使用的各种低值易耗品的摊销费。

⑥ 取暖费。取暖费是指生产单位用于职工防寒取暖而发生的耗费,不包括支付给职工的取暖津贴。

⑦ 水电费。水电费是指生产单位管理上耗用水、电而发生的耗费。生产工艺耗用水电耗费比较大的,可以专门设置"燃料和动力"成本项目核算。

⑧ 办公费。办公费是指生产单位耗用的文具、印刷、邮电、办公用品等的耗费。

⑨ 差旅费。差旅费是指生产单位职工因公出差而发生的交通、住宿、出差补助等的耗费。

⑩ 运输费。运输费是指生产单位耗用厂内、厂外的运输劳务耗费。

⑪ 保险费。保险费是指生产单位应负担的财产物资保险费。从保险公司取得的赔偿应从本项目扣除。

⑫ 设计制图费。设计制图费是指生产单位应负担的图纸费、制图用品费和委托设计部门设计图纸而发生的耗费。

⑬ 试验检验费。试验检验费是指生产单位应负担的对材料、半成品、产品进行试验或进行检查、化验、分析的耗费。

⑭ 劳动保护费。劳动保护费是指生产单位为保护职工劳动安全所发生的劳保用品费,如劳保眼镜,工作用的鞋、帽、手套和服装等。

⑮ 季节性、修理期间停工损失。季节性、修理期间停工损失是指季节性停工和生产用固定资产修理期间的停工损失。

⑯ 其他。其他是指以上各项以外的应计入产品成本的其他制造费用,如在产品盘亏、毁损损失。

5.1.2　制造费用的归集

企业基本生产车间发生的各种制造费用,应按其用途和发生地点,通过"制造费用"账户及其明细账进行归集和分配。根据管理的需要,"制造费用"账户可以按生产车间开设明细账,账内按照费用项目设置专栏,进行明细核算。费用发生时,根据支出凭证借记"制造费用"账户及其所属有关明细账。材料、工资、折旧及待摊和预提费用等,应在月末根据汇总编制的各种费用分配表计入。归集在"制造费用"账户借方的各项费用,月末一般应全部分配转入"生产成本——基本生产成本"账户,计入产品成本。分配结转后,"制造费用"账户月末一般无余额。

如果辅助生产车间的制造费用是通过"制造费用"项目单独核算的,则应比照基本生产车间发生的费用核算;如果辅助生产车间的制造费用不通过"制造费用"项目单独核算,则应全部记入"辅助生产成本"账户及其明细账的有关成本或费用项门。制造费用明细账的格式如表5-1所示。

表5-1 制造费用明细账

车间名称:第一车间   20××年×月   元

摘 要	原材料	燃料及动力	职工工资	折旧费	水电费	低值易耗品	其他	合计
材料费用分配表	900	—	—	—	—	—	—	900
燃料费用分配表	—	800	—	—	—	—	—	800
低值易耗品摊销	—	—	—	—	—	1 200	—	1 200
动力费用分配表	—	6 000	—	—	—	—	—	6 000
工资费用分配表	—	—	990	—	—	—	—	990
折旧费用分配表	—	—	—	12 000	—	—	—	12 000
其他费用分配	—	—	—	—	—	—	4 800	4 800
辅助生产成本分配表	—	—	—	—	6 700	—	—	6 700
制造费用分配表	—	—	—	—	—	—	—	0
合 计	900	6 800	990	12 000	6 700	1 200	4 800	33 390

5.2 制造费用分配的核算

5.2.1 制造费用分配的特点

为了正确计算产品的生产成本,必须合理地分配制造费用。基本生产车间的制造费用是产品生产成本的组成部分。在只生产一种产品的车间,制造费用可以直接计入该种产品生产成本;在生产多种产品的车间中,制造费用则应该采用既合理又较简便的分配方法,分配计入各种产品的生产成本。根据分配结果,借记"基本生产成本"账户及其明细账,贷记"制造费用——某基本生产车间"账户。如果企业的辅助生产车间单独核算其制造费用,汇总在"制造费用——某辅助生产车间"账户的数额,在只生产一种产品或提供一种劳务的辅助生产车间,直接计入该种辅助生产产品或劳务的成本;在生产多种产品或提供多种劳务的辅助生产车间,则应采用适当的分配方法,分配计入辅助生产产品或劳务成本,即借记"辅助生产成本"账户及其明细账账户,贷记"制造费用——某辅助生产车间"账户。

5.2.2 制造费用分配的方法

由于各车间的制造费用水平不同,制造费用的分配应该按照车间分别进行,而不应将各车间的制造费用汇总起来,在整个企业范围内统一分配。在生产一种产品的车间、部门中,发生的制造费用应直接计入该种产品的成本;在生产多种产品的车间、部门中,发生的制造费用属于间接计入费用,应采用适当的分配方法,分配计入各产品生产成本中,即在生产多种产品的车间、部门共同发生的制造费用,才有分配问题。分配的计算公式为:

$$制造费用分配率 = 制造费用总额 \div 各种产品所用分配标准之和$$
$$某种产品应分配的制造费用 = 该种产品所用分配标准 \times 制造费用分配率$$

分配制造费用,需要选择一定的标准进行,常用的标准有生产工人工时、生产工人工资、机器工时和年度计划分配率等。由此产生了生产工时比例法、生产工人工资比例法、机器工时比例法和按年度计划分配率分配法等制造费用的分配方法。

1. 生产工时比例法

生产工时比例法是按照各种产品所用生产工时的比例分配制造费用的一种方法。其计算公式为:

$$制造费用分配率 = \frac{制造费用总额}{各产品生产工时总额}$$
$$某种产品应分配的制造费用 = 该种产品生产工时 \times 制造费用分配率$$

按生产工时比例法分配制造费用,可使产品负担制造费用的多少同劳动生产率的高低联系起来,如果劳动生产率提高,则单位产品生产工时减少,所负担的制造费用也就降低。因此,生产工时比例法是一种常用的较好方法。如果企业产品的工时定额比较准确,上述计算公式也可按不同产品的定额工时的比例分配制造费用。

例 5-1 某工厂20××年5月第一基本生产车间归集的制造费用为85 000元。该车间本月生产甲、乙两种产品的实际生产工时分别为5 000工时和3 500工时。

按生产工时比例法分配制造费用的过程如下。

$$费用分配率 = \frac{85\,000}{5\,000 + 3\,500} = 10(元/时)$$

甲产品应分配的制造费用 $= 10 \times 5\,000 = 50\,000(元)$
乙产品应分配的制造费用 $= 10 \times 3\,500 = 35\,000(元)$

根据计算结果编制的制造费用分配表如表5-2所示。

表5-2 某工厂制造费用分配表(生产工时比例法)

生产单位:第一车间　　　　　　　　　　　20××年5月

产品名称	分配标准(生产工时)/工时	分配率	分配金额/元
甲产品	5 000	—	50 000
乙产品	3 500	—	35 000
合　计	8 500	10	85 000

根据表5-2编制会计分录如下。

借:生产成本——基本生产成本——甲产品　　　　　　　　　50 000

——乙产品	35 000

贷：制造费用——第一车间   85 000

2. 生产工人工资比例法

生产工人工资比例法是以各种产品的生产工人工资为标准分配制造费用的一种方法。其计算公式为：

$$制造费用分配率 = \frac{制造费用总额}{各产品生产工人工资总额}$$

$$某产品应负担制造费用 = 该产品生产工人工资 \times 制造费用分配率$$

例5-2 某工厂20××年6月第一基本生产车间归集的制造费用为36 200元。该车间本月生产甲、乙两种产品的生产工人工资分别为30 000元和20 000元。

按生产工人工资比例法分配制造费用的过程如下。

$$费用分配率 = \frac{36\ 200}{30\ 000 + 20\ 000} = 0.724$$

$$甲产品应分配的制造费用 = 0.724 \times 30\ 000 = 21\ 720(元)$$

$$乙产品应分配的制造费用 = 0.724 \times 20\ 000 = 14\ 480(元)$$

根据计算结果编制的制造费用分配表如表5-3所示。

表5-3 某工厂制造费用分配表（生产工人工资比例法）

生产单位：第一车间   20××年5月

产品名称	分配标准（工人工资）/工作	分配率	分配金额/元
甲产品	30 000		21 720
乙产品	20 000	0.724	14 480
合　计	36 200		36 200

根据表5-3编制会计分录如下。

借：生产成本——基本生产成本——甲产品   21 720

——乙产品   14 480

贷：制造费用——第二车间   36 200

3. 机器工时比例法

机器工时比例法是以各种产品所用机器设备的运转时间为标准分配制造费用的一种方法。这种方法适用于机械化程度较高的车间，因为在这种车间中，折旧费用、修理费用的大小同机器运转的时间有密切的联系。采用这种方法，必须正确组织各种产品所耗用机器工时的记录工作，以保持工时的准确性。该方法的计算程序、原理同生产工时比例法基本相同。其计算公式为：

$$制造费用分配率 = \frac{制造费用总额}{各产品耗用机器工时总额}$$

$$某种产品应负担的制造费用 = 该产品的生产耗用机器工时数 \times 分配率$$

4. 按年度计划分配率分配法

按年度计划分配率分配法是指无论各月实际发生的制造费用是多少,各月各种产品成本中的制造费用均按年度计划确定的计划分配率分配的一种方法。年度内全年制造费用的实际数和产品的实际产量与计划分配率计算的分配数之间的差额,到年终时按已分配比例分配计入 12 月份的产品成本中。其计算公式为:

年度计划分配率 = 年度制造费用计划总数 ÷ 年度各产品计划产量的定额工时总数

某月某产品应负担的制造费用 = 该月该种产品实际产量的定额工时数 ×

年度计划分配率

例5－3　某工厂基本生产车间全年制造费用计划为 180 000 元,全年甲、乙产品的计划产量为甲产品 2 000 件、乙产品 1 500 件;单件产品的工时定额为甲产品 5 小时、乙产品 4 小时;8 月份的实际产量为甲产品 200 件、乙产品 100 件,该月实际制造费用为 15 000 元。试按年度计划分配率分配法分配甲、乙产品应负担的制造费用。

按年度计划分配率分配制造费用,首先计算年度计划分配率。

甲产品年度计划产量的定额工时 = 2 000 × 5 = 10 000(小时)

乙产品年度计划产量的定额工时 = 1 500 × 4 = 6 000(小时)

年度计划分配率 = 年度制造费用计划总额 ÷ 年度各产品计划产量的定额工时总数

＝ 180 000 ÷ (10 000 + 6 000)

＝ 11.25(元 / 小时)

甲、乙产品分配 8 月份制造费用如下。

甲产品本月实际产量的定额工时 = 200 × 5 = 1 000(小时)

乙产品本月实际产量的定额工时 = 100 × 4 = 400(小时)

本月甲产品分配的制造费用 = 1 000 × 11.25 = 11 250(元)

本月乙产品分配的制造费用 = 400 × 11.25 = 4 500(元)

编制会计分录如下。

借:生产成本——基本生产成本——甲产品　　　　　　　　　　　11 250

　　　　　　　　　　　　——乙产品　　　　　　　　　　　4 500

　　贷:制造费用　　　　　　　　　　　　　　　　　　　　　15 750

运用这种方法分配制造费用时,年度计划费用分配率是按计划产量考虑的,实际分配的费用是按实际产量计算的;不管各月实际发生的制造费用是多少,每月各种产品应分配的制造费用都是按年度计划分配率分配的;年度实际发生的制造费用和制造费用预算也会存在差异。因此,采用年度计划费用分配率分配法,“制造费用”账户各月末分配结转后可能有余额。同时,月末余额可能在借方,也可能在贷方。“制造费用”账户月末借方余额表示实际发生的费用大于按计划分配率分配法费用,贷方余额表示按照计划分配率分配的费用大于实际发生的费用。

采用年度计划分配率分配法,可随时结算已完工产品应负担的制造费用,简化分配手续,最适用于季节性生产的企业车间。但采用这种方法,必须要有较高的计划管理水平,否则计划分配额和实际发生额差异过大,会影响制造费用分配的准确性。

 项目·小·结

制造费用是企业各生产单位(分厂、车间)为组织和管理生产而发生的各项费用,以及直接用于产品生产但未专设成本项目和间接用于产品生产的各项费用。制造费用包括的内容较多,大体分为直接用于产品生产、间接用于产品生产及车间或其他生产部门用于组织和管理生产而发生的费用。

为了总括反映企业一定时期发生的制造费用情况,达到成本管理和控制的目的,制造费用的核算是通过"制造费用"账户进行归集和分配的。该账户借方登记企业一定时期发生的各项制造费用,贷方反映分配转入各个产品生产成本的金额;除季节性生产的车间外,"制造费用"科目期末一般应无余额。制造费用是生产成本的重要组成部分,期末需要选择适当的方法进行分配,常用的方法有生产工时比例法、生产工人工资比例法、机器工时比例法和按年度计划分配率分配法等制造费用的分配方法。

思考题

1. 制造费用核算主要包括哪些内容?
2. 制造费用主要包括哪些费用项目?
3. 分配制造费用的方法一般有哪几种?各有什么特点?

练习题

一、单项选择题

1. 企业车间因生产产品、提供劳务而发生的各项间接费用,包括工资、福利费、折旧费等,属于(　　)成本项目。

    A. 管理费用　　　　　　　　　　　　B. 制造费用

    C. 直接人工　　　　　　　　　　　　D. 直接材料

2. 下列人员中,其工资应计入产品成本中直接人工项目的有(　　)。

    A. 产品生产工人工资　　　　　　　　B. 车间管理人员

    C. 厂部管理人员　　　　　　　　　　D. 专设销售机构人员

3. 在实际工作中,车间工人按规定比例计提的职工福利费应借记的账户是(　　)。

    A. 管理费用　　　　B. 应付福利费　　　　C. 基本生产成本　　　　D. 制造费用

4. 生产产品用的设备计提的折旧费应记入(　　)账户。

    A. 基本生产成本　　　B. 管理费用　　　　C. 辅助生产成本　　　D. 制造费用

5. 下列制造费用分配方法中,使制造费用账户可能出现余额的是(　　)。

    A. 生产工时比例法　　　　　　　　　B. 生产工人工资比例法

    C. 机器工时比例法　　　　　　　　　D. 年度计划分配率法

6. 某公司是季节性生产企业,且管理比较先进,该企业为正确核算产品成本,应当采用的制造费用分配方法是(　　)。

    A. 生产工时比例法　　　　　　　　　B. 生产工人工资比例法

C. 机器工时比例法　　　　　　　　D. 年度计划分配率法

7. 制造费用分配常用的方法中不包括(　　)。

    A. 生产工时比例法　　　　　　　　B. 机器工时比例法

    C. 直接分配法　　　　　　　　　　D. 年度计划分配率分配法

8. 如果同一车间生产若干产品的机械化程度不同,则对该车间发生的制造费用宜采用的分配方法是(　　)。

    A. 生产工时比例法　　　　　　　　B. 生产工人工资比例法

    C. 机器工时比例法　　　　　　　　D. 年度计划分配率法

二、多项选择题

1. 下列费用中,属于制造费用的有(　　　　)。

    A. 机器设备折旧费　　　　　　　　B. 车间照明用电费用

    C. 产品"三包"费用　　　　　　　　D. 车间日常消耗的材料费用

2. 企业的制造费用可分为(　　　　)。

    A. 直接用于产品生产但未专设成本项目的费用

    B. 间接用于产品生产的费用

    C. 企业管理部门组织和管理生产的费用

    D. 生产部门发生的产品生产管理费用

3. 制造费用分配的方法有(　　　　)。

    A. 生产工时比例法　　　　　　　　B. 机器工时比例法

    C. 生产工人工资比例法　　　　　　D. 年度计划分配率法

三、计算题

某企业20××年12月发生制造费用49 000元。该企业生产甲、乙、丙3种产品,当月甲产品消耗生产工时4 000小时,乙产品消耗生产工时3 000小时,丙产品消耗生产工时2 800小时。

要求:

(1) 按产品的生产工时比例分配制造费用。

(2) 编制相关会计分录。

项目 6

生产损失的核算

学习目标

1. 理解废品损失和停工损失归集的程序。
2. 掌握废品损失和停工损失分配计入各种产品成本的程序。
3. 熟练掌握废品损失和停工损失归集与分配的账务处理。

生产损失是指在生产过程中发生的不能形成正常产出的各种耗费,主要包括废品损失和停工损失。而无论是废品损失还是停工损失,一般都要由合格品来负担。为了充分利用有限的经济资源,生产出更多的合格品,把损失控制在合理的范围内,以达到降低产品成本的目的,除了在生产技术上采取措施外,对生产损失进行核算也是一项有效措施。

6.1 生产损失核算概述

生产损失是指企业在生产过程中由于原材料等质量不符合要求、生产工人违规操作、基础设备故障等原因而发生的各种损失。它一般包括废品损失和停工损失。为计算发生的损失性费用,企业可设置"废品损失"和"停工损失"成本项目,在产品成本构成中单独列示。

企业在生产过程中,不可避免地会发生一些损失,如果生产损失偶尔发生、数额较小,对产品影响不大,为了简化成本核算的工作量,通常没有必要单独核算,可将发生的损失性费用包含在正常的成本项目中;如果企业经常发生生产损失,损失性费用在产品成本中所占的比重较大,对产品成本的影响也较大,那么需要对生产损失进行单独核算。

生产过程中的损失,不仅会使企业的经济效益下降,同时也是人力、物力、财力的极大浪费。如果生产损失数额较大,会使企业正常的生产经营活动受到影响。因此,企业加强生产损失的核算非常重要。对于企业生产损失的核算,要做到以下几点。

6.1.1 正确计算生产过程中的损失,明确经济责任,加强企业管理

企业应确定适合本企业的生产损失计算方法,同时应确定产生生产损失的责任单位、环节和责任人,这样才能便于进行生产损失产生原因的分析,提出改进的措施,降低生产损失的数额。

6.1.2 正确地分配生产损失

由于生产损失产生的原因不同,其账务处理方法也不一样,有的应计入产品成本,有的

则应记入"营业外支出"等账户。这就需要根据规定的要求,将生产损失记入不同的账户中。

6.1.3 正确考核生产损失计划的执行情况

考核生产损失计划、定额执行情况,明确经济责任,并根据实际情况对生产损失计划、定额进行修改。

6.2 废品损失的核算

6.2.1 废品及废品损失的含义

废品是指不符合规定的技术标准,不能按照原定用途使用,或者需要加工修复后才能使用的在产品、半成品或产成品。它包括在生产过程中发现的废品和入库后发现(由于生产加工过程造成)的废品。废品按其修复的技术可能性和修复费用的经济合理性,可分为可修复废品和不可修复废品两种。可修复废品指技术上可以修复,并且所花费的修复费用在经济上合算的废品;不可修复废品是指在技术上不可修复,或者虽可修复但支付的修复费用在经济上不合算的废品。

废品损失是指在生产过程中发现的、入库后发现的不可修复废品的生产成本,以及可修复废品的修复费用扣除回收的废品残料价值和应收赔款以后的损失。

需要指出的是,下列各项不作为废品损失处理。

① 经质量检验部门鉴定不需要返修,可以降价出售的不合格品,其降价损失不作为废品损失,而在计算损益时体现。

② 产品入库后因管理不当而损坏变质的损失,属于管理上的问题,应计入管理费用而不作为废品损失处理。

③ 实行"三包"(包退、包修、包换)的企业,在产品出售后发现的废品所发生的一切损失,作为销售费用处理,也不作为废品损失。

6.2.2 废品损失的归集与分配

单独核算废品损失的企业,应设置"废品损失"账户,在成本项目中增设"废品损失"成本项目。"废品损失"账户应按产品设置明细账,账内按产品品种和成本项目登记废品损失的详细资料。"废品损失"账户的借方登记不可修复废品的生产成本和可修复废品的修复费用,贷方登记废品残料回收的价值、应收赔款和应由本月生产的同种合格产品成本负担的废品损失。借方发生额大于贷方发生额为废品净损失,月末,应将废品净损失从"废品损失"账户的贷方转入"基本生产成本"账户的借方,由当月同种产品的合格品负担。结转后,"废品损失"账户期末一般无余额。

1. 不可修复废品损失的归集和分配

为了归集和分配不可修复废品的损失,首先必须先计算不可修复废品的成本。废品成本是指生产过程中截至报废时所耗费的一切费用。废品成本扣除废品的残值收入和应收赔款后的数额就是不可修复废品的损失。由于不可修复废品的成本和合格产品的成本是归集在一起同时发生的,因此需要采取一定的方法进行确定。一般可以采用两种方法:一是按废品所耗实际费用计算;二是按废品所耗定额费用计算。

（1）按废品所耗实际费用计算的方法

微课

这一方法是当废品报废时,将合格品和不可修复废品实际耗用的全部成本采用一定的分配方法,在合格品和废品之间进行分配,计算出废品的实际成本,从"基本生产成本"账户的贷方转入"废品损失"账户的借方。废品损失的计算一般是通过编制废品损失计算表进行的。

一般情况下,假设工业企业原材料为开工生产时一次性投入,则废品应负担的直接材料可以按照产量比例进行分配,直接人工和制造费用则按照生产工时比例进行分配。其计算公式为:

$$直接材料费用分配率 = \frac{直接材料成本总额}{合格产品数量 + 废品数量}$$

$$直接人工费用分配率 = \frac{直接人工成本总额}{合格产品生产工时 + 废品生产工时}$$

$$制造费用分配率 = \frac{制造费用总额}{合格产品生产工时 + 废品生产工时}$$

例6-1 20××年×月长星工厂基本生产车间生产甲产品1 000件。生产过程中发现不可修复废品20件,合格品980件。合格品的生产工时为390小时,废品的生产工时为10小时。该产品基本生产成本明细账中登记的合格品和废品共同发生的生产费用为40 000元。其中,直接材料20 000元,直接人工15 000元,制造费用5 000元。回收的废品残料价值为100元,已交材料仓库验收入库。

计算不可修复废品损失如下。

直接材料费用分配率 = 20 000 ÷ (20 + 980) = 20

直接人工费用分配率 = 15 000 ÷ (10 + 390) = 37.5

制造费用分配率 = 5 000 ÷ (10 + 390) = 12.5

废品应分配的直接材料费用 = 20 × 20 = 400(元)

废品应分配的直接人工费用 = 10 × 37.5 = 375(元)

废品应分配的制造费用 = 10 × 12.5 = 125(元)

根据上述计算结果,编制废品损失计算表如表6-1所示。

表6-1 不可修复废品损失计算表（按实际成本计算）

20××年×月

项　　目	数量/件	直接材料/元	生产工时/小时	直接人工/元	制造费用/元	合计/元
费用总额	1 000	20 000	400	15 000	5 000	40 000
费用分配率	—	20	—	37.5	12.5	—
废品成本	20	400	10	375	125	900
减:废品残料	—	100	—	—	—	100
废品损失	—	300	—	—375	125	800

根据表6-1废品损失计算表,编制如下会计分录。

① 结转不可修复废品成本。

借:废品损失——甲产品　　　　　　　　　　　　　　　　　900

　　贷:生产成本——基本生产成本——甲产品　　　　　　　　　　　　900

② 回收材料入库。

借:原材料　　　　　　　　　　　　　　　　　　　　　　　　100

　　贷:废品损失——甲产品　　　　　　　　　　　　　　　　　　100

③ 结转不可修复废品净损失。

借:生产成本——基本生产成本——甲产品　　　　　　　　　800

　　贷:废品损失——甲产品　　　　　　　　　　　　　　　　　　800

　　如果是完工以后发现的废品,其单位废品负担的各项生产费用与该单位合格品完全相同,可按合格品数量和废品的数量比例分配各项生产费用,计算废品的实际成本。按废品的实际成本计算和分配废品损失符合实际情况,但核算工作量较大,而且只能等到月末各项生产费用汇总后才能进行,不利于及时控制废品损失。

　　(2) 按定额费用(成本)计算不可修复废品损失的方法

　　这种方法是按不可修复废品的数量和各项费用定额计算废品的定额成本,再将废品的定额成本扣除残料回收价值和应收赔款后计算出废品损失,而不考虑废品实际发生的费用。

　　例 6 - 2　假设 20××年×月长星工厂金工车间验收时发现甲产品中有不可修复废品 6 件。每件甲产品的费用定额为:直接材料费用 150 元,直接人工费用 45 元,制造费用 52.5 元,废品残值 675 元,应由过失人赔款 120 元。

　　不可修复废品各项费用定额如下。

　　直接材料费用定额 = 6×150 = 900(元)

　　直接人工费用定额 = 6×45 = 270(元)

　　制造费用定额 = 6×52.5 = 315(元)

　　根据以上计算结果,编制废品损失计算表,如表 6 - 2 所示。

表 6 - 2　不可修复废品损失计算表(按定额成本计算)

20××年×月　　　　　　　　　　　　　　　　　　元

项　目	直接材料	直接人工	制造费用	合　计
单位产品费用定额	150	45	52.5	247.5
废品定额成本	900	270	315	1 485
减:废品残值	675	—	—	675
赔款	—	120	—	120
废品损失	225	150	315	690

　　根据表 6 - 2 所示的不可修复废品损失计算表,编制会计分录如下。

① 结转不可修复废品成本。

借:废品损失——甲产品　　　　　　　　　　　　　　　　1 485

　　贷:生产成本——基本生产成本——甲产品　　　　　　　　　　1 485

② 回收材料入库/应收过失人赔款。

借:原材料   675

    其他应收款   120

      贷:废品损失——甲产品   795

③ 结转不可修复废品净损失。

借:生产成本——基本生产成本——甲产品   690

      贷:废品损失——甲产品   690

采用定额费用计算废品成本和废品损失的方法,计算简便、及时,有利于考核和分析废品损失和产品成本,故应用较为广泛。此方法适用于定额成本资料比较完善、准确的企业。

2. 可修复废品损失归集和分配

可修复废品损失是指在废品修复过程中所发生的各项修复费用(如为修复废品所耗用的直接材料、直接人工、制造费用等)扣除回收的废品残料价值和应收赔款后的余额。可修复废品返修前发生的生产耗费,在"基本生产成本"明细账中不必转出。修复过程中发生的各项修复费用,应记入"废品损失"账户的借方,贷方记各有关账户。如果有废品回收残料价值和应收责任人赔款,应记入"废品损失"账户贷方,借记"原材料""其他应收款"等账户。最后,应将废品净损失从"废品损失"账户的贷方转入"基本生产成本"账户的借方及其有关成本明细账的"废品损失"成本项目。

例6-3 长星工厂基本生产车间20××年×月完工甲产品100件,进行质量验收时发现15件可修复废品。修复共耗用材料费用200元,直接人工100元,制造费用50元,按规定由过失人陈霖赔款100元。

根据上述资料,编制会计分录如下。

① 归集修复成本。

借:废品损失——甲产品   350

    贷:原材料   200

      应付职工薪酬   100

      制造费用   50

② 结转过失人赔款。

借:其他应收款——陈霖   100

    贷:废品损失——甲产品   100

③ 结转废品净损失。

借:生产成本——基本生产成本——甲产品   250

    贷:废品损失——甲产品   250

对于不单独核算废品损失的企业,不设"废品损失"账户和"废品损失"成本项目,在回收废品残料价值或应收赔款时冲减"基本生产成本"账户,并从其产品成本明细账的有关成本项目中扣除。辅助生产一般不单独核算废品损失,不设置废品损失明细账。

6.3 停工损失的核算

停工损失是指企业的生产车间或车间内某个班组在停工期内发生的各项费用,包括停工期间所耗用的燃料和动力费、工人薪酬及应负担的制造费用等。

不同原因引起的停工损失,其分配结转的方法也不同。对于应向过失人或保险公司索赔的,记入"其他应收款"账户;由于自然灾害引起的非正常停工损失,应记入"营业外支出"账户;对于其他停工损失,如季节性停工、修理期间的停工等原因发生的停工损失,应记入"基本生产成本"账户。停工期间,车间应填列停工报告单,经有关部门审核后作为停工损失核算的依据。

停工损失具体核算方法有以下两种。

① 不单独核算停工损失,也不设置"停工损失"账户,停工期间发生的属于停工损失的各项费用直接记入"制造费用"账户。如果是由于自然灾害等引起的非正常停工损失,则记入"营业外支出"账户。这种核算方法虽然简便,但不利于企业随时掌握分析停工损失的发生情况。

② 单独核算停工损失,应增设"停工损失"账户,并在成本项目中增设"停工损失"项目。该账户应按车间和成本项目进行明细核算。账户借方归集停工期内发生的应列作停工损失的费用,借记"停工损失"账户,贷记"原材料""应付职工薪酬"和"制造费用"等账户;账户贷方登记由过失人单位及过失人或保险公司支付的赔款、属于自然灾害应计入营业外支出的损失及本月产品成本的损失,即借记"其他应收款""营业外支出"和"基本生产成本"账户,贷记"停工损失"账户。"停工损失"账户月末一般无余额。

例 6 - 4 长星工厂设有第一、第二两个基本生产车间,大量生产甲产品。20××年×月,由于第一基本生产车间设备大修理停工 6 天,停工期间应支付生产工人工资 5 000 元,应负担的制造费用为 400 元;第二基本生产车间由于供电原因停工 2 天,停工期间应支付生产工人工资 4 000 元,应负担的制造费用为 480 元。

根据上述资料,编制会计分录如下。

借:停工损失——第一车间	5 400
——第二车间	4 480
贷:应付职工薪酬	9 000
制造费用——第一车间	400
——第二车间	480

例 6 - 5 沿用例 6 - 4 资料,现假设第一基本生产车间设备大维修为正常停工,停工损失应计入产品成本;第二基本生产车间停工为非正常停工,停工损失应计入营业外支出,其中电力公司同意赔偿 2 000 元。

根据上述资料,编制会计分录如下。

借:生产成本——基本生产成本——甲产品	5 400
其他应收款——电力公司	2 000
营业外支出	2 480

贷:停工损失——第一车间　　　　　　　　　　　　　　　　　5 400
　　　　　——第二车间　　　　　　　　　　　　　　　　　4 480

为了简化核算,停工不满一个工作日,可以不计算停工损失。另外,季节性生产企业的季节性停工,是生产经营过程中的正常现象,停工期内发生的各项费用不属于停工损失,不作为停工损失核算,而在"制造费用"账户进行核算。

项目小结

1. 生产损失是指在生产过程中,产品报废、生产停工或在产品盘亏、毁损而造成的各种人力、物力、财力上的损失。

2. 废品是指不符合规定的技术标准,不能按照原定用途使用,或者需要加工修复后才能使用的在产品、半成品或产成品。废品损失是指企业产生废品而造成的损失,一般包括不可修复废品的报废损失和可修复废品的修复损失。废品损失的核算主要通过设置"生产损失"账户进行归集和分配。其中,不可修复废品成本的计算,有按废品所耗实际费用计算和按废品所耗定额费用计算两种方法。

3. 停工损失是指企业的生产车间或车间内某个班组在停工期内发生的各项费用,包括停工期间所耗用的燃料和动力费、工人薪酬及应负担的制造费用等。停工损失,应专设"停工损失"账户,该账户应按车间分别设置明细账,账内分设专栏或专行进行明细分类核算。

思考题

1. 生产损失包括哪些内容?

2. 废品及废品损失的范围包括哪些?

3. 不可修复废品损失应如何计算? 不同的计算方法有什么区别?

4. 废品损失应如何进行账务处理?

5. 停工损失的内容包括哪些? 停工的原因有哪些?

6. 不同原因产生的停工损失应如何进行核算?

练习题

一、单项选择题

1. 下列各项中,不属于废品损失的是(　　　)。
　　A. 可以降价出售的不合格产品的降价损失
　　B. 可修复废品的修复费用
　　C. 不可修复废品的生产成本扣除回收残料价值以后的损失
　　D. 生产过程中发现的和入库后发现的不可修复废品的生产成本

2. 不可修复废品损失的核算,应采用一定的方法,将废品的成本计算出来,然后从"生产成本"账户的贷方转入借方的会计账户是(　　　)。
　　A. "制造费用"账户　　　　　　　　　　　　B. "管理费用"账户

👆 在线测试

C. "废品损失"账户　　　　　　　　　D. "营业外支出"账户

3. 产成品入库后,由于管理不当等原因造成的损失,应计入(　　　)。
   A. 管理费用　　　　B. 销售费用　　　　C. 生产成本　　　　D. 营业外支出

4. 由于自然灾害造成的非正常停工损失,应计入(　　　)。
   A. 营业外收入　　　B. 营业外支出　　　C. 管理费用　　　　D. 制造费用

5. 计算出来的废品净损失,应分配转由(　　　)。
   A. 本月的制造费用负担　　　　　　　B. 本月的管理费用负担
   C. 本月的同种产品成本负担　　　　　D. 下月的同种产品成本负担

6. 对于季节性停工企业在停工期间所发生的费用,应计入(　　　)。
   A. 停工损失　　　　B. 管理费用　　　　C. 营业外支出　　　D. 制造费用

二、多项选择题

1. "废品损失"科目贷方的对应账户可能有(　　　　　)。
   A. 生产成本　　　B. 其他应收款　　　C. 制造费用　　　D. 原材料
   E. 营业外支出

2. "废品损失"科目借方的对应账户可能有(　　　　　)。
   A. 生产成本　　　B. 其他应收款　　　C. 制造费用　　　D. 原材料
   E. 应付职工薪酬

3. 停工损失不包括(　　　　　)期间发生的损失。
   A. 季节性停工　　　　　　　　　B. 不满一个工作日停工
   C. 自然灾害停工　　　　　　　　D. 停电造成停工

4. 下列各项中,可用以计算不可修复废品的生产成本有(　　　　　)。
   A. 按所耗实际费用计算　　　　　B. 按所耗定额费用计算
   C. 按所耗实际费用扣除残值计算　D. 按所耗定额费用扣除残值计算

5. 下列费用属于制造费用的有(　　　　　)。
   A. 生产车间管理人员工资及福利费　B. 管理部门照明用电
   C. 季节性修理期间停工损失　　　　D. 生产车间固定资产折旧

6. 对停工损失的处理,其可能对应的借方账户有(　　　　　)。
   A. 其他应收款　　　B. 营业外支出　　　C. 制造费用　　　D. 基本生产成本

7. 计算不可修复废品净损失应考虑的因素有(　　　　　)。
   A. 不可修复废品的生产成本
   B. 废品回收材料和废料价值
   C. 应由造成废品的过失人负担的赔偿
   D. 应由企业负担的销售退回废品的运输费用

8. 废品损失中废品的范围包括(　　　　　)。
   A. 生产过程中发现的废品
   B. 入库以后发现的生产过程造成的废品
   C. 入库以后由于保管不当等原因而造成的废品
   D. 不需要返修就可以出售的不合格品

9. "废品损失"账户的借方登记(　　　　)。

    A. 可修复废品成本　　　　　　　　B. 不可修复废品成本

    C. 可修复废品的修复费用　　　　　D. 不可修复废品的应收赔款

10. 生产损失一般包括(　　　　)。

    A. 废品损失　　　　B. 产品盘亏损失　　　C. 停工损失　　　D. 产品三包损失

三、判断题

1. 可修复废品是指经过修理后可以使用的产品。　　　　　　　　　　　(　　)

2. 由于自然灾害造成的停工损失,计入制造费用。　　　　　　　　　　(　　)

3. 不可修复废品的净损失和可修复废品的修复费用应转入"基本生产成本"账户。

    (　　)

4. 不可修复废品是指技术上不能修复或支付修复费用在经济上不合算的废品。(　　)

5. 产品入库以后由于保管不当等原因而损坏变质的损失,应作为管理费用处理。(　　)

6. 非季节性的停工损失,应列入"营业外支出"账户当中。　　　　　　　(　　)

7. 废品损失包括不需要返修、可以降价出售的不合格品的降价损失。　　(　　)

8. 废品损失包括产成品入库后由于保管不当造成的损失。　　　　　　　(　　)

9. 废品的净损失,包括可修复废品的修复费用、不可修复废品的成本扣除残值,应于月末,直接计入当期损益,列入"本年利润"账户当中,不再计入该种产品的成本当中。　(　　)

四、计算题

1. 某企业20××年×月投产甲产品180件,生产过程中发现不可修复废品30件。该产品成本明细账所记合格品和废品的全部费用为:直接材料4 500元,直接人工2 224元,制造费用5 560元。废品回收残料110元。直接材料于生产开始时一次投入,因此直接材料费按合格品的数量(150件)、废品数量(30件)的数量比例分配,其他费用按生产工时比例分配。生产工时为:合格品2 360小时,废品420小时。

要求:根据上述资料,编制不可修复废品损失计算表(如表6 - 3),并编制相关会计分录。

表6 - 3　不可修复废品损失计算表(按实际成本计算)

20××年×月

项　目	数量/件	直接材料/元	生产工时/小时	直接人工/元	制造费用/元	合计/元
费用总额						
费用分配率						
废品成本						
减:废品残料						
废品损失						

2. 假设某企业生产的甲产品生产过程中发现不可修复废品4件,按所耗定额费用计算废品的生产成本。每件甲产品直接材料费用定额为50元,定额工时为100小时。每小时的费用定额为:直接人工1.20元,制造费用1.40元。回收残料15元。

要求:根据上述资料,编制不可修复废品损失计算表(见表6－4),并编制相关会计分录。

表6－4　不可修复废品损失计算表(按定额成本计算)

20××年×月　　　　　　　　　　　　　　　　元

项　　目	直接材料	直接人工	制造费用	合　　计
单位产品费用定额				
废品定额成本				
减:废品残值				
废品损失				

3. 某厂加工车间所产乙产品中,发现可修复废品40件,已修复验收入库。根据本月耗用材料汇总表、直接人工费用分配表和制造费用分配表提供的资料:本月修复乙产品共领用材料4 000元,修复乙产品实际共耗用工时1 000小时,小时工资分配率为5.5元,小时制造费用分配率为3元。按规定,本月发生的40件废品应由过失人赔偿500元。

要求:编制相关的会计分录。

项目 7

生产费用在完工产品和在产品之间的分配

学习目标

1. 理解在产品的概念和数量的核算方法。
2. 掌握在产品按所耗原材料费用分配法。
3. 掌握约当产量比例法。
4. 掌握在产品按定额成本计价法。
5. 掌握定额比例法。

生产费用在完工产品和在产品之间的分配,在成本计算工作中是一个重要又比较复杂的问题。企业应当根据产品的生产特点,如月末结存在产品数量的多少、各月末在产品结存数量变化的大小、月末结存在产品价值的大小、各项费用在成本中所占比重的轻重,以及企业定额管理基础工作的扎实与否等,结合企业的管理要求,选择既合理又简便的分配方法。

7.1 完工产品和在产品

7.1.1 完工产品和在产品的含义

产品按其是否加工完毕可分为完工产品和在产品。完工产品有狭义和广义之分:狭义完工产品是指已经完成全部生产过程,随时可供销售的产品,也就是产成品;广义完工产品是指已经完成全部或部分生产过程,除了包括狭义完工产品外,还包括各生产车间已经完成生产过程,并由中间仓库验收入库的,尚需继续加工的半成品。本章所讨论的完工产品系指广义的完工产品。

在产品也称为在制品,是指企业已经投入生产,但是尚未最后完工,不能作为商品销售的产品。在产品也有广义和狭义之分:广义的在产品是从整个企业范围来说的,是指产品生产从投料开始,到最终制成产成品交付验收入库前的一切未完工的产品,包括正在加工或装配中的在产品、已经完成一个或几个生产步骤但还需继续加工的半成品、尚未验收入库的产成品和等待返修的废品;狭义的在产品是就某一车间或者某一生产步骤来说的,仅指某车间或者某步骤正在加工或装配阶段中的零件、部件和半成品,以及正处在返修过程中的废品,不包括该车间或该步骤已经完工的半成品。本章所讨论的在产品系指狭义的在产品。

7.1.2　在产品的计价

生产费用在完工产品和月末在产品之间的合理分配,直接关系到完工产品、在产品计价的正确性。首先,如果费用分配标准不合理,就会造成成本计算失真,歪曲在产品、完工产品等存货的实际价值;其次,如果将在产品成本作为调整完工产品成本的手段,就不能客观地反映应从收入中取得补偿的成本耗费,也不能正确确定企业的盈亏并影响到应纳所得税的计算,无法真实反映企业的财务状况和经营成果,对企业、国家和投资者都可能造成不利影响。

生产费用经过一系列的分配、汇总后,应计入本月产品成本的各项费用,都已归集在"基本生产成本"账户的借方,并按成本项目分别登记在各自的产品成本计算单(即生产成本明细账)中。如果企业或者车间月末没有在产品或不计算在产品成本,则所归集的全部生产费用总和即为该企业或车间完工产品的总成本,再除以完工产品的数量就是单位产品成本。如果月末既有完工产品,又有在产品,那么应由本月产品负担的生产费用,包括月初在产品成本费用和本月发生的应由本月产品负担的费用,即生产费用合计,要将其在完工产品和在产品之间进行分配。分配的方法和标准是多种多样、可供选择的,但无论采用哪种方法进行分配,都离不开在产品的数量。

某种产品当月的全部生产费用包括月初在产品成本和本月发生的生产费用,分配后将构成本月完工产品成本和月末在产品成本。本月完工产品成本、月初和月末在产品成本与本月生产费用四者之间的关系可用公式表示为:

$$月初在产品成本 + 本月生产费用 = 本月完工产品成本 + 月末在产品成本$$

从上述公式可以看出,在已知前两项(月初在产品成本和本月生产费用)的前提下,可以采用以下两个方法确定完工产品的成本。

① 先确定月末在产品成本,再计算求得完工产品成本。其计算公式为:

$$本月完工产品成本 = 月初在产品成本 + 本月生产费用 - 月末在产品成本$$

② 将前两项已知费用之和按一定的分配比例在后两项(本月完工产品和月末在产品)之间分配后,同时求得完工产品成本和月末在产品成本。

无论采用哪一种方法,都必须取得在产品收、发、存的数量资料,这是产品成本核算的基础工作。

7.1.3　在产品数量的核算

核算在产品的数量是正确计算在产品成本的基础。企业计算在产品成本时所依据的期末在产品实际结存数量,原则上应经过实地盘点确定其期末实存数。但是,有些企业在产品品种多样、工序繁多,又处于不断流动之中,每月末都进行一次实地盘点困难较大。在这种类型的生产企业中,可以通过在产品收发结存账进行实物数量核算。实际工作中这种账簿也叫在产品台账或在产品记录卡,属于辅助性质的备查账簿。该账簿应分车间并按照在产品名称设置,以便反映车间各种在产品的收入、发出和结存的数量。在产品收发结存账格式可由企业根据需要自行设计,一般如表 7 - 1 所示。

表 7 - 1　在产品收发结存账

车间名称:一车间　　　　　　　　　零部件名称:××　　　　　　　　　　　　　件

日　期	摘　要	收　入		完　工			转　出		结存
		凭证号	数量	凭证号	合格品	废品	短缺	凭证号	数量	
5. 31	结存	—	—	—	—	—	—	—	—	100
6. 1	—	—	300	—	350	10		—	350	40
6. 2	—	—	280	—	300		2	—	300	18
…	…									
6. 30	合计		5 000		4 900	20		—	4 900	200

7.1.4　在产品清查的核算

为了核实在产品实际结存数量,保护在产品安全、完整,使企业财产账实相符,还必须对在产品进行定期或不定期的清查盘点。

一般情况下,月末结账前应对在产品进行全面清查。另外,还可以结合实际需要进行不定期的清查。在清查时,应发动车间职工把所有的在产品同时予以清点,以免重计或漏计。清查后,根据盘点结果填制在产品盘点表,并同在产品收发结存账相核对。如有不符,应填制在产品盘盈盘亏报告表,说明在产品盘盈盘亏的数量、发生盈亏的原因和处理意见等。对于报废和毁损的在产品,如果可以回收利用,还应登记残值。

企业财务人员应对在产品的盘亏数量、原因及处理意见进行认真审核,并报经主管部门审批后,根据清查结果进行相应的账务处理。

在产品发生盘盈时,应借记"基本生产成本"账户,贷记"待处理财产损溢"账户;经报批准核销时,借记"待处理财产损溢"账户,贷记"制造费用"账户。

在产品发生盘亏和毁损时,应借记"待处理财产损溢"账户,贷记"基本生产成本"账户。经报批准核销时,应根据不同原因和责任,分别予以处理,从"待处理财产损溢"账户的贷方转入各有关账户的借方;如果属于意外灾害造成的非常损失,应转入"营业外支出"账户的借方;如果应向过失人或保险公司赔偿的损失,应转入"其他应收款"账户的借方;如果属于车间正常的生产损耗,转入"制造费用"账户的借方。

7.2　生产费用在完工产品和在产品之间的分配

生产费用在完工产品和在产品之间的分配是成本计算工作中的一个重要问题,企业应根据生产经营的特点和定额管理工作情况,确定生产费用在完工产品和在产品之间分配的具体方法——既要考虑在产品数量的多少、各月在产品数量变化的大小、各项费用比重的大小,又要考虑定额管理工作水平等具体条件,选择合理而又简便的方法。实务中常用的方法有:不计算在产品成本法、在产品按固定数额计价法、在产品按所耗直接材料费用计价法、约当产量比例法、在产品按完工产品成本计价法、在产品按定额成本计价法和定额比例法等。

7.2.1　不计算在产品成本法

不计算在产品成本法是指虽然月末存在一定数量的在产品,但不计算在产品成本的方法。某种产品当月发生的生产费用全部为当月完工产成品的总成本。该方法适用于各月月末在产品数量很少,所占费用金额不大的产品。采用该方法,月末虽然有在产品,但由于数量很少,不计算在产品成本对完工产品成本的正确性影响不大,为了简化成本核算工作,可以不计算在产品成本。例如,煤炭企业、食品行业和发电厂等。

7.2.2　在产品按固定数额计价法

这种方法适用于在产品数量较小,或者在产品数量虽大,但各月之间在产品数量变动不大、月初、月末在产品成本的差额不大,是否计算在产品成本的差额对完工产品成本的影响不大的情况。为了简化核算工作,同时又反映在产品占用的资金,各月在产品成本可以按年初数固定计算。例如,炼铁厂、化工厂或其他有固定容器装置的在产品,数量都较稳定,可以采用这种方法。采用这种方法,某种产品本月发生的生产费用就是本月完工产品的成本。年终时,根据实际盘点的在产品数量,重新调整计算确定在产品成本,以免在产品成本同实际出入过大,影响成本计算的正确性。

例 7 - 1　某企业生产的乙产品月末在产品数量比较稳定,年初在产品成本为180 000 元。其中,直接材料 96 000 元,直接人工 40 000 元,制造费用 44 000 元。本月发生的各项生产费用合计 300 000 元。其中,直接材料 130 000 元,直接人工 100 000 元,制造费用70 000 元。本月完工入库产品 80 件,月末在产品 60 件。

采用在产品按固定数额计价法进行产品成本计算,计算的结果如表 7 - 2 所示。

表 7 - 2　产品成本计算单

产品名称:乙产品　　　　　　　　　　　20 × ×年 ×月　　　　　　　　　　　　　　　元

项　目	直接材料	直接人工	制造费用	合　计
月初在产品成本	96 000	40 000	44 000	180 000
本月生产费用	130 000	100 000	70 000	300 000
合　计	226 000	140 000	114 000	480 000
完工产品成本	130 000	100 000	70 000	300 000
月末在产品成本	96 000	40 000	44 000	180 000
完工产品单位成本	1 625	1 250	875	3 750

7.2.3　在产品按所耗直接材料费用计价法

这种方法适用于各月末在产品数量较大,各月末在产品数量变化也较大,同时原材料费用在成本中所占比重较大的产品。例如,造纸、酿酒等行业的产品,原材料费用占产品成本比重一般比较大。采用这种方法时,月末在产品只计算耗用的原材料费用,不计算所耗用的职工薪酬等加工费用,产品的加工费用全部计入完工产品成本。某种产品的全部生产费用减月末在产品原材料费用,就是完工产品的成本。

例 7 - 2　某企业生产甲产品,原材料费用在产品成本中所占比重较大,在产品只计算原材料费用。甲产品月初在产品原材料(即月初在产品费用)为 20 000 元;本月发生原材料费用 60 000 元,职工薪酬等加工费用共计 5 600 元;完工产品 8 000 件,月末在产品 2 000

件。该种产品的原材料费用在生产开始时一次投入，原材料费用按完工产品和在产品的数量比例分配。

分配计算如下。

原材料费用分配率＝(20 000＋60 000)÷(8 000＋2 000)＝8

完工产品原材料费用＝8 000×8＝64 000(元)

月末在产品原材料费用(月末在产品费用)＝2 000×8＝16 000(元)

完工产品费用＝64 000＋5 600＝69 600(元)

7.2.4　约当产量比例法

约当产量是指在产品按其完工程度折合成完工产品的产量。例如，在产品 10 件，平均完工程度为 40%，则约当于完工产品 4 件。按约当产量比例分配的方法，就是将月末结存的在产品，按其完工程度折合成为完工产品的约当产量，然后再将产品应负担的全部生产费用，按完工产品产量和在产品约当产量的比例进行分配的一种方法。这种方法适用于月末在产品数量较多，各月在产品数量变化也较大，且生产成本中直接材料成本和直接人工等加工成本的比重相差不大的产品。

原材料如果是在生产开始时一次投入的，则完工产品和月末在产品负担的单位原材料费用是相同的，这时原材料费用可以直接按其数量比例分配。但是，出于单件完工产品和不同完工程度的在产品所发生的加工费用不相等考虑，完工产品和月末在产品的各项加工费用应按约当产量比例分配计算，而不能直接按它们的数量比例分配计算。

采用约当产量比例法将生产费用在月末在产品和完工产品之间进行分配，一般可分为 3 个步骤：首先计算月末在产品约当产量，然后计算费用分配率，最后计算出月末在产品成本和本月完工产品总成本。

约当产量比例法常用的公式为：

在产品约当产量＝在产品数量×完工百分比(完工率)

某项生产费用分配率＝该项生产费用总额÷(完工产品产量＋在产品约当产量)

完工产品分配的该项生产费用＝完工产品数量×该项生产费用分配率

在产品分配的该项生产费用＝在产品约当产量×该项生产费用分配率

或　　　　　　　　　　　　　＝该项生产费用总额－完工产品分配的生产费用

采用约当产量比例法，必须正确计算在产品的约当产量。而在产品约当产量计算的准确性，主要取决于在产品完工程度的测定是否正确。这对于费用分配的正确性影响很大。测定在产品完工程度的方法一般有以下两种。

① 平均计算，即一律按 50% 作为各工序在产品的完工程度。这是指各工序在产品数量和单位产品在各工序的加工量都相差不多的情况下，后面各工序在产品多加工的程度可以抵补前面各工序少加工的程度。这样，全部在产品完工程度均可按 50% 平均计算。

② 各工序分别测定完工率。为了提高成本计算的正确性，加快成本的计算工作，可以按照各工序的累计工时定额占完工产品工时定额的比率计算，事前确定各工序在产品的完

工率。其计算公式为：

$$某工序在产品完工率 = (前面各工序工时定额之和 + 本工序工时定额 \times 50\%) \div$$
$$产品工时定额$$

公式中本工序(即在产品所在工序)工时定额乘以50%,是因为该工序中在产品的完工程度不同,为了简化完工率的测算工作,在本工序一律按平均完工率50%计算。在产品从上一道工序转入下一道工序时,因为上一道工序已经完工,所以前面各道工序的工时定额应按100%计算。

例7-3　某企业甲产品单位工时定额10小时,经过3道工序制成。第1道工序工时定额为2小时,第2道工序工时定额为3小时,第3道工序工时定额为5小时。各道工序内在产品加工程度均按50%计算。

各工序完工率计算如下。

第1道工序完工程度 = (2×50%) ÷10 ×100% = 10%

第2道工序完工程度 = (2 + 3×50%) ÷10 ×100% = 35%

第3道工序完工程度 = (2 + 3 + 5×50%) ÷10 ×100% = 75%

根据各工序的月末在产品数量和各工序完工率,计算出月末各工序在产品的约当产量及其总数,据以分配费用。

例7-4　承例7-3,假定甲产品本月完工1 240件。第1道工序在产品200件,第2道工序在产品400件,第3道工序在产品800件。根据各工序月末在产品的数量和各工序的完工程度,分别计算各工序月末在产品的约当产量及其总数。

约当产量计算表如表7-3所示。

表7-3　约当产量计算表

产品名称:甲产品　　　　　　　　　　　　　20××年×月　　　　　　　　　　　　　　　　　件

工　序	完工程度	在产品数量	约当产量	完工产品数量	合　计
1	10%	200	20	—	—
2	35%	400	140	—	—
3	75%	800	600	—	—
合　计	—	1 400	760	1 240	2 000

假定上例甲产品月初在产品成本和本月发生的生产费用如表7-4所示。

表7-4　甲产品生产费用表

产品名称:甲产品　　　　　　　　　　　　　20××年×月　　　　　　　　　　　　　　　　　件

项　目	直接材料	直接人工	制造费用	合　计
期初余额	64 000	24 000	32 000	120 000
本月发生数	728 000	226 000	318 000	1 180 000
合　计	792 000	250 000	350 000	1 300 000

假设原材料在生产开始时一次投料,则完工产品和月末在产品费用分配计算如下。

直接材料费用分配率 = 792 000 ÷ (1 240 + 1 400) = 300

完工产品直接材料费用 = 1 240 × 300 = 372 000(元)

月末在产品直接材料费用 = 1 400 × 300 = 420 000(元)

直接人工分配率 = 250 000 ÷ (1 240 + 760) = 125

完工产品直接人工 = 1 240 × 125 = 155 000(元)

月末在产品直接人工 = 760 × 125 = 95 000(元)

制造费用分配率 = 350 000 ÷ (1 240 + 760) = 175

完工产品制造费用 = 1 240 × 175 = 217 000(元)

月末在产品制造费用 = 760 × 175 = 133 000(元)

完工产品成本 = 372 000 + 155 000 + 217 000 = 744 000(元)

月末在产品成本 = 420 000 + 95 000 + 133 000 = 648 000(元)

如果原材料不是在生产开始时一次投入,而是随着生产进度陆续投入的,则除加工费用外,原材料费用也应该采用约当产量比例法分配。在产品的完工率(或投料率)应按每一工序的原材料消耗定额分别计算。其具体计算分为下列两种情况。

① 第1种情况。原材料随加工进度陆续投入,但投料程度同加工进度不一致,这时应按工序分别确定各工序在产品的投料率。各工序投料率的确定通常以各工序的直接材料消耗定额为依据,投料程度按本工序所需投料的50%折算。

例7-5 某种产品需经两道工序制成,原材料消耗定额为50千克。其中,第1道工序原材料消耗定额为30千克,第2道工序原材料消耗定额为20千克。月末在产品数量:第1道工序为2 000件,第2道工序为3 000件。完工产品为7 000件,月初在产品和本月发生的原材料费用共计22 400元。

计算过程和结果如表7-5所示。

表7-5 约当产量计算表

产品名称:X产品　　　　　　　　20××年×月　　　　　　　　件

工 序	直接材料消耗定额	完工率(投料率)	在产品约当产量	完工产品产量	合 计
1	30	30 × 50% ÷ 50 = 30%	2 000 × 30% = 600	—	—
2	20	(30 + 20 × 50%) ÷ 50 = 80%	3 000 × 80% = 2 400	—	—
合 计	50	—	3 000	7 000	10 000

直接材料费用分配率 = 22 400 ÷ (3 000 + 7 000) = 2.24

完工产品分配的直接材料费用 = 7 000 × 2.24 = 15 680(元)

月末在产品分配的直接材料费用 = 3 000 × 2.24 = 6 720(元)

② 第2种情况。原材料随加工进度分工序投入,但每一道工序则是在开始时一次投入,其每道工序在产品完工率,以及原材料费用分配计算如下。仍用例7-5的资料,其计算过程和结果如表7-6所示。

上述原材料在每道工序一开始就投入,在同一工序中各件在产品原材料的消耗定额就是该工序的消耗定额,不应再按50%折算,最后一道工序在产品的消耗定额为该种完工产品的消耗定额,完工率为100%。

表7-6　约当产量计算表

产品名称:X产品　　　　　　　　　　　20××年×月　　　　　　　　　　　件

工　序	直接材料消耗定额	完工率(投料率)	在产品约当产量	完工产品产量	合　计
1	30	30÷50=60%	2 000×60%=1 200	—	—
2	20	(30+20)÷50=100%	3 000×100%=3 000	—	—
合　计	50	—	4 200	7 000	11 200

直接材料费用分配率=22 400÷(7 000+4 200)=2
完工产品分配的直接材料费用=7 000×2=14 000(元)
月末在产品分配的直接材料费用=4 200×2=8 400(元)

7.2.5　在产品按完工产品成本计价法

采用这种方法,是将月末在产品视同完工产品,根据月末在产品数量和完工产品的数量比例分配各项生产费用。它适用于月末在产品已经接近完工,或者已经加工完毕,但尚未验收入库或包装入库的产品。在这种情况下的在产品的成本已经接近或等于完工产品成本,为了简化核算过程,可以将月末在产品视同完工产品分配生产费用。

例7-6　某企业所生产的甲产品月初在产品费用和本月发生费用合计数分别为:直接材料6 000元,直接人工9 000元,制造费用8 200元。本月完工产品数量为600件,月末在产品数量为400件。月末在产品已接近完工,采用月末在产品成本按完工产品成本计算。

其计算分配结果如表7-7所示。

表7-7　甲产品生产成本明细表

产品名称:甲产品　　　　　　　　　　　20××年×月

成本项目	生产费用合计/件	分　配　率	完 工 产 品		月末在产品	
			数量/件	费用/件	数量/件	费用/件
①	②	③=②÷(④+⑥)	④	⑤=④×③	⑥	⑦=⑥×③
直接材料	6 000	6	600	3 600	400	2 400
直接人工	9 000	9	600	5 400	400	3 600
制造费用	8 200	8.2	600	4 920	400	3 280
合　计	23 200	23.2	600	13 920	400	9 280

7.2.6　在产品按定额成本计价法

这种分配方法按照预先制定的定额成本计算月末在产品成本,即月末在产品成本按其数量和单位定额成本计算。某种产品全部生产费用(月初在产品费用加本月生产费用)减月末在产品的定额成本,其余额作为完工产品成本。就是说,每月生产费用脱离定额的差异,全部计入当月完工产品成本。这种方法适用于定额管理基础比较好,各项消耗定额或费用定额比较准确、稳定,而且各月在产品数量变动不大的产品。采用这种方法,应根据各种在产品有关定额资料,以及在产品月末结存数量,计算各种月末在产品的定额成本。

例 7-7 某企业生产甲、乙两种产品,月末在产品数量分别为 500 件和 600 件,原材料均系在生产开始时一次投入,采用按定额成本计价的方法。甲产品单件原材料费用定额为 40 元,在产品工时定额为 20 小时;乙产品单件原材料费用定额为 50 元,在产品工时定额为 15 小时。直接人工单位工时定额为 1 元,制造费用单位工时定额为 2 元。

月末在产品定额成本的计算结果如表 7-8 所示。

表 7-8　月末在产品定额成本计算表

产品名称	在产品数量/件	原材料定额费用/元	定额工时/工时	直接人工/元	制造费用/元	定额成本合计/元
甲产品	500	20 000	10 000	10 000	20 000	50 000
乙产品	600	30 000	9 000	9 000	18 000	57 000
合　计	—	50 000	19 000	19 000	38 000	107 000

采用这种方法,月末在产品定额成本和实际成本之间的差异(脱离定额差异),全部由完工产品成本负担不尽合理。因此,只有在符合上述适用条件下采用这种方法,才能既正确又简便地解决完工产品和在产品之间分配费用的问题,否则会影响产品成本计算的正确性。

7.2.7　定额比例法

定额比例法是按照完工产品和月末在产品的定额消耗量或定额费用的比例,分配计算完工产品和月末在产品成本的方法。其中,直接材料费用按直接材料费用的定额消耗量或定额费用的比例分配;直接人工、制造费用等加工费用,可以按定额费用的比例分配,也可按定额耗用量(工时)的比例分配。其计算公式为:

直接材料费用分配率=(月初在产品直接材料费用+本月实际发生直接材料费用)÷
(完工产品定额直接材料费用+月末在产品定额
直接材料费用)×100%

完工产品实际直接材料费用=完工产品定额直接材料费用×直接材料费用分配率
月末在产品实际直接材料费用=月末在产品定额直接材料费用×直接材料费用分配率
直接人工费用分配率=(月初在产品直接人工费用+本月实际发生直接人工费用)÷
(完工产品定额工时+月末在产品定额工时)×100%

完工产品实际直接人工费用=完工产品定额工时×直接人工分配率
月末在产品实际直接人工费用=月末在产品定额工时×直接人工分配率
制造费用分配率=(月初在产品制造费用+本月实际发生制造费用)÷
(完工产品定额工时+月末在产品定额工时)×100%

完工产品实际制造费用=完工产品定额工时×制造费用分配率
月末在产品实际制造费用=月末在产品定额工时×制造费用分配率

例 7-8 丙产品月初在产品费用为:直接材料 10 000 元,直接人工 6 000 元,制造费用 4 000 元。本月发生的生产费用为:直接材料 80 000 元,直接人工 44 000 元,制造费用

30 000 元。完工产品 9 000 件,直接材料定额费用 85 000 元,定额工时 9 000 小时。月末在产品 1 000 件,原材料定额费用 15 000 元,定额工时 1 000 小时。原材料费用按原材料定额费用比例分配,其他费用按定额工时比例分配。

各项费用分配计算结果如表 7 - 9 所示。

表 7 - 9　丙产品各项费用分配计算表

产品名称:丙产品　　　　　　　　　　　20×× 年 × 月　　　　　　　　　　　　　　元

成本项目	月初在产品费用	本月生产费用	生产费用合计	费用分配率	完工产品成本		月末在产品成本	
					定额	实际成本	定额	实际成本
①	②	③	④ = ② + ③	⑤ = ④/(⑥ + ⑧)	⑥	⑦ = ⑥ × ⑤	⑧	⑨ = ⑧ × ⑤
直接材料	10 000	80 000	90 000	0.9	85 000	76 500	15 000	13 500
直接人工	6 000	44 000	50 000	5	9 000	45 000	1 000	5 000
制造费用	4 000	30 000	34 000	3.4	9 000	30 600	1 000	3 400
合　计	20 000	154 000	174 000	—	—	152 100		21 900

采用这种方法弥补了在产品按定额成本计价法计算时,定额脱离实际的差异全部由完工产品负担的缺陷。但该种方法要逐项计算费用的定额比例,再根据比例分配完工产品成本和在产品成本,计算工作量较大。这种方法适用于定额管理基础较好,各项消耗定额或费用定额比较准确、稳定,月末在产品数量变动较大的产品。

7.3　完工产品成本结转的核算

企业的产品完工应该办理验收入库手续,同时结转完工产品成本。企业完工产品的成本应从"基本生产成本"账户的贷方转入有关账户。其中,完工入库的产成品的成本,转入"库存商品"账户的借方;完工自制材料、工具、模型等的成本,转入"原材料""周转材料"等账户的借方。"基本生产成本"账户的借方余额,就是基本生产车间在产品的成本,也就是占用在基本生产过程中的生产资金,应同所属各种产品成本明细账中月末在产品成本之和核对相符。结转完工产品成本的会计分录如下。

借:库存商品——××产品
　　贷:生产成本——基本生产成本——××产品

项目·小·结

在产品可以分为广义在产品和狭义在产品。企业应定期对在产品进行请查,并编制在产品盘存表,财会部门应对盘盈盘亏的数量、原因及处理意见进行审核,并按规定程序进行相应的账务处理;企业要根据在产品数量的多少、各月在产品数量变化的大小、各项成本费用所占比重大小及定额管理工作水平等具体条件,具体确定生产费用在完工产品和在产品之间进行分配的方法。通常采用的分配方法包括不计算在产品成本法、在产品按固定数额计价法、在产品按所耗直接材料费用计价法、约当产量比例法、在产品按完工产品成本计价法、在产品按定额成本计价法和定额比例法等。

① 约当产量比例法是将月初和本月的生产费用,按照完工产品的产量和月末在产品约当产量的比例,分配计算完工产品成本和月末在产品成本的一种方法。这种方法一般适用于在产品数量较多、各月末在产品数量变化也较大、产品成本中直接材料和各项加工费用所占的比重相差不大的情况。

② 在产品按定额成本计价法是指月末在产品成本根据月末在产品数量和单位定额成本计算,然后从本月该种产品的全部生产费用中扣除,以求得完工产品成本的方法。该方法适用于各项消耗定额和费用定额比较准确、稳定,定额管理基础工作较好,并且各月在产品数量变化不大的产品。

③ 定额比例法是按照完工产品和月末在产品的定额消耗量或定额费用的比例,分配计算完工产品和月末在产品成本的方法。这种方法适用于定额管理基础较好,各项消耗定额或费用定额比较准确、稳定,月末在产品数量变动较大的产品。

生产费用在完工产品和在产品之间进行分配后,应将完工产品成本从有关产品的成本计算单中转出,编制完工产品成本汇总计算表,根据完工产品总成本的金额,编制会计分录。

思考题

1. 什么叫在产品?如何核算在产品的数量?

2. 生产费用在完工产品和月末在产品之间分配的方法有哪几种?各在何种情况下应用?

3. 什么是约当产量?如何利用约当产量比例法在完工产品和期末在产品之间分配生产费用?

4. 月末在产品按定额成本计价法和定额比例法有何区别?

5. 如何结转完工产品的成本?

练习题

一、单项选择题

1. A 产品单位工时定额 20 小时,经过 4 道工序制成。第 1 道工序工时定额为 2 小时,第 2 道工序工时定额为 4 小时,第 3 道工序工时定额为 8 小时,第 4 道工序工时定额为 6 小时,则第 3 道工序的完工率为(　　　)。

在线测试

　　A. 10%　　　　　B. 30%　　　　　C. 50%　　　　　D. 70%

2. 下列属于狭义在产品的有(　　　)。

　　A. 正在车间加工中的在产品　　　　B. 需要继续加工的半成品

　　C. 正在返修和等待返修的废品　　　D. 不可修复废品

3. 在产品按固定数额计价法适用于(　　　)。

　　A. 各月月末在产品数量多

　　B. 在产品数量虽大,但各月之间在产品数量变化不大

　　C. 月初月末在产品成本的差额不大

　　D. 各月月末在产品数量较大,各月末在产品数量变化也较大

4. 约当产量比例法适用于(　　　)。

A. 月末在产品数量较大,各月末在产品数量变化也较大

B. 月末在产品数量少且各月末在产品数量变化不大

C. 产品成本中原材料费用和工资及福利费等加工费用的比重相差不多

D. 在产品数量虽大,但各月之间在产品数量变化不大

5. 某企业只生产和销售甲产品。2013 年 4 月初,在产品成本为 3.5 万元。4 月份发生如下费用:生产耗用材料 6 万元,生产工人工资 2 万元,行政管理部门人员工资 1.5 万元,制造费用 1 万元。月末在产品成本 3 万元,则该企业 4 月份完工甲产品的生产成本为(   )万元。

A. 9.5　　　　　B. 12.5　　　　　C. 11　　　　　D. 9

6. 下列各项中,如果在产品的数量很小,生产费用在完工产品和在产品之间进行分配的方法应选择(   )。

A. 约当产量比例法　　　　　B. 在产品按固定成本计价法

C. 不计算在产品成本法　　　　　D. 在产品按所耗直接材料费用计价法

7. 某企业只生产一种产品,采用约当产量比例法将生产费用在完工产品和在产品之间进行分配,材料在产品投产时一次投入。月初在产品直接材料成本为 10 万元,当月耗用材料成本为 50 万元,当月完工产品 30 件,月末在产品 30 件,完工程度 60%,则本月完工产品成本中直接材料成本为(   )万元。

A. 30　　　　　B. 22.5　　　　　C. 25　　　　　D. 37.5

8. 某企业 A 产品经过两道工序加工完成,生产成本在完工产成品和在产品之间分配采用约当产量比例法。2017 年 2 月,同 A 产品有关的资料为:A 产品单位工时定额 200 小时,其中第 1 道工序 80 小时,第 2 道工序 120 小时,假定各工序内在产品完工程度平均为 50%;本月完工产成品 1 000 件。月末在产品数量为:第 1 道工序 100 件,第 2 道工序 150 件。2017 年 2 月 A 产品在产品约当产量为(   )件。

A. 125　　　　　B. 105　　　　　C. 95　　　　　D. 75

9. 已知第 1 道工序定额工时为 60 小时,第 2 道工序定额工时为 40 小时,两道工序平均完成 50%,则第 1 道工序完工率为(   )。

A. 60%　　　　　B. 50%　　　　　C. 40%　　　　　D. 30%

10. 某企业生产的产品需要经过若干加工工序才能形成产成品,且月末在产品数量变动较大,产品成本中原材料所占比重较大。该企业在完工产品和在产品之间分配生产费用时,宜采用(   )。

A. 在产品不计算成本法

B. 在产品成本按年初固定成本计算的方法

C. 在产品成本按其所耗用的直接材料成本计算的方法

D. 约当产量比例法

二、多项选择题

1. 确定生产费用在完工产品与在产品之间的分配方法时,应考虑的具体条件有(   )。

A. 在产品数量的多少　　　　　B. 定额基础的好坏

C. 各项费用比重的大小　　　　　D. 各月在产品的数量变化的大小

2. 下列各项中,关于生产费用在完工产品和在产品之间分配的表述正确的有（   ）。

    A. 月末在产品数量较多,但各月变化不大的产品,可以采用在产品按固定成本计算法

    B. 直接材料所占比重较大且在生产开始时一次全部投入的产品,可以采用在产品按所耗直接材料成本计价法

    C. 月末在产品数量很小的产品,可以采用不计算在产品成本法

    D. 各项消耗定额准确、稳定,各月末在产品数量变动较大的产品,可以采用定额比例法

3. 下列划分完工产品成本和在产品成本的方法中,能使某种产品本月发生的生产费用就是本月完工产品的成本的有（   ）。

    A. 不计算在产品成本法

    B. 在产品成本按年初固定成本计算的方法

    C. 在产品成本按其所耗用的直接材料成本计算

    D. 约当产量比例法

4. 原材料的投入形式主要有（   ）。

    A. 原材料在生产开始时一次投入

    B. 原材料在生产过程中陆续投入

    C. 原材料在生产过程中分阶段批量投入

    D. 原材料在供应过程中分别投入

5. 工业企业的完工产品,应该包括（   ）。

    A. 产成品   B. 自制材料   C. 工具和模具   D. 劳务和作业

6. 工业企业的完工产品,应记（   ）。

    A. "库存商品"账户借方

    B. "原材料"账户借方

    C. "低值易耗品"账户借方

    D. "生产成本——基本生产成本"账户贷方

三、判断题

1. 为了简化核算工作,在产品成本可以计算原材料费用。   （   ）

2. 各月末的在产品数量变化不大的产品,可以不计算月末在产品成本。   （   ）

3. 全部产品都需要经过生产费用在完工产品和月末在产品之间分配,才能计算出完工产品的成本。   （   ）

4. 在产品按定额成本计价法和定额比例法都要求定额准确、稳定,且各月月末在产品数量变化不大。   （   ）

5. 当各工序的在产品数量比较均衡,在产品在各工序的加工量相差不多的情况下,为了简化计算工作,所有在产品均可按50%的完工率计算约当产量。   （   ）

6. 按定额比例法计算月末在产品成本,一般以原材料定额消耗量作为分配标准。 （   ）

7. 在产品数量的日常核算,可以通过设置在产品台账来进行。   （   ）

8. 将在产品按其完工程度折算为完工产品的产量称为约当产量。　　　　　（　）

9. 广义的在产品,包括狭义的在产品和已经完成一个或多个生产步骤,尚未最终完工,需要继续加工的自制半成品。　　　　　　　　　　　　　　　　　　　　（　）

10. 在约当产量比例法中,在产品的原材料费用不需要计算在产品的约当产量。（　）

四、计算题

1. 某企业 6 月份甲产品完工 200 件,单件定额:原材料费用 100 元,工时 10 小时;月末在产品 60 件,单件定额:原材料费用 80 元,工时 6 小时。其他资料如表 7 - 10 所示。

表 7 - 10　甲产品相关资料　　　　　　　　　　　　　　　　　　　　　元

项　　目		直接材料	直接人工	制造费用	合　计
月初在产品费用		1 280	1 160	1 880	
本月生产费用		26 000	13 000	17 000	
生产费用累计		27 280	14 160	18 880	
费用分配率					
完工产品成本(200 件)	定额/小时				
	实际				
月末在产品费用(60 件)	定额/小时				
	实际				

要求:采用定额比例法计算完工产品成本和月末在产品费用,并填入上面表格中。(原材料按定额费用比例分配,其他费用按定额工时比例分配)

2. 某有限公司甲产品由 3 道工序制成,原材料在生产开始时一次投入。该产品单位工时定额为 20 小时,第 1 道工序工时定额为 4 小时,第 2 道工序工时定额为 8 小时,第 3 道工序工时定额为 8 小时。各道工序在产品加工程度均按 50% 计算。本月甲产品完工 200 件,各工序月末在产品数量为:第 1 工序 20 件,第 2 工序 40 件,第 3 工序 60 件。月初在产品和本月生产费用为:原材料费用 16 000 元,职工薪酬 7 980 元,制造费用为 8 512 元。

要求:

(1) 计算各工序在产品完工率。

(2) 计算各工序在产品的约当产量。

(3) 按照约当产量法在完工产品和在产品之间分配各项费用,计算完工产品和月末在产品成本。

3. 某产品的原材料随着生产进度陆续投入。其完工产品和各工序的消耗定额,以及某月末的在产品数量如表 7 - 11 所示。

表 7 - 11　消耗定额和月末在产品数量

工　序	本工序原材料消耗定额	月末在产品数量
1	80 千克	1 400 件
2	40 千克	900 件
完工产品合计	120 千克	—

在产品在本工序的消耗定额按 50% 计算。该月初在产品原材料费用为 2 610 元,本月原材料费用为 4 890 元。该月完工产品 1 791 件。

要求:

(1) 计算各工序在产品的完工率和月末在产品的约当产量。

(2) 采用约当产量比例法分配完工产品和在产品各应负担的原材料费用。

4. 某企业甲产品的原材料费用比重较大,在产品只计算原材料费用。该产品月初在产品原材料费用 5 680 元,本月原材料费用 16 540 元,人工费用 8 400 元,制造费用 5 200 元。本月完工产品 150 件,月末在产品 50 件。原材料在生产开始时一次投入。

要求:

(1) 计算本月甲产品的完工产品成本和月末在产品成本,并登记甲产品成本明细账,如表 7 - 12 所示。

(2) 编制完工产品入库的会计分录。

表 7 - 12 甲产品成本明细账

项　目	直接材料	直接人工	制造费用	成本合计
期初余额				
本月费用				
完工产品成本				
在产品成本				

项目 *8*

成本核算方法的选择

学习目标
1. 掌握工业企业的生产类型和特点。
2. 掌握企业生产类型对成本计算方法的影响。
3. 掌握工业企业产品成本计算的基本方法和辅助方法。

产品成本的计算是指系统地记录生产产品所发生的费用,按照一定的对象和标准进行归集和分配,确定各种产品的总成本和单位成本。计算产品成本有各种不同的方法,这些方法的产生和运用,在很大程度上取决于企业生产的类型和管理的要求。

8.1 企业生产类型

8.1.1 企业生产类型及特点

由于产品成本是在生产过程中形成的,因此企业的生产类型及特点对企业选择成本核算方法有着重要的影响。企业的生产类型可按生产工艺过程的特点和生产组织的特点进行划分。

1. 生产按工艺过程特点分类

企业的生产按工艺过程的特点,可以分为单步骤生产和多步骤生产两种类型。

(1) 单步骤生产

单步骤是指生产工艺过程不能间断,不能分散在不同工作地点进行的生产。也就是说,这种生产方式不能划分出若干个生产步骤。这类生产由于技术上的不可间断及地点上的限制,一般只能由一个企业整体进行,而不能由几个企业协作进行。因此,这种生产也称为简单生产,发电、采掘等企业,都是简单生产的典型企业。

(2) 多步骤生产

多步骤生产是指生产工艺过程是由可间断的若干生产步骤所组成的生产。它既可以在一个企业或车间内独立进行,也可以由几个企业或车间在不同的工作地点协作进行。属于复杂生产的企业,其产品的生产周期一般较长,产品品种并不单一,并且存在半成品或中间产品,而且可以由几个企业或车间协作进行生产,因此,也称为复杂生产。

多步骤生产按其产品的加工方式不同,又可分为连续加工式生产和装配式生产。

① 连续加工式生产是指从原材料投入生产以后,需要经过多个相互联系的加工步骤才能最后生产出产成品——前一个步骤生产出来的半成品,是后一个加工步骤的加工对象,直到最后加工步骤才能生产出产成品。属于这类连续加工式生产的典型企业有钢铁、纺织企业等。

② 装配式生产是指将原材料投入生产后,在各个步骤进行平行加工,制造出产成品所需的各种零部件,最后再将各生产步骤的零部件组装成为产成品。属于这类装配式生产的典型企业有机械制造、汽车等企业。

2. 生产按生产组织的特点分类

企业的生产,按其生产组织的特点划分,可以分为大量生产、成批生产和单件生产 3 种类型。

(1) 大量生产

大量生产是指不断重复生产一种或几种产品的生产。这种类型的生产,其主要特点是企业生产的产品品种较少,各种产品的产量较大,一般采用专业设备重复进行,专业化水平较高。例如,采掘、纺织、冶金、钢铁均是这种类型的企业。

(2) 成批生产

成批生产是指按照事先规定的产品批别和数量进行的生产。在采用这种生产方式的企业或车间中,产品品种较多,而且生产具有一定的重复性。服装、机械加工都是成批生产的典型企业。成批生产按照产品批量的大小,又可以进一步分为大批生产和小批生产。大批生产,由于产品批量大,经常在几个月内不断重复生产一种或几种产品,因此其性质接近于大量生产;小批生产,由于生产产品的批量较小,一批产品一般可以同时完工,因此接近于单件生产。

(3) 单件生产

单件生产一般是指根据各订货单位的要求,进行某种规格、型号、性能等特定产品的生产。这种类型生产的主要特点是品种多,每一订单产品数量少,一般不重复或不定期重复生产。例如,重型机器制造、船舶制造等企业,就属于单件生产的典型企业。

综上所述,将生产工艺和生产组织结合起来,可以形成 4 种基本的生产类型:单步骤生产和连续式多步骤生产,一般都是大量大批生产,可称为大量大批单步骤生产和大量大批连续式多步骤生产;装配式多步骤生产,可以是大量生产、大批生产或单件生产,可称为大量大批装配式多步骤生产和小批单件装配式多步骤生产,如表 8-1 所示。

表 8-1 企业生产类型

生产特点			企业生产类型	典型企业
按工艺过程分	按生产组织分			
单步骤生产	大量生产		大量大批单步骤生产	供水、供电采掘、冶金
	成批生产	大批生产		
		小批生产	一般不存在	
	单件生产			

生产特点			企业生产类型	典型企业
按工艺过程分	按生产组织分			
多步骤生产	连续式	大量生产	大量大批连续式多步骤生产	纺织、造纸
	装配式	成批生产　大批生产	大量大批装配式多步骤生产	机械、家电
	—	成批生产　小批生产	小批单件装配式多步骤生产	船舶、重机专用设备
	—	单件生产		

8.1.2　企业生产类型对产品成本计算的影响

企业的生产类型不同对产品成本计算的影响也不同。它主要表现在3个方面：成本核算对象、成本核算期及生产费用在完工产品和在产品之间的分配。

1. 成本核算对象

成本核算对象是指企业为了核算产品成本而确定的归集和分配生产费用的各个对象，即生产费用归集的对象、成本的最终承担者。根据管理的需要及企业生产的特点，企业成本核算对象可能是产品品种，也可能是产品的批次或产品的生产步骤。企业在进行成本核算时，首先就应确定成本核算对象，按照确定的成本核算对象设置"基本生产成本"明细账，据以归集和分配每一成本核算对象所发生的费用。

成本核算对象在具体确定时，需要考虑生产的特点。在大量大批简单生产的企业里，一般产量较大，生产过程不能间断，所以可以以产品品种作为成本核算对象；在大量大批复杂生产的企业里，其生产过程是可以间断的，所以不仅可以计算出每种产品的成本，而且还可以计算出各个步骤半成品的成本，所以其成本核算对象就是每种产品及其所经过的各个生产步骤；在单件小批生产的企业里，一般按客户的订单或批别来组织生产，在成本核算时，就需要以每一订单的产品或每一批产品作为成本核算对象。

2. 成本核算期

成本核算期是指每次核算产品成本的期间，这一期间既包括完工产品成本的计算，也包括在产品成本的计算。一般情况下，企业产品成本应定期于每月末进行，这样产品核算期同会计结算期间是一致的。但是，有时产品成本的核算期也可能同会计结算期间不同，而是同产品生产周期一致。这取决于生产组织的特点。

在大量大批生产的企业中，月内一般都有大量的完工产品，产品生产的周期较短，由于随时有完工产品，因此不能在产品完工的同时计算产品成本，而是定期地在月末进行计算。这样，产品成本核算期同会计结算期相一致，而同产品的生产周期不一致。

在小批单件生产的企业中，每月不一定都有完工产品，当每一订单的产品或每批产品都未完工时，全部是在产品成本，只有产品全部完工时，才能计算完工产品的成本，因此其成本核算期是不固定的，而是同产品生产周期一致，同会计结算期不一致。尽管这样，企业同成本核算相关的经济业务，如费用的归集和分配等都应按月进行，并按月结账，据以考核企业内部各单位产品成本的发生情况。同时，也可以归集资料，当产品完工时，便于及时进行成本核算。

3. 生产费用在完工产品和在产品之间的分配

生产类型的特点除了影响成本核算对象和成本核算期之外,还影响着月末进行成本计算时是否有在产品,是否需要在完工产品和在产品之间进行费用的分配。

在企业生产产品过程中,发生的全部生产费用,经过费用的归集和分配后,最终都集中在"基本生产成本"明细账和各种产品成本计算单中。如果某种产品期末有在产品,就需要考虑选择适当的方法在完工产品和在产品之间进行生产费用的分配。在进行分配时,分配的费用对象是月初在产品成本加上本月发生的生产费用之和。具体分配的结果为:

$$月初在产品成本 + 本月发生的生产费用 = 完工产品成本 + 月末在产品成本$$

综上所述,企业生产类型对成本计算方法的影响,主要表现在对成本核算对象的确定上——它制约和影响成本核算期和在产品成本的计算。成本核算对象、成本核算期、生产费用在完工产品和在产品之间的分配3个方面的相互结合,就构成了各种不同的产品成本计算方法。

8.2 产品成本计算的方法

8.2.1 产品成本计算的基本方法

成本核算对象是产品成本计算方法的核心,是决定成本计算方法的主要因素。成本核算对象有3种:产品的品种、产品的批别、库存商品及各生产步骤的半成品。相应地,就形成了以成本核算对象为标志的3种方法,即品种法、分批法和分步法。这3种方法同生产类型的特点有着直接联系,涉及成本核算对象的确定,是计算产品实际成本必不可少的方法,因此是产品成本计算的基本方法。

1. 品种法

品种法以产品的品种作为成本计算对象,归集和分配生产费用,计算产品的实际总成本和单位成本。品种法适用于大量大批单步骤生产企业,如发电、采掘等,或者管理上不要求分步计算成本的多步骤生产企业,如小型造纸厂、水泥厂等。品种法定期按月计算成本,成本核算期同会计报告期一致,但同生产周期不一致。在采用品种法计算成本时,如果月末没有在产品或在产品数量很少,则不需要在完工产品和月末在产品之间分配生产费用;如果月末在产品数量很多,则需要在完工产品和月末在产品之间分配生产费用。

2. 分批法

分批法以产品的批别作为成本核算对象,归集和分配生产费用,计算出各批产品的实际总成本和单位成本。分批法适用于单件小批生产企业。在分批法下,一般在该批产品全部完工以后,才计算其实际总成本和单位成本,因此不定期进行成本计算,成本核算期同产品的生产周期一致。在分批法下,一般不需要将生产费用在完工产品和期末在产品之间进行分配。

3. 分步法

分步法以库存商品和各生产步骤的半成品作为成本核算对象,归集和分配生产费用,计算产品的实际总成本和单位成本。分步法适用于大量大批多步骤生产企业,如纺织、冶金、机械制造等。分步法定期按月计算成本,成本核算期同会计报告期一致,同生产周期不一致。分步法一般需要将生产费用在完工产品和期末在产品之间进行分配。采用分步法计算产品成本的企业,其成本管理的要求有所不同:有的需要提供各个生产步骤的半成品成本资料,有的不需要提供各个生产步骤的半成品成本资料。出于简化和加快成本计算工作的考虑,各生产步骤成本的计算和结转,有逐步结转和平行结转两种不同的方法。产品成本计算的分步法,也就分为逐步结转分步法和平行结转分步法两种。

产品成本计算基本方法,如表8-2所示。

表8-2　产品成本计算基本方法

成本计算方法	生产组织	工艺过程	成本核算对象	成本核算期	生产费用在完工产品和在产品之间的分配
品种法	大量大批	单步骤或不要求分步计算成本的多步骤	产品品种	按月	一般不需要
分批法	小批单件	不要求分步计算成本的多步骤	产品批别	按生产周期	一般不需要
分步法	大量大批	要求分步计算成本的多步骤	生产步骤	按月	需要采用一定的方法

在3种产品成本计算的基本方法中,品种法是最基本的方法,不论什么生产类型的企业,不论采用什么成本计算方法,最终都必须按照产品品种计算产品成本。按照产品品种计算成本,是产品成本计算最一般、最起码的要求。

8.2.2　产品成本计算的辅助方法

在实际工作中,除以上3种成本计算的基本方法外,还有分类法和定额法。由于它们同生产类型的特点没有直接联系,不涉及成本核算对象,只要具备条件,就可以在任何生产类型的企业中使用。分类法和定额法均不是一种独立的成本计算方法,必须结合品种法、分批法、分步法使用。从计算产品实际成本的角度来说,它们不是必不可少的。因此,分类法和定额法被称为辅助方法。

1. 分类法

分类法是将生产费用先按产品的类别进行归集,计算各类产品的实际成本,再按照一定的方法计算类内各种品种(各种规格)产品的实际成本的方法。分类法主要是为了解决某些企业产品品种规格繁多、成本核算工作繁重的问题,而在成本计算基本方法的基础上设计的一种简化的成本计算方法。此法适用于产品品种、规格繁多,但每类产品的结构、所用原材料、生产工艺过程基本相同的企业。

2. 定额法

定额法是以产品定额成本为基础,加上(或减去)脱离定额差异和定额变动差异,来计算产品成本的一种方法。定额法是为了加强生产费用和产品成本的定额管理,加强成本控制而采用的成本核算方法。此法适用于定额管理制度比较健全、定额管理的基础工作较好、产品生产定型、消耗定额合理且稳定的企业。

需要指出的是,基本方法和辅助方法的划分,是从计算产品实际成本的角度考虑的,并不是辅助方法不重要——辅助方法对简化成本计算工作、加强成本管理、控制生产费用具有重要作用。

8.2.3 产品成本计算方法的实际应用

在实际工作中,由于情况错综复杂,各个企业实际采用的往往不只是某一种成本计算方法。一个企业的各个车间,一个车间的各种产品,由于其生产特点和管理要求并不一定相同,因此在一个企业或车间中,就有可能同时应用几种不同的产品成本计算方法。即使是一种产品,在其各个生产步骤,各种半成品或各个成本项目之间的生产类型和管理要求也不尽相同,因而计算一种产品成本时,也可以将几种成本计算方法结合起来使用。

1. 几种产品成本计算方法同时应用

在一个企业或车间中,同时采用几种成本计算方法的情况很多。归纳起来,主要包括以下几类。

① 基本生产车间和辅助生产车间的生产类型不同,往往采用不同的成本计算方法。例如,纺织厂的纺纱和织布等基本生产车间,属于大量大批多步骤生产,应该采用分步法计算产品成本;厂内供电、锅炉等辅助生产车间则属于大量大批单步骤生产,应该采用品种法计算成本。即使同为基本生产车间,由于生产类型不同,也可以采用不同的成本计算方法。

② 一个企业的各个生产车间的生产类型相同,但管理要求不同,可以采用不同的成本计算方法。例如,企业基本生产车间的甲、乙两种产品均属于大量大批多步骤生产,但甲产品各步骤的半成品不直接出售,管理上不要求甲产品分步骤计算成本;乙产品各步骤的半成品可以直接出售,管理上要求分步骤计算乙产品成本。因此,为了简化成本计算工作,甲产品可以采用品种法或平行结转分步法计算成本,而乙产品的成本计算则要采用逐步结转分步法。

③ 一个车间同时生产多种产品,由于各种产品的生产类型与管理要求不同,所以可以采用不同的成本计算方法。例如,某机械制造厂的基本生产车间生产甲、乙两种产品。其中,甲产品是大量大批多步骤生产的定型产品,采用分步法进行成本计算;乙产品是小批试制的非定型产品,采用分批法计算成本。又如,玻璃制品厂生产日用玻璃和玻璃仪器,前者是利用原料直接熔制而成的,属于单步骤生产;后者是先将原料熔制成各种毛坯,再加工、装配成为仪器的,属于多步骤生产。前者采用品种法计算成本,而后者采用分步法(如果管理上不要求提供半成品成本,为了简化计算,也可以采用品种法)计算成本。

2. 几种成本计算方法结合应用

企业在计算一种产品成本时,可以根据不同的生产特点和管理要求,结合使用几种不同的成本计算方法。同一产品的不同生产步骤,其生产特点、管理要求不同,采用的成本计算方法不同。例如,在单件小批生产的机械制造企业,主要产品的生产过程是由铸造、机加工、装配等相互关联的各个生产阶段所组成的,其最终产品应采用分批法进行成本核算。但从各生产阶段看则有所不同,如在铸造阶段,其生产产品品种较少,并可直接对外销售,可采用品种法进行成本核算;从铸造到机加工阶段,属于连续式多步骤生产,其成本结转可采用逐步结转分步法进行;从机加工到装配阶段,属于装配式多步骤生产,其成本结转可采用平行结转分步法进行。就这一企业来说,成本核算以分批法为主,结合使用品种法、分步法的某些特点加以综合应用。

一种产品的各个成本项目之间,可以采用不同的成本计算方法。例如,钢铁厂产品的原料费用,在产品成本中占的比重较大,又是直接费用,应该采用分步法,按照产品的品种和生产步骤开设产品成本计算单计算成本;其他成本项目则可结合采用分类法,按照产品类别开设产品成本计算单归集费用,然后按一定的系数分配计算各种产品的成本。

综上所述,工业企业的生产情况是复杂的,管理要求是多方面的,成本核算的方法也是多种多样的。企业应当根据其生产特点、管理要求、规模大小、管理水平高低等实际情况,将成本计算方法灵活地加以应用。

项目小结

工业企业的生产类型按工艺技术过程的特点可分为单步骤生产(简单生产)和多步骤生产(复杂生产);按生产组织的特点可以分为大量生产、成批生产和单件生产。产品的生产特点是决定成本核算方法的主要因素,主要表现在成本核算对象、成本核算期和生产费用在完工产品与在产品之间的分配。成本核算对象是区别不同成本计算方法的主要标志。由于成本核算对象的不同,成本计算的基本方法有3种,即品种法、分批法和分步法。其中,品种法是最基本的成本计算方法。产品成本计算的辅助方法有分类法和定额法。工业企业应针对不同车间、不同产品,根据其各自的特点和管理要求采用不用的成本计算方法。

思考题

1. 生产类型的特点对产品成本计算方法有什么影响?
2. 产品成本计算的基本方法有哪些? 特点是什么?
3. 在计算成本时,如何确定成本核算对象和成本核算期?

练习题

一、单项选择题

1. 工业企业的生产按其生产工艺过程的特点,可以分为( )。
   A. 简单生产和单步骤生产
   B. 复杂生产和多步骤生产
   C. 单步骤生产和多步骤生产
   D. 大量大批生产和单件小批生产

在线测试

2. 企业生产类型的特点对产品成本计算的影响,主要表现为(　　)。
　　A. 企业的生产规模　　　　　　　B. 产品成本核算对象
　　C. 材料费用的分配方法　　　　　D. 产品成本计算的日期

3. 产品成本计算的基本方法是(　　)。
　　A. 直接法　　　　B. 顺序法　　　　C. 代数法　　　　D. 品种法

4. 下列方法中,不属于成本计算基本方法的是(　　)。
　　A. 品种法　　　　B. 分类法　　　　C. 分批法　　　　D. 分步法

5. 产品成本计算的辅助方法有(　　)。
　　A. 品种法　　　　B. 分步法　　　　C. 分类法　　　　D. 分批法

6. 采用品种法计算产品成本,成本核算对象应按(　　)分类。
　　A. 产品品种　　　B. 产品批别　　　C. 产品生产步骤　D. 产品类型

7. 品种法的成本核算期同(　　)一致,一般按月进行。
　　A. 生产周期　　　B. 会计报告期　　C. 会计分期　　　D. 生产日期

8. 在小批单件多步骤生产的情况下,如果管理上不要求分步计算产品成本,应采用的成本计算方法是(　　)。
　　A. 分批法　　　　B. 分步法　　　　C. 分类法　　　　D. 定额成本法

9. 品种法适用的生产组织是(　　)。
　　A. 大量成批生产　B. 大量大批生产　C. 大量小批生产　D. 单件小批生产

10. 生产特点和管理要求对产品成本计算的影响,主要表现在(　　)的确定上。
　　A. 成本核算对象
　　B. 成本计算日期
　　C. 间接费用的分配方法
　　D. 完工产品和在产品之间分配费用的方法

二、多项选择题

1. 工业企业的生产,按其生产组织特点划分,可分为(　　)。
　　A. 大量生产　　　B. 成批生产　　　C. 单步骤生产　　D. 单件生产

2. 工业企业的生产,按其工艺过程的特点划分,可以分为(　　)。
　　A. 大量生产　　　B. 单步骤生产　　C. 多步骤生产　　D. 单件生产

3. 下列方法中,属于产品成本计算基本方法的是(　　)。
　　A. 分批法　　　　B. 分步法　　　　C. 分类法　　　　D. 定额成本法

4. 品种法适用于(　　)。
　　A. 大量大批单步骤生产
　　B. 小批单件生产
　　C. 管理上不要求分步骤计算产品成本的大量大批多步骤生产
　　D. 管理上不要求分步骤计算产品成本的小批单件多步骤生产

5. 下列各项中,属于确定具体的成本计算方法要考虑的因素有(　　)。
　　A. 生产特点　　　B. 产品品种　　　C. 管理要求　　　D. 产品产量

三、判断题

1. 分批法的特点是不按产品的生产步骤而只按产品的类别计算成本。　　　（　　）

2. 单件生产是指根据需用单位的要求,生产个别的、特定的产品。这种生产,产品的品种一般较多,而且很少重复生产。　　　（　　）

3. 分步法是按照产品的生产步骤归集生产费用、计算产品成本的一种方法。　　（　　）

4. 产品成本计算的辅助方法,是指在成本管理方面作用不大的计算方法。　　（　　）

5. 生产类型不同,管理要求不同,产品成本计算方法也应有所不同。　　（　　）

6. 品种法一般适用于大量大批多步骤生产的产品成本。　　　（　　）

7. 单步骤生产由于工艺过程不能间断,因而只能按照产品的品种计算成本。　　（　　）

项目 9

品种法

学习目标
1. 掌握品种法的含义、特点、适用范围和优缺点。
2. 掌握品种法中各种费用归集和分配方法及账务处理。
3. 学会运用品种法的计算程序及具体方法。

产品成本计算的基本方法有 3 种,即品种法、分批法和分步法,其中品种法是最基本的方法,其他方法都是在品种法的基础上发展而来的,只有熟练掌握了品种法这一基本的成本计算方法,才能进一步学习其他成本计算方法。因此,首先一起来学习品种法这一最基本的成本计算方法,为其他方法的学习打下良好的基础。

9.1 **品种法概述**

9.1.1 品种法的含义和适用范围

产品成本计算的品种法,是以产品品种为成本计算对象,归集生产费用,计算产品成本的一种方法。

品种法主要适用于大量、大批的单步骤生产,如发电、采掘等生产的成本计算。在这种类型的生产中,产品的生产工艺过程不可能或不需要划分为几个生产步骤,因而也就不可能或不需要按照生产步骤计算产品成本。在大量、大批的多步骤生产中,如果企业或车间的规模较小,或者车间是封闭式的(即从原材料投入到产品产出的全过程,都是在一个车间内进行的),或者生产是按流水线组织的,管理上不要求按照生产步骤计算产品成本,也可以采用品种法计算产品成本,如小型水泥厂、织布厂及辅助生产的供水、供电、蒸汽车间等。

9.1.2 品种法的特点

1. 以产品品种作为成本计算对象

采用品种法进行成本计算时,需要按照每一种产品设置成本明细账,用以归集生产过程中发生的生产费用。如果企业(或车间)只生产一种产品,则只需为该种产品开设成本明细账,按成本项目设置专栏。在这种情况下,发生的生产费用全都是直接费用,可以直接记入产品成本明细账的有关成本项目中,而不存在将生产费用在各种产品间分配的问题。如果企业(或车间)生产两种或两种以上产品,就需要按照每种产品分别开设产品成本明细账。对于生产过程中所发生的费用,凡是能分清成本计算对象的,应直接记入该成本计算对象的成本明细账中;凡是不能分清应由哪种产品负担的直接、间接生产费用,应采用适当的分配方法,分别记入各产品成本明细账中。

2. 成本计算定期按月进行

由于采用品种法计算产品成本的企业是大量大批生产的类型,因此,月末常会有许多完工产品,这样就不能在产品完工时才计算其产品成本,而应定期按月进行成本计算。

3. 月末在产品费用的处理

月末计算产品成本时,如果没有在产品或在产品数量很少时,就不需要计算在产品成本,产品成本明细账上所登记的全部生产费用,就是该产品的完工产品总成本;如果月末在产品数量较多,则需将产品成本明细账上所归集的生产费用,采用适当的方法在完工产品和在产品之间进行分配,从而计算出完工产品和月末在产品成本。

9.1.3 品种法的计算程序

① 按照产品的品种设置产品成本明细账,按成本项目设置专栏,用以归集该产品的生产费用。

② 根据各项费用的原始凭证和其他有关资料,编制各种费用分配表,分配各种要素费用,并登记各种产品成本明细账和有关成本费用的明细账。

③ 分配辅助生产费用。不单独核算辅助生产车间的制造费用的企业,将辅助生产成本明细账归集的辅助生产费用,采用适当的分配方法,编制辅助生产费用分配表进行分配;单独核算辅助生产车间制造费用的企业,应将各种辅助生产车间的制造费用和各辅助生产成本明细账上归集的费用合并分配。

④ 分配基本生产车间的制造费用。编制制造费用分配表,将基本生产车间制造费用明细账上归集的生产费用,采用一定的方法在车间内各种产品之间进行分配,并将分配结果登记在基本生产明细账或成本计算单上。

⑤ 月末将各产品成本明细账汇集的生产费用,在完工产品和月末在产品之间分配,计算出完工产品的总成本和单位成本,并结转完工产品。

按品种法计算产品成本的程序如图9-1所示。

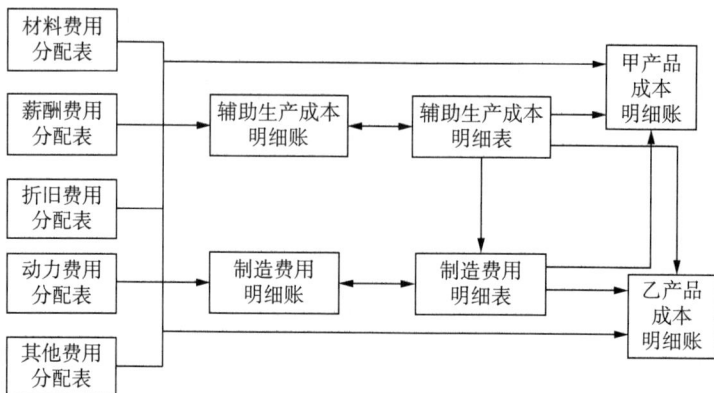

图9-1　品种法计算程序图

9.2　品种法的应用

例9-1　长远工厂设有一个基本生产车间,大量单步骤生产甲、乙两种产品,采用品种法计算产品成本。成本项目有"直接材料""燃料及动力""直接人工""制造费用"。该企业有供电和机修两个辅助生产车间,其制造费用单独核算。现以该企业20××年2月的资料为例,说明品种法的成本计算程序和相应的账户处理。

本月初"基本生产成本"明细账余额如下。

甲产品:原材料5 800元,燃料及动力620元,直接人工815元,制造费用1 265元,合计8 500元。(均为定额成本)

乙产品:原材料7 140元,燃料及动力958元,直接人工908元,制造费用5 160元,合计14 166元。

第1步　根据上述资料开设基本生产成本明细账,同时开设辅助生产成本明细账和制造费用明细账并设置相关专栏。具体如表9-1至表9-3所示。

第2步　根据各项费用的原始凭证和其他有关资料编制各种费用分配表,分配各种要素费用,并登记各有关明细账。

根据2月份银行存款付款凭证编制货币支出汇总表(见表9-1),登记各有关明细账。(为了简化举例,假定货币支出全部用银行存款支付)

表9-1　货币支出汇总表

20××年2月　　　　　　　　　　　　　　　　　　　　　　　　元

应借账户			金　额
总账账户	明细账户	成本或费用项目	
辅助生产成本	供电车间	燃料及动力	15 162

（续表）

应借账户			金　额
总 账 账 户	明 细 账 户	成本或费用项目	
制造费用	基本生产车间	办公费	510
		劳动保护费	369
		其他	186
	供电车间	办公费	230
		劳动保护费	210
		其他	128
	机修车间	办公费	20
		劳动保护费	28
		其他	17
	小　计		1 698
管理费用	办公费		3 140
	其他		2 688
	小　计		5 828
应付利息	预提利息费用		4 810
合　计			27 498

编制会计分录如下。

借：生产成本——辅助生产成本——供电车间　　　　　　　15 162

制造费用——基本生产车间　　　　　　　　　　　　1 065

制造费用——供电车间　　　　　　　　　　　　　　568

制造费用——机修车间　　　　　　　　　　　　　　65

管理费用　　　　　　　　　　　　　　　　　　　　5 828

应付利息　　　　　　　　　　　　　　　　　　　　4 810

　贷：银行存款　　　　　　　　　　　　　　　　　　　27 498

① 根据领退料凭证和有关的分配标准,编制材料费用分配表(见表9-2),并登记有关明细账户。

表9-2　材料费用分配表(分配表①)

20××年2月　　　　　　　　　　　　　　　　　　　元

应借账户			原料及主要材料	辅助材料	其他材料	合　计
总账账户	明细账户	成本或费用项目				
基本生产成本	甲产品	原材料	10 800	5 900	—	16 700
	乙产品	原材料	43 800	8 900	—	52 700
	小　计		54 600	14 800	—	69 400
辅助生产成本	机修车间	原材料	—	218	—	218

(续表)

应借账户			原料及主要材料	辅助材料	其他材料	合 计
总账账户	明细账户	成本或费用项目				
制造费用	基本生产车间	机物料	—	2 320	800	3 120
		劳动保护费	1 800	—	300	2 100
	辅助生产车间	供电车间 机物料	—	310	80	390
		机修车间 机物料	—	—	53	53
小 计			1 800	2 630	1 233	5 663
管理费用	物料		—	700	300	1 000
合 计			56 400	18 348	1 533	76 281

其会计分录如下。

借:生产成本——基本生产成本——甲产品 　　　　　　　　16 700

　　　　　　　　　　　　　——乙产品 　　　　　　　　52 700

　　生产成本——辅助生产成本——机修车间 　　　　　　　　218

　　制造费用——基本生产车间 　　　　　　　　5 220

　　　　　　——供电车间 　　　　　　　　390

　　　　　　——机修车间 　　　　　　　　53

　　管理费用 　　　　　　　　1 000

　　贷:原材料 　　　　　　　　76 281

② 根据各车间、部门的工资结算单和职工福利费的计提比例,编制工资及福利费分配表(见表9－3),并登记有关账户。

表9－3 工资及福利费用分配表(分配表②)

20××年2月 元

应 借 账 户		生产工人工资					
总账账户	明细账户	生产工时/小时	分配率/(2元/小时)	管理人员工资	工资合计	职工福利费(工资的14%)	工资及福利费
基本生产成本	甲产品	2 900	5 800	—	5 800	812	6 612
	乙产品	4 700	9 400	—	9 400	1 316	10 716
	小 计	7 600	15 200	—	15 200	2 128	17 328
辅助生产车间	供电车间	—	1 200	—	1 200	168	1 368
	机修车间	—	500	—	500	70	570
	小 计	—	1 700	—	1 700	238	1 938
制造费用	基本生产车间	—	—	2 200	2 200	308	2 508
	供电车间	—	—	800	800	112	912
	机修车间	—	—	100	100	14	114
	小 计	—	—	3 100	3 100	434	3 534
管理费用		—	—	4 300	4 300	602	4 902
合 计		—	16 900	7 400	24 300	3 402	27 702

编制会计分录如下。

借:生产成本——基本生产成本——甲产品　　　　　　　　6 612

　　　　　　　　——乙产品　　　　　　　　10 716

　　生产成本——辅助生产成本——供电车间　　　　　　　1 368

　　　　　　　　——机修车间　　　　　　　570

　　制造费用——基本生产车间　　　　　　　2 508

　　　　　　——供电车间　　　　　　　912

　　　　　　——机修车间　　　　　　　114

　　管理费用　　　　　　　4 902

　　贷:应付职工薪酬——工资　　　　　　　24 300

　　　　　　　　——职工福利　　　　　　　3 402

③ 根据 1 月份固定资产折旧额和 1 月份增减固定资产的折旧额,编制本月折旧费用分配表(见表 9-4),并登记各有关账户。

表 9-4　固定资产折旧费用费用分配表(分配表③)

20××年2月　　　　　　　　　　　　　　　元

车间、部门	1 月份固定资产折旧额	1 月份增加固定资产的折旧额	1 月份减少固定资产的折旧额	本月固定资产折旧额
基本生产车间	9 094	750	40	9 804
供电车间	1 440	130	20	1 550
机修车间	290	30	70	250
车间小计	10 824	910	130	11 604
行政管理部门	3 910	200	110	4 000
合　计	25 558	1 110	240	15 604

编制会计分录如下。

借:制造费用——基本生产车间　　　　　　　9 804

　　　　　　——供电车间　　　　　　　1 550

　　　　　　——机修车间　　　　　　　250

　　管理费用　　　　　　　4 000

　　贷:累计折旧　　　　　　　15 604

④ 处理在产品盘亏和毁损净损失,并计入生产费用。

1) 乙产品的在产品盘亏、毁损 5 件,定额工时共 5 小时。其单件(或小时)定额成本为:原材料 164 元,燃料及动力为 1.60 元,职工薪酬 3.80 元,制造费用 4.20 元。盘亏和毁损在产品的定额成本和净损失的计算如表 9-5 所示。

表9-5 在产品盘亏和毁损损失计算表(分配表④)

20××年2月

产品名称:乙　　　　　　　　　　(在产品盘亏和毁损成本按定额成本计算)

盘亏和毁损数量:5件　　　　　　　盘亏和毁损定额工时:5　　　　　　　　　　　　元

项　目	直接材料	燃料及动力	直接人工	制造费用	合　计
单件(或小时)费用定额	164	1.60	3.80	4.20	—
盘亏和毁损在产品成本	820	8	19	21	868
减:回收残料价值	45	—	—	—	45
在产品盘亏和毁损损失	775	8	19	21	823
向过失人索赔					200
基本生产车间在产品盘亏和毁损净损失					623

编制会计分录如下。

借:待处理财产损溢　　　　　　　　　　　　　　　　　　　868

　　贷:生产成本——基本生产成本——乙产品　　　　　　　　　868

2) 回收毁损在产品的残料,计价45元。经审批,盘亏和毁损在产品由过失人赔偿损失200元,净损失计入当月基本生产车间制造费用。编制会计分录为如下。

借:原材料　　　　　　　　　　　　　　　　　　　　　45

　　其他应收款　　　　　　　　　　　　　　　　　　200

　　制造费用——基本生产车间　　　　　　　　　　　　623

　　贷:待处理财产损溢　　　　　　　　　　　　　　　　868

⑤ 根据低值易耗品明细账记录,编制低值易耗品摊销表,摊销低值易耗品,并记入有关账户。

1) 该企业扩建工程20××年11月完工投入生产,领用低值易耗品一批。其中,基本生产车间领用工具16 320元,厂部领用家具用具10 800元,共计27 120元,采用分期摊销法(摊销期4个月)。编制本月低值易耗品摊销表,如表9-6所示。

表9-6 低值易耗品摊销表(分配表⑤)

低值易耗品:工具用具　　　　　　　20××年2月　　　　　　　　　　　　元

摘　要	应借账户		金　额
	总账账户	明细账户	
基本生产车间: 16 320÷4＝4 080	制造费用	基本生产车间——低值易耗品	4 080
厂部: 10 800÷4＝2 700	管理费用	低值易耗品摊销	2 700
合　计	—	—	6 780

编制会计分录如下。

借:制造费用——基本生产车间　　　　　　　　　　　　4 080

　　管理费用　　　　　　　　　　　　　　　　　　　2 700

　　贷:周转材料——低值易耗品——低值易耗品摊销　　　　6 780

2）该企业银行短期借款利息采用按月预提、季末结算的办法。1月份预提1 600元。本月应付利息分配表如表9-7所示。

表9-7 应付利息分配表（分配表⑥）

费用种类:预提利息费用　　　　　　　　　　　20××年2月　　　　　　　　　　　　　　　元

摘　要	应借账户		金　额
	总账账户	明细账户	
预提2月份利息	财务费用	利息支出	1 600

编制会计分录如下。

借:财务费用——利息　　　　　　　　　　　　　　　　　　1 600

　贷:应付利息　　　　　　　　　　　　　　　　　　　　　　　1 600

第3步　分配辅助生产费用。

本月供电车间供电103 500千瓦时:为机修车间供电500千瓦时,为基本生产车间生产供电71 558千瓦时,照明用电20 239千瓦时,为行政管理部门供电11 203千瓦时。机修车间修理工时1 050小时:为供电车间修理50小时,为基本生产车间修理712小时,为行政管理部门修理288小时。辅助生产费用按直接分配法进行分配,如表9-8所示。

表9-8 辅助生产成本分配表（分配表⑦）

20××年2月　　　　　　　　　　　　　　　　　　　　　　　元

项　目		供电车间	机修车间	合　计
待分配费用	"辅助生产成本"账户发生额	16 530	788	17 318
	"制造费用"账户发生额	3 420	482	3 902
	小　计	19 950	1 270	21 220
供应辅助生产以外单位的劳务数量/千瓦时		103 000	1 000	—
费用分配率		0. 19 369	1. 27	—
基本生产成本	耗用数量/千瓦时	71 558	—	—
	分配金额/千瓦时	13 860	—	13 860
基本生产车间	耗用数量/千瓦时	20 239	712	—
	分配金额/千瓦时	3 920	904	4 824
行政管理部门	耗用数量/千瓦时	11 203	288	—
	分配金额/千瓦时	2 170	366	2 536
合　计		19 950	1 270	21 220

其中,计入基本生产成本的13 860元,要进一步在甲、乙产品之间分配,编制动力费用表,如表9-9所示。

表9-9　基本生产车间动力费用分配表（分配表⑧）

20××年2月

应借账户		实际机器工时/时	动力费/元（分配率:9）
总账账户	明细账户		
基本生产成本	甲产品	560	5 040
	乙产品	980	8 820
合　计		1 540	13 860

根据辅助生产费用分配表和基本生产车间动力费用分配表,编制辅助生产费用分配的会计分录如下,并记入有关成本明细账。

借:制造费用——基本生产车间　　　　　　　　　　　　　4 824
　生产成本——基本生产成本——甲产品　　　　　　　　5 040
　　　　　　　　　　　　——乙产品　　　　　　　　　8 820
　管理费用　　　　　　　　　　　　　　　　　　　　　2 536
　贷:生产成本——辅助生产成本——供电车间　　　　　　19 950
　　　　　　　　　　　　　　——机修车间　　　　　　1 270

对本月归集的辅助生产车间的制造费用编制辅助生产车间制造费用分配表,如表9-10所示。结转记入辅助生产成本和制造费用明细账,如表9-11至表9-15所示。

表9-10　辅助生产车间制造费用分配表（分配表⑨）

20××年2月　　　　　　　　　　　　　　　　　　　　　　　元

应借账户		供电车间制造费用	机修车间制造费用	合　计
总账账户	明细账户			
辅助生产成本	供电车间	3 420	—	3 420
	机修车间	—	482	482
合　计		3 420	482	3 902

编制结转制造费用的会计分录如下。

借:生产成本——辅助生产成本——供电车间　　　　　　　3 420
　　　　　　　　　　　　　　——机修车间　　　　　　482
　贷:制造费用——供电车间　　　　　　　　　　　　　　3 420
　　　　　　——机修车间　　　　　　　　　　　　　　482

表9-11　辅助生产成本明账

20××年2月

车间名称:供电车间　　　　　　　　　　　　　　　　　　　元

20××年		摘　要	原材料	燃料及动力	直接人工	制造费用	合计	转出	金额
月	日								
2	28	根据付款凭证分配	—	15 162	—	—	15 162	—	15 162
2	28	根据表②分配工资及福利费	—	—	1 368	—	1 368	—	16 530
2	28	待分配费用小计		15 162	1 368		16 530		16 530

（续表）

20××年		摘 要	原材料	燃料及动力	直接人工	制造费用	合 计	转出	金额
月	日								
2	28	根据表⑦分配结转	—	—	—	—	—	-19 950	-3 420
2	28	根据表⑨转入制造费用	—	—	—	3 420	3 420	—	0
2	28	合 计	—	15 162	1 368	3 420	19 950	-19 950	0

表9-12 辅助生产成本明细账

车间名称：机修车间　　　　　　　　　　　20××年2月　　　　　　　　　　　　　　　元

20××年		摘 要	原材料	燃料及动力	直接人工	制造费用	合 计	转出	金额
月	日								
2	28	根据表①分配材料费	218	—	—	—	218	—	218
2	28	根据表②分配工资及福利费	—	—	570	—	570	—	788
2	28	待分配费用小计	218	—	570	—	788	—	788
2	28	根据表⑦分配结转	—	—	—	—	—	-1 270	-482
2	28	根据表⑨转入制造费用	218	—	—	482	482	—	0
2	28	合 计	218	—	570	482	1 270	-1 270	0

表9-13 制造费用明细账

车间名称：供电车间　　　　　　　　　　　20××年2月　　　　　　　　　　　　　　　元

20××年		摘 要	职工薪酬	机物料	折旧费	劳动保护费	办公费	其他	合 计	转出	余额
月	日										
2	1	根据付款凭证分配	—	—	—	210	230	128	568	—	568
2	28	根据表①分配材料费	—	390	—	—	—	—	390	—	958
2	28	根据表②分配工资及福利费	912	—	—	—	—	—	912	—	1 870
2	28	根据表③计提折旧	—	—	1 550	—	—	—	1 550	—	3 420
2	28	待分配费用小计	912	390	1 550	210	230	128	3 420	—	3 420
2	28	根据表⑨结转	—	—	—	—	—	—	—	-3 420	0

表9-14 制造费用明细账

车间名称：机修车间　　　　　　　　　　　20××年2月　　　　　　　　　　　　　　　元

20××年		摘 要	职工薪酬	机物料	折旧费	劳动保护费	办公费	其他	合 计	转出	余额
月	日										
2	1	根据付款凭证分配	—	—	—	28	20	17	65	—	65
2	28	根据表①分配材料费	—	53	—	—	—	—	53	—	118
2	28	根据表②分配工资及福利费	114	—	—	—	—	—	114	—	232
2	28	根据表③计提折旧	—	—	250	—	—	—	250	—	482
2	28	待分配费用小计	114	53	250	28	20	17	482	—	482
2	28	根据表⑨结转	—	—	—	—	—	—	—	-482	0

表9-15　制造费用明细账

车间名称：基本生产车间　　　　　　　　　　　　　20××年2月　　　　　　　　　　　　　　　元

20××年		摘　要	职工薪酬	机物料	低值易耗品摊销	折旧费	水电费	办公费	劳动保护费	在产品盘亏	其他	合计	转出	余额
月	日													
2	1	根据付款凭证分配	—	—	—	—	—	510	369	—	186	1 065	—	1 065
2	28	根据表①分配材料费	—	3 120	—	—	—	—	2 100	—	—	5 220	—	6 285
2	28	根据表②分配工资及福利费	2 508	—	—	—	—	—	—	—	—	2 508	—	8 793
2	28	根据表③计提折旧	—	—	—	99 804	—	—	—	—	—	9 804	—	18 597
2	28	根据表④计入在产品亏损	—	—	—	—	—	—	—	623	—	623	—	19 220
2	28	根据表⑤摊销工具用具费	—	—	4 080	—	—	—	—	—	—	4 080	—	23 300
2	28	根据表⑦分配辅助生产费用	—	—	—	—	3 920	—	—	—	—	4 824	—	28 124
2	28	根据分配表⑩结转	—	—	—	—	—	—	—	—	—	—	-28 124	0
2	28	合　计	2 508	3 120	4 080	7 810	3 920	510	2 469	623	186	28 124	-28 124	0

第4步　分配基本生产车间的制造费用。

根据基本生产车间制造费用明细账（见9-15）归集的费用，以及甲、乙两种产品的生产工时，编制基本生产车间制造费用分配表，如表9-16所示。

表9-16　基本生产车间制造费用分配表（分配表⑩）

20××年2月

应借账户		实际生产工时/小时	分配金额（分配率为3.7）/元
总账账户	明细账户		
基本生产成本	甲产品	2 900	10 730
	乙产品	4 700	17 394
合　计		7 600	28 124

编制会计分录如下。

借：生产成本——基本生产成本——甲产品　　　　　　　　　10 730

　　　　　　　　　　　　　　　——乙产品　　　　　　　　　17 394

　　贷：制造费用　　　　　　　　　　　　　　　　　　　　　　　28 124

根据产品成本明细账所归集的生产费用，采用适当的分配方法，计算甲、乙两种产品的完工产品成本和月末在产品成本，并结转完工产品成本。将生产费用在完工产品和月末在产品之间分配,计算完工产品成本和月末在产品成本。

该企业产品的消耗定额按定额成本计价法进行分配;乙产品各月在产品数量变动较大,采用定额比例法进行分配:原材料费用按定额费用比例分配,其他各项费用均按定额工时比例分配。分配结果如表9-17和表9-18所示。

表9-17 甲产品成本明细账

20××年2月 元

月	日	摘 要	产量/件	原材料	燃料及动力	直接人工	制造费用	成本合计
2	1	在产品费用(定额成本)	—	5 800	620	815	1 265	8 500
2	28	根据表①分配材料费	—	16 700				16 700
2	28	根据表②分配工资	—	—	—	5 800		5 800
2	28	根据表②分配福利费	—			812		812
2	28	根据表⑧分配动力费	—		5 040			5 040
2	28	根据表⑩分配制造费用	—				10 730	10 730
2	28	本月生产费用小计	—	16 700	5 040	6 612	10 730	39 082
2	28	生产费用累计	—	22 500	5 660	7 427	11 995	47 582
2	28	结转完工产品成本	200	- 14 300	- 4 744	- 5 389	- 9 953	- 34 386
2	28	在产品费用(定额成本)	—	8 200	916	2 038	2 042	13 196

表9-18 乙产成品成本汇总表

20××年2月 元

月	日	摘 要	产量/件	原材料	燃料及动力	直接人工	制造费用	成本合计
2	1	在产品费用	—	7 140	958	908	5 160	14 166
2	28	根据表①分配材料费	—	52 700	—			52 700
2	28	根据表②分配工资	—		—	9 400		9 400
2	28	根据表②分配福利费	—			1 316		1 316
2	28	根据表⑧分配动力费	—		8 820			8 820
2	28	根据表⑩分配制造费用	—				17 394	17 394
2	28	本月生产费用小计	—	52 700	8 820	10 716	17 394	89 630
2	28	生产费用累计	—	59 840	9 778	11 624	22 554	103 796
2	28	在产品盘亏(表④)	—	- 820	- 8	- 19	- 21	- 868
2	28	生产费用净额	—	59 020	9 770	11 605	22 533	102 928
2	28	费用分配率	—	1.074	0.823	0.978	1.898	—
2	28	完工产品定额资料	—	36 900	9 900 时			
2	28	结转产品实际成本	350	- 39 631	- 8 148	- 9 682	- 18 790	- 76 251
2	28	在产品定额资料	—	18 040	1 970 时			
2	28	在产品实际成本	—	19 389	1 622	1 923	3 743	26 677

第5步 根据甲、乙产品成本明细账中的产成品成本,汇总编制产成品成本汇总表(见表9-19),并结转产成品成本。

表9－19　产成品成本汇总表

20××年2月 单位：元

产成品名称	数量/件	原材料	燃料及动力	直接人工	制造费用	成本合计
甲产品	200	14 300	4 744	5 389	9 953	34 386
乙产品	350	39 631	8 148	9 682	18 790	76 251
合　计	—	53 931	12 892	15 071	28 743	110 637

编制会计分录如下。

借：库存商品——甲产品　　　　　　　　　　　　　　　　　34 386
　　　　　　——乙产品　　　　　　　　　　　　　　　　　76 251
　　贷：生产成本——基本生产成本——甲产品　　　　　　　34 386
　　　　　　　　　　　　　　　——乙产品　　　　　　　　76 251

从上例可以得知，产品成本计算单就是会计核算中成本、费用的明细核算。在费用发生时，为了正确计算各种产品成本，必须正确编制各种费用分配表并据以编制记账凭证，按照平行登记的方法，既登记有关的总账账户，又登记所属的明细账账户。通过费用的分配和堆积，最后将各种生产费用分配表归集到基本生产成本总账及其所属的各成本明细账中，然后可以计算出各种产品的成本。

产品成本计算和会计核算的区别在于：成本计算还必须将月初在产品费用和本月生产费用之和在其完工产品与月末在产品之间进行分配，计算和登记各种完工产品成本和月末在产品成本。

项目小结

品种法是以产品品种作为成本计算对象，设置成明细账，归集生产费用，计算产品成本的一种成本计算方法。按照产品品种计算成本，是产品成本计算的最基本的计算方法。其主要步骤包括：开设成本明细账；分配各种要素费用；分配辅助生产费用；分配基本车间制造费用；分配计算各种完工产品成本和月末在产品成本；结转完工产品成本。

思考题

1. 简述品种法的特点。
2. 简述品种法的计算程序。

练习题

一、单项选择题

1. 产品成本计算最基本的方法是（　　　）。
　　A. 分批法　　　　　　　　　　B. 分类法
　　C. 品种法　　　　　　　　　　D. 分步法
2. 工业企业产品成本的计算最终是通过（　　　）账户进行的。

在线测试

A. 制造成本　　　　B. 基本生产成本　　C. 制造费用　　　　D. 辅助生产成本

3. 品种法的产品生产成本计算单应按(　　　　)。
　　A. 产品品种分别开设　　　　　　　　B. 产品批别分别开设
　　C. 生产步骤分别开设　　　　　　　　D. 产品品种和半成品分别开设

4. 品种法的计算程序的第 1 步骤是(　　　　)。
　　A. 归集和分配各种要素费用　　　　　B. 归集和分配各种制造费用
　　C. 归集和分配各种辅助生产费用　　　D. 开设生产成本明细账

5. 区分各种产品成本计算基本方法的标志是(　　　　)。
　　A. 成本计算期间　　　　　　　　　　B. 成本计算对象
　　C. 计入费用的分配方法　　　　　　　D. 在产品费用的分配方法

二、多项选择题

1. 成本计算的基本方法有(　　　　　　)。
　　A. 品种法　　　　　B. 分批法　　　　C. 分步法　　　　　D. 分类法

2. 品种法是产品成本计算最基本的方法,这是因为(　　　　　　)。
　　A. 品种法计算成本最简单
　　B. 任何成本计算方法最终都要计算出各品种的成本
　　C. 品种法的成本计算程序最有代表性
　　D. 品种法需要按月计算产品成本

3. 受生产特点和管理要求的影响,成本计算对象有(　　　　)几种形式。
　　A. 产品品种　　　　　　　　　　　　B. 产品类型
　　C. 产品批别　　　　　　　　　　　　D. 产品生产步骤
　　E. 生产组织

4. 在确定产品成本计算方法时,应适应(　　　　　　)。
　　A. 企业生产组织特点　　　　　　　　B. 企业生产产品种类多少
　　C. 企业工艺过程特点　　　　　　　　D. 月末是否有在产品

5. 产品成本计算品种法的特点是(　　　　)。
　　A. 分步计算产品成本　　　　　　　　B. 不分步计算产品成本
　　C. 分批计算产品成本　　　　　　　　D. 不分批计算产品成本
　　E. 只分品种计算产品成本

三、判断题

1. 品种法在大量大批多步骤的生产企业中,无论管理要求如何,均不适用。　　(　　)
2. 工业企业的生产按照工艺过程特点可以分为大量生产、成批生产和单件生产 3 种类型。　　(　　)
3. 品种法的成本计算期同会计报告期一致,同生产周期不一致。　　(　　)
4. 品种法主要适用于简单的生产,因此称为简单法。　　(　　)
5. 所有多步骤生产企业的成本计算都必须采用分步法。　　(　　)
6. 由于每个企业最终都必须按照产品的品种计算出产品成本,因此,品种法是成本计算方法中最基本的方法。   (   )

四、计算题

某企业设有一个基本生产车间和一个辅助生产车间(供汽车间)。基本生产车间生产甲、乙两种产品,采用品种法计算产品成本;辅助生产车间的制造费用不通过制造费用科目核算。2 月份生产车间发生的经济业务如下。

(1) 基本生产车间领用材料 39 205 元。其中,直接用于甲产品生产的 A 材料 10 060 元,直接用于乙产品生产的 B 材料 16 940 元,甲、乙产品共同耗用的 C 材料 11 000 元(按甲、乙产品的材料定额消耗量比例进行分配,甲产品的材料定额消耗量为 440 千克,乙产品的材料定额消耗量为 560 千克),车间一般消耗 1 205 元;辅助生产车间领用材料 2 820 元。

(2) 结算本月应付职工薪酬。其中,基本生产车间的生产工人职工薪酬 19 040 元(按甲、乙产品的耗用的工时比例进行分配,甲产品的工时为 300 小时,乙产品的工时为 500 小时),车间管理人员职工薪酬 2 866 元,辅助生产车间职工薪酬 1 210 元,共计 23 116 元。

(3) 计提固定资产折旧费。基本生产车间月初应提折旧固定资产原值 100 000 元,辅助生产车间月初应提折旧固定资产原值 40 000 元;月折旧率为 1%。

(4) 基本生产车间和辅助生产车间发生的其他支出分别为 1 289 元和 600 元,均通过银行办理转账结算。

(5) 供汽车间提供劳务量 2 515 立方米。其中,为基本生产车间提供劳务 2 000 立方米,为管理部门提供劳务 515 立方米。

(6) 基本生产车间的制造费用按生产工时比例在甲、乙产品之间进行分配。

(7) 甲产品各月在产品数量变化不大,生产费用在完工产品和在产品之间分配采用在产品按固定成本计价法,甲产品本月完工 100 件;乙产品的生产费用按约当产量比例法在完工产品和在产品之间分配。原材料在生产开始时一次投入,乙产品本月完工 100 件,月末在产品 50 件,完工率为 50%。

(8) 月初在产品资料如表 9 - 20 所示。

表 9 - 20   月初在产品资料

元

产品名称	原材料	职工薪酬	制造费用	成本合计
甲产品	3 500	1 270	4 380	9 150
乙产品	6 000	3 500	5 000	14 500

要求:

(1) 设置甲、乙产品的生产成本明细账,基本生产车间的制造费用明细账,辅助生产成本明细账。

(2) 根据上述资料编制有关的会计分录并登记上述明细账。

(3) 编制结转完工产品入库的会计分录,如表 9 - 21 至表 9 - 24 所示。

表 9 - 21　基本生产成本明细账

20××年 2 月

产品名称:甲产品　　　　　　　　　　　　　　　　　　　　　　　　　　　　　　　　　　　　元

月	日	摘　要	产量/件	原材料	直接人工	制造费用	成本合计
2	1	在产品费用					
2	28	分配材料费					
2	28	分配人工费用					
2	28	分配制造费用					
2	28	生产费用累计					
2	28	完工产品成本					
2	28	在产品费用					

表 9 - 22　基本生产成本明细账

20××年 2 月

产品名称:乙产品　　　　　　　　　　　　　　　　　　　　　　　　　　　　　　　　　　　　元

月	日	摘　要	产量/件	原材料	直接人工	制造费用	成本合计
2	1	在产品费用					
2	28	分配材料费					
2	28	分配人工费用					
2	28	分配制造费用					
2	28	生产费用累计					
2	28	完工产品成本					
2	28	在产品费用					

表 9 - 23　制造费用明细账

20××年 2 月

车间名称:基本生产车间　　　　　　　　　　　　　　　　　　　　　　　　　　　　　　　　　元

20××年 月	日	摘　要	职工薪酬	机物料	折旧费	蒸汽费	其他	合计	转出	余额
2	1	分配材料费用								
2	8	分配人工费用								
2	28	计提折旧费								
2	28	支付货币资金								
2	28	分配辅助生产费用								
2	28	结转制造费用								

表 9 - 24　辅助生产费用明细账

20××年 2 月

车间名称:供汽车间　　　　　　　　　　　　　　　　　　　　　　　　　　　　　　　　　　　元

20××年 月	日	摘　要	原材料	职工薪酬	折旧费	其他	合计	转出	余额
2	1	分配材料费用							

（续表）

20××年		摘　要	原材料	职工薪酬	折旧费	其他	合计	转出	余额
月	日								
2	28	分配人工费用							
2	28	计提折旧费							
2	28	支付货币资金							
2	28	分配辅助生产费用							

项目 *10*

分批法

学习目标

1. 了解分批法的含义、特点和适用范围。
2. 掌握一般分批法的成本计算程序。
3. 学会基本生产成本二级账的设立、累计费用分配率的计算。
4. 熟练运用简化分批法进行产品成本核算。

前面已经学习了产品成本计算的最基本方法——品种法,了解了品种法归集费用的对象是产品的品种。但这种方法并不适用于一切工业企业。例如,在单件小批量生产的企业中,一批产品往往同时完工,成本管理上要求提供每批产品的成本,此时品种法就不适用了,而应按批别计算产品成本。本项目将学习成本计算的另一种方法——分批法,在学习中体会它同品种法的区别与联系。

10.1 分批法概述

10.1.1 分批法的概念和适用范围

1. 分批法的概念

分批法是以产品批别作为成本计算对象来设置生产成本明细账,归集生产费用,计算产品成本的一种方法。

2. 分批法的适用范围

分批法适用于小批、单件的生产企业,如精密仪器、专用工具模具、专用设备的制造及新产品的试制等企业。分批法主要有以下几种情况。

① 根据购买者订单生产的企业。这些企业专门根据客户的要求,生产特殊规格和特定数量的产品,也可能根据客户的设计图样生产多件同样规模的产品,如特种仪器的小批生产等。

② 产品种类经常变动的小规模制造厂。这类企业规模小,工人数量少,要不断根据市场需要变动产品的种类和数量,不可能按产品设置流水线大量生产,而必须按每批产品的投产来计算成本,如小五金厂的生产。

③ 承揽修理业务的工厂。这类企业往往根据合同规定,在生产成本基础上加约定利润进行结算,所以要提供每次修理业务的成本,如修船等业务。修理业务多种多样,均应根据承接的各种修理工作分别计算成本,向客户收取货款。

④ 新产品试制车间。专门试制、开发新产品的车间,要按新产品的种类分别计算成本。

总之,这些企业的共同特点是一批产品通常不重复生产,即使重复也是不定期的。因为这类企业生产产品的品种、规格和批量是按照购货单位的订单来确定的。由于各份订单所订购产品的品种、规格不同,生产工艺过程各异,因此企业是按照购货单位订单的要求分批地组织生产的,也就需要计算各批产品的成本。

10.1.2 分批法的特点

1. 以产品批号或订单作为成本计算对象,据以开设基本生产成本明细账归集生产费用和计算产品成本

在单件小批生产的企业中,产品的品种和每批产品的批量往往根据购货单位的订单确定,因而按照产品批别计算产品成本,也就是按照订单计算产品成本,所以又称作订单法。在实际工作中,如果同一订单中包括几种不同种类的产品,为了考核和分析每种产品成本计划的完成情况,并便于生产管理,要按照产品的品种分批组织生产,计算产品成本;如果购货单位订单中只要求生产一种产品,但数量较大或购货单位要求分批交货,可以把同一订单中的产品数量划分成数批组织生产,计算产品成本;如果每一订单中的订货数量过少,不便于组织生产,也可以把几个订单中的同种产品,合并为一批组织生产,计算产品成本;如果在一张订单中,只规定有一件产品,但这件产品是由许多部件装配而成的大型产品,如订购一艘船舶,生产周期很长,可以按部件分批组织生产,计算成本。

2. 成本计算期同产品生产周期相一致,而同会计报告期不一致

分批法的成本计算期是同生产任务通知单的签发和结束相一致的,各批产品的成本在其完工后计算确定。因此,其成本计算期就是各批产品的生产周期,是不定期的,同会计报告期是不一致的。

3. 计算产品成本时,一般不在完工产品和在产品之间分配费用

因为某批产品在完工前,基本生产成本明细账所归集的生产费用就是在产品成本,产品完工时基本生产成本明细账所归集的生产费用就是完工产品成本,所以不需要在完工产品和在产品之间分配费用,计算产品成本。但是当批内产品有跨月陆续完工交货的情况时,为了使收入和费用相配比,就需要将所归集的生产费用在完工产品和月末在产品之间进行分配。如果当月完工产品的数量不多,占投产批量比重较小,对完工产品可以先按计划单位成本或定额单位成本计价,作为完工产品成本,剩余的生产费用即为月末在产品成本。在该批产品全部完工时,应另行计算该批产品的实际成本和单位成本,但对上月已入账的完工产品成本,不再进行调整。如果当月完工产品的数量较多,占投产批量较大,为了保证成本计算的准确性,应采用适当的方法,将所归集的生产费用在完工产品和月末在产品之间进行分配。

10.1.3　分批法计算成本的一般程序

① 会计部门在生产开始时,根据生产计划部门签发的生产任务通行单所规定的产品批别,为每批产品开设基本生产成本明细账,按成本项目分设专栏,归集每批产品所发生的生产费用。

② 每批产品所耗用的直接材料和工资费用,应直接记入该批产品基本生产成本明细账;对于各批产品共同发生的制造费用等间接费用,应按规定的分配方法分配计入各批产品成本计算。

③ 企业进行小批量生产或单件生产,批内产品可以同时完工。在单件或小批产品完工以前,基本生产成本明细账上汇集的生产费用就是在产品成本;在产品完工时,所有的生产费用就是产成品总成本,除以产量就是单位成本。这样月末计算产品成本时就不存在在完工产品和在产品之间分配生产费用的问题。

④ 在批量较大且批内产品有跨月陆续完工的情况下,如果月末完工产品的数量占批内数量的比重较小,为了简化计算工作,完工产品数量可以先按计划单位成本或定额单位成本等计算转出,在该批产品全部完工时,再计算该批产品的实际总成本和实际单位成本;如果月末完工产品的数量占全批产品的比重较大,为了正确计算产品成本,应该采用约当产量法、定额比例法等适当的分配方法,计算完工产品成本和月末在产品成本。

分批法成本计算的一般程序如图 10 – 1 所示。

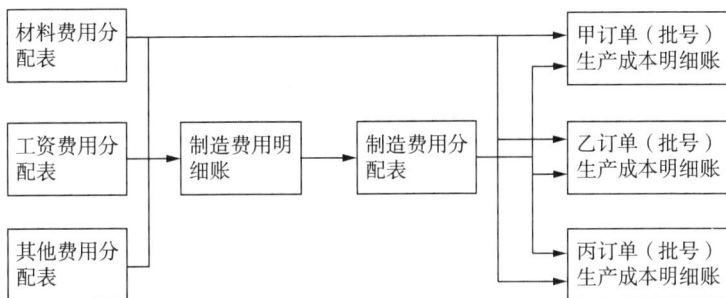

图 10 – 1　分批法的一般程序

10.2　分批法应用

例 10 – 1　某制造企业生产甲、乙两种产品。生产组织属于小批生产,采用分批法计算产品成本,设置直接材料、直接人工、制造费用 3 个成本项目。该企业某年 11 月份生产的产品批号有:101 批甲产品 6 台,10 月份投产,本月全部完工;102 批甲产品 10 台,本月投产,本月完工 6 台;103 批乙产品 8 台,本月投产,本月完工 2 台。102 批甲产品原材料在生产开始时一次投入,由于该批产品完工数量较大,其他费用在完工产品和在产品之间采用约当产量法分配,在产品完工程度为 50%;103 批乙产品由于完工数量较少,完工产品成本按计划成本结转,待该批产品全部完工后,再重新结算完工产品的总成本和单位成本。

该企业 11 月份有关生产费用发生情况如下。

① 根据材料领料单编制直接材料分配表,如表 10 - 1 所示。

表 10 - 1 直接材料分配表

20 × × 年 11 月   元

应 借 账 户	直 接 材 料
生产成本——基本生产: 批号 101 甲产品 批号 102 甲产品 批号 103 乙产品	7 650 48 975 36 000
小 计	92 625
制造费用 管理费用	2 050 1 750
合 计	96 425

编制会计分录如下。

借:生产成本——基本生产成本——101 批   7 650

                ——102 批   48 975

                ——103 批   36 000

     制造费用   2 050

     管理费用   1 750

     贷:原材料   96 425

② 根据有关凭证编制直接人工分配表,如表 10 - 2 所示。

表 10 - 2 直接人工分配表

20 × × 年 11 月   元

应 借 账 户	直 接 人 工
生产成本——基本生产: 批号 101 甲产品 批号 102 甲产品 批号 103 乙产品	5 100 7 025 4 400
小 计	16 525
制造费用 管理费用	3 450 2 895
合 计	22 870

编制会计分录如下。

借:生产成本——基本生产成本——101 批   5 100

                ——102 批   7 025

                ——103 批   4 400

     制造费用   3 450

     管理费用   2 895

贷:应付职工薪酬　　　　　　　　　　　　　　　　　　　　　　22 870

③ 本月共发生制造费用 6 500 元,按生产工时比例进行分配,编制制造费用分配表如表 10 - 3 所示。

表 10 - 3　制造费用分配表

20××年11月　　　　　　　　　　　　　　　　　　　　　　　　　　　元

产品批号	生产工时/小时	分配率	分配金额/元
批号 101 甲产品	8 000	0.4	3 200
批号 102 甲产品	5 000	0.4	2 000
批号 103 乙产品	3 250	0.4	1 300
合　计	16 250	—	6 500

编制会计分录如下。

借:生产成本——基本生产成本——101 批　　　　　　　　　　　3 200

　　　　　　　　　　　　——102 批　　　　　　　　　　　2 000

　　　　　　　　　　　　——103 批　　　　　　　　　　　1 300

　　贷:制造费用　　　　　　　　　　　　　　　　　　　　　　6 500

④ 根据上述资料登记各批产品基本生产明细账,并计算完工产品总成本和单位成本。各批产品基本生产明细账如表 10 - 4 至表 10 - 6 所示。

表 10 - 4　基本生产成本明细账

产品批号:101 批　　　　　　　　　　　　　　　　投产日期:20××年10月

产品名称:甲产品　　　　　　　　　　　　　　　　完工日期:20××年11月

产品批量:6 台　　　　　　　　　　　　　　　　　　　　　　　　　　　元

凭证号数	摘　要	成本项目			
		直接材料	直接人工	制造费用	合　计
(略)	月初在产品	13 800	8 200	6 150	28 150
	分配材料费用	7 650	—	—	7 650
	分配人工费用	—	5 100	—	5 100
	分配制造费用	—	—	3 200	3 200
	合　计	21 450	13 300	9 350	44 100
	结转完工产品成本(6 台)	21 450	13 300	9 350	44 100
	月末在产品成本	3 575	2 216.67	1 558.33	7 350

表 10 - 5　基本生产成本明细账

产品批号:102 批　　　　　　　　　　　　　　　　投产日期:20××年11月

产品名称:甲产品　　　　　　　　　　　　　　　　完工日期:2020××年12月

产品批量:10 台　　　　　　　　　　　　　　　　本月完工数量:6 台

　　　　　　　　　　　　　　　　　　　　　　　　　　　　　　　　元

凭证号数	摘　要	成本项目			
		直接材料	直接人工	制造费用	合　计
(略)	分配材料费用	48 975	—	—	48 975

凭证号数	摘　要	成本项目			
		直接材料	直接人工	制造费用	合　计
	分配人工费用	—	7 025	—	7 025
	分配制造费用	—	—	2 000	2 000
	合　计	48 975	7 025	2 000	58 000
	结转完工产品成本(6台)	29 385	5 268.75	1 500	36 153.75
	单位成本	4 897.5	878.125	250	—
	月末在产品成本	19 590	1 756.25	500	21 846.25

产成品应分配的直接材料费用 = 48 975 ÷ 10 × 6 = 29 385(元)

产成品应分配的直接人工费用 = 7 025 ÷ (6 + 4 × 50%) × 6 = 5 268.75(元)

产成品应分配的制造费用 = 2 000 ÷ (6 + 4 × 50%) × 6 = 1 500(元)

表 10 - 6　基本生产成本明细账

产品批号:103 批　　　　　　　　　　　　　　　　　　　　　投产日期:20×× 年 11 月

产品名称:乙产品　　　　　　　　　　　　　　　　　　　　　完工日期:20×× 年 12 月

产品批量:8 台　　　　　　　　　　　　　　　　　　　　　本月完工数量:2 台

元

凭证号数	摘　要	成本项目			
		直接材料	直接人工	制造费用	合　计
(略)	分配材料费用	36 000	—	—	36 000
	分配人工费用	—	4 400	—	4 400
	分配制造费用	—	—	1 300	1 300
	本月生产费用合计	36 000	4 400	1 300	41 700
	每台计划成本	5 500	1 700	500	7 700
	结转完工产品成本(2台)	11 000	3 400	1 000	15 400
	月末在产品成本	25 000	1 000	300	26 300

⑤ 根据上述基本生产明细账,结转完工产品成本,编制会计分录如下。

借:库存商品——甲产品　　　　　　　　　　　　　　　　80 253.75

　　　　　　——乙产品　　　　　　　　　　　　　　　　15 400

　　贷:生产成本——基本生产成本——101 批　　　　　　　　44 100

　　　　　　　　　　　　　　　——102 批　　　　　　　36 153.75

　　　　　　　　　　　　　　　——103 批　　　　　　　15 400

10.3　简化分批法

分批法下的成本计算,不论一批产品是否完工,当月发生的直接材料、直接人工等直接费用和制造费用等间接费用都要计入各批产品成本明细账。但在一些生产企业,同一月份内投产的产品批数往往很多,有的多达几十批,月末没有完工产品的批数也较多,在这种情况下,各种间接费用在各批产品之间按月进行分配的工作就极为繁重。为了减轻成本计算工作量,在投产批数繁多而且月末未完工批数较多的企业,可以采用一种不分批计算在产品成本的简化分批法。

简化分批法是指每月发生的能直接分清每批产品所承担的直接费用(直接材料),可以直接分配记入每批产品成本明细账;对每月发生的间接费用(间接人工、制造费用)不是按月在各批产品之间进行分配,而是将各项间接费用和工时累计起来,到产品完工时,才按照完工产品累计工时的比例,在各批完工产品之间进行分配。

10.3.1 简化分批法成本核算程序

① 设立基本生产成本二级账。将月内各批别产品发生的生产费用(按成本项目)及生产工时登记在基本生产成本二级账中。

② 按产品批别设立生产成本明细账,同基本生产成本二级账平行登记。但该生产成本明细账在产品完工前只登记直接材料费用和生产工时,在没有完工产品的情况下,不分配间接计入费用。

③ 在有完工产品的月份,根据基本生产成本二级账的记录资料,计算全部产品累计间接计入费用分配率,按完工产品的累计工时乘以累计间接计入费用分配率计算和分配其应负担的间接计入费用,并将分配间接计入费用记入按产品批别设置的生产成本明细账。其计算公式为:

全部产品累计间接费用分配率=全部产品累计间接费用÷全部产品累计工时

某批完工产品应负担的间接费用=该批完工产品累计工时×全部产品累计间接费用分配率

对于未完工的在产品则不分配间接计入费用,即不分批计算在产品成本。

④ 最后,将计算出的各批已完工产品成本总成本记入基本生产成本二级账,并计算出月末各批在产品总成本。

简化分批法成本核算程序如图 10 - 2 所示。

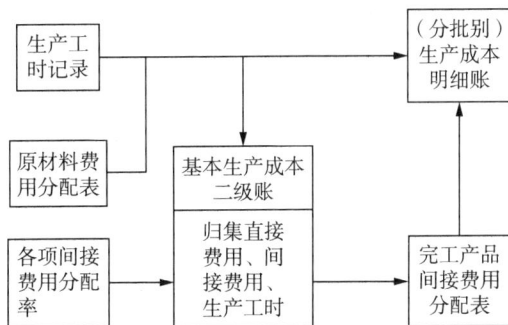

图 10 - 2 简化分批核算程序

10.3.2 简化分批法具体举例

例 10 - 2 某工厂生产组织属于小批生产,生产批别多,生产周期长,每月末经常有大量未完工的产品批数。为了简化核算工作,采用简化的分批法计算产品成本。该企业 9

月份的资料如下。

① 9 月份生产批号如下。

1）801 批号。甲产品 10 件,7 月投产,本月全部完工;月初直接材料费用 82 400 元;生产工时 10 640 小时;本月直接材料费用 15 000 元,生产工时 4 670 小时。

2）802 批号。乙产品 10 台,8 月投产,本月完工 2 台;月初直接材料费用 49 600 元,生产工时 6 100 小时;原材料为一次投入,本月生产工时 2 390 小时,完工产品实际工时 6 490 小时。

3）803 批号。丙产品 8 台,本月投产,本月尚未完工;本月直接材料费用 42 000 元,生产工时 2 200 小时。

② 月初全厂工资和福利费为 2 510 元,制造费用 5 360 元,本月发生工资及福利费 7 890 元,制造费用 10 240 元。

产品成本简化分批法计算过程如表 10－7 至表 10－10 所示。

表 10－7　基本生产成本二级账

(各批产品总成本)

20××年9月

元

20××年		摘　要	直接材料	生产工时/小时	工资及福利费	制造费用	合　计
月	日						
8	31	余　额	132 000	16 740	2 510	5 360	139 870
9	30	本月发生	57 000	9 260	7 890	10 240	75 130
—	—	累计余额	189 000	26 000	10 400	15 600	215 000
—	—	累计间接费用分配率	—	—	0.4	0.6	—
—	—	完工转出	107 320	21 800	8 720	13 080	168 800
—	—	余额	81 680	4 200	1 680	2 520	46 200

累计间接费用分配率计算如下。

工资及福利费分配率 = 10 400 ÷ 26 000 = 0.4

制造费用分配率 = 15 600 ÷ 26 000 = 0.6

表 10－8　基本生产成本明细账

产品批号:801 批　　　　　　　　　　　　　　　　　　　　　投产日期:20××年7月

产品名称:甲产品　　　　　　　　　　　　　　　　　　　　　完工日期:20××年9月

产品批量:10 件

元

20××年		摘　要	直接材料	生产工时/小时	工资及福利费	制造费用	合　计
月	日						
8	31	余　额	82 400	10 640			82 400
9	30	本月发生	15 000	4 670			15 000
—	—	累计余额	97 400	15 310			97 400
—	—	累计间接费用分配率	—	—	0.4	0.6	—
—	—	完工产品成本(10 件)	97 400	15 310	6 124	9 186	112 710
—	—	完工产品单位成本	9 740	—	612.4	918.6	11 271

完工产品工资及福利费 $= 15\ 310 \times 0.4 = 6\ 124(元)$

完工产品制造费用 $= 15\ 310 \times 0.6 = 9\ 186(元)$

表 10 − 9　基本生产成本明细账

产品批号:802 批　　　　　　　　　　　　　　　　　　　投产日期:20×× 年 8 月

产品名称:乙产品　　　　　　　　　　　　　　　　　　　完工日期:20×× 年 10 月

产品批量:10 台　　　　　　　　　　　　　　　　　　　本月完工数量:本月完工 2 台

20×× 年		摘　要	直接材料	生产工时/小时	工资及福利费	制造费用	合　计
月	日						
8	31	余　额	49 600	6 100	—	—	49 600
9	30	本月发生	—	2 390	—	—	—
—	—	累计余额	49 600	8 490	—	—	49 600
—	—	累计间接费用分配率	—	—	0.4	0.6	—
—	—	完工产品成本(2 台)	9 920	6 490	2 596	3 894	16 410
—	—	完工产品单位成本	4 960	—	1 298	1 947	8 205
—	—	在产品成本	39 680	2 000			

完工产品直接材料 $= 49\ 600 \div 10 \times 2 = 9\ 920(元)$

完工产品工资及福利费 $= 6\ 490 \times 0.4 = 2\ 596(元)$

完工产品制造费用 $= 6\ 490 \times 0.6 = 3\ 894(元)$

表 10 − 10　基本生产成本明细账

产品批号:803 批　　　　　　　　　　　　　　　　　　　投产日期:20×× 年 9 月

产品名称:丙产品　　　　　　　　　　　　　　　　　　　完工日期:20×× 年 11 月

产品批量:8 台　　　　　　　　　　　　　　　　　　　　本月完工数量:0 台

20×× 年		摘　要	直接材料	生产工时/小时	工资及福利费	制造费用	合　计
月	日						
9	30	本月发生	42 000	2 200	—	—	42 000
—	—	余额	42 000	2 200			42 000

由于 803 批产品没有完工,所以在生产成本明细账中只登记直接材料费用和生产工时。

10.3.3　简化分批法的优缺点

简化分批法也称累计间接计入费用分配法。这种方法与前述一般的分批法不同之处在于:每月发生的各项间接费用,不是按月在各批产品成本明细账中进行分配,而是利用累计间接费用分配率,到产品完工时在各批完工产品之间进行分配。这就大大简化了间接费用的分配和登记工作,而且月末未完工产品的批数越多,核算工作就越简单。

但是在这种方法下,由于各批未完工产品的生产成本明细账中,未计入应负担的间接费用(工资及福利费、制造费用等),因此不能完整地反映各批未完工产品的在产品成本。同时,间接费用不是每月在各批产品之间进行分配,而是按照完工月份的间接费用分配率一次分配计入完工产品成本的,因此在各月间接费用水平相差悬殊的情况下,就会影响各月产品成本的正确性。例如,前几个月的间接费用水平高,本月间接费用水平低,而某批产品本月投产,当月完工,在这种情况下,按累计间接费用分配率分配计算的该批完工产品的成本就会发生不应有的偏高。另外,如果月末未完工产品的批数不多,那么也不宜采用这一方法,因为在这种情况下,绝大多数的产品批别仍然要分配登记各项间接费用,核算工作量减少不多,但计算的正确性却会受到影响。因此,简化分批法主要适用于单件小批的生产企业,生产的批数很多,月末未完工的批数也多的情况。

📖 项目小结

分批法的成本计算对象为产品的批别或订单。分批法适用于小批、单件生产的企业,企业内部的修理车间和工具车间等也可以使用分批法。分批法的成本核算程序是:设立相关的产品成本计算单或成本明细账;编制各种费用分配表;根据费用分配表登记各产品成本计算单或成本明细账;在各该成本计算单上计算完工产品成本和在产品成本;结转完工产品成本。简化分批法的成本核算程序是:设立基本生产成本二级账;设立各该产品成本计算单(只登记直接费用);在有完工产品的月份,在二级账计算累计间接费用分配率;根据累计间接费用分配率计算完工产品应负担的间接费用,同时计算完工产品的总成本和单位成本;结转完工产品成本(各成本计算单转出完工成本之和应等于基本生产成本二级账转出数);期末将基本生产成本二级账余额与各该产品成本计算单核对,各成本计算单期末余额之和应等于基本生产成本二级账余额。

思考题

1. 什么是分批法?
2. 简化分批法的适用范围是什么?
3. 什么是分批法的计算程序?
4. 什么是简化分批法的计算程序?

练习题

一、单项选择题

1. 分批法适用的生产组织形式是( )。
   A. 大量生产　　　　　　　　　B. 成批生产
   C. 单件生产　　　　　　　　　D. 单件小批生产

2. 简化的分批法不宜在( )的情况下采用。
   A. 各月间接费用水平相差较大　　B. 各月间接费用水平相差不大
   C. 月末未完工产品批量数较多　　D. 投产批数繁多

3. 如果在同一时期内,在几张订单中有相同的产品,则计算成本时可以( )。
   A. 按订单分批组织生产　　　　　B. 按品种分批组织生产
   C. 按产品的组成部分分批组织生产　D. 将相同产品合为一批组织生产

4. 累计间接费用分配率应用于( )。

A. 简化的品种法　　B. 简化的分批法　　C. 分批法　　　　D. 分步法

5. 采用简化的分批法,在产品完工之前,产品成本明细账(　　　)。

A. 只登记直接材料费用　　　　　　B. 只登记间接费用,不登记直接费用

C. 登记间接费用和生产工时　　　　D. 登记直接材料费用和生产工时

二、多项选择题

1. 下列各项中,采用分批法时,可以作为一个成本计算对象的有(　　　　　)。

A. 不同订单中的同种产品　　　　　B. 同一订单中的不同种产品

C. 同一订单中的同种产品　　　　　D. 一件大型复杂产品的某个组成部分

2. 简化分批法使用范围的应用条件是(　　　　　)。

A. 同一月份投产的产品批数很少　　B. 月末未完工产品的批数较多

C. 各月间接费用水平相差不多　　　D. 各月生产费用水平相差不多

3. 采用简化的分批法,基本生产成本二级账和产品成本明细账可以逐月核对的项目有
(　　　　　)。

A. 月末在产品原材料项目余额　　　B. 月末在产品工资及福利费项目余额

C. 月末在产品制造费用项目余额　　D. 月末在产品生产工时项目余额

4. 分批法和品种法的主要区别是(　　　　　)。

A. 成本计算对象　　B. 成本计算期　　C. 生产周期　　　　D. 会计核算期

5. 累计间接费用分配率是(　　　　　)。

A. 在各车间产品之间分配间接费用的依据

B. 在各批产品之间分配间接费用的依据

C. 在完工批别和月末在产品批别之间分配各该费用的依据

D. 在某批产品的完工产品和月末在产品之间分配该费用的依据

三、判断题

1. 分批法是按照产品的生产步骤归集生产费用,计算产品成本的一种方法。　　(　　)

2. 分批法一般不需要在完成产品和期末在产品之间分配生产费用,但一批产品跨月陆续完工时,需要进行分配。　　　　　　　　　　　　　　　　　　　　　　(　　)

3. 采用分批法计算产品成本,该批内部分完工产品按计划单位成本计算结转后,待该批产品全部完工,还应计算该批产品实际总成本,并调整前期完工产品实际成本和计划成本的差异。　　　　　　　　　　　　　　　　　　　　　　　　　　　　　　(　　)

4. 采用简化的分批方法,必须设立基本生产成本二级账。　　　　　　　　　(　　)

5. 采用累计间接费用分配法,在间接费用水平相差悬殊的情况下,会影响成本的正确性。　　　　　　　　　　　　　　　　　　　　　　　　　　　　　　　(　　)

6. 简化的分批法就是不分批计算在产品成本的分批法。　　　　　　　　　　(　　)

四、计算题

1. 某企业生产甲、乙、丙 3 种产品,材料均在生产开始时一次投入。生产组织属于小批生产,采用分批法计算成本。

7月份的产品批号及投产情况如下。

（1）7月份生产的产品批号

① 1201批号。甲产品10台，本月投产，本月完工6台。

② 1202批号。乙产品20台，本月投产，本月尚未完工。

③ 1203批号。丙产品10台，本月投产，本月完工2件。

（2）7月份各批号生产费用资料（见表10－11）。

表10－11　生产费用资料表

元

批　　号	直接材料	直接人工	制造费用
1201	33 600	23 500	28 000
1202	17 580	8 907	6 089
1203	46 000	30 500	19 800

1201批号甲产品完工数量较大，原材料在生产开始时一次投入，其他费用在完工产品和在产品之间采用约当产量法分配，在产品完工程度为50%。

1203批号丙产品完工数量少，完工产品按计划成本结转。每台产品计划成本为：直接材料4 600元，直接人工3 500元，制造费用2 400元。

要求：根据上述资料，采用分批法，登记产品成本明细账，计算各批产品的完工成本和月末在产品成本。

2. 某企业属于小批生产，该分厂的产品批别多，生产周期较长，每月末经常有大量未完工的产品批数。为了简化核算工作，采用简化的分批法计算成本。

该企业20××年8月各批产品生产成本的有关资料如下。

（1）8月份生产批号如下。

① 7720批号。甲产品8件，7月投产，8月全部完工。

② 7721批号。乙产品10件，7月投产，8月完工4件。

③ 7822批号。丙产品5件，8月投产，尚未完工。

④ 7823批号。丁产品15件，8月投产，尚未完工。

⑤ 7824批号。戊产品12件，8月投产，尚未完工。

（2）各批号在生产开始时一次投入的原材料费用和生产工时如下。

① 7720批号。7月份消耗原材料8 000元，生产工时4 000小时；8月份消耗原材料10 000元，生产工时5 020小时。

② 7721批号。7月份消耗原材料4 000元，生产工时1 500小时；8月份原材料消耗20 000元，生产工时20 000小时。

③ 7822批号。原材料消耗5 600元，生产工时3 200小时。

④ 7823批号。原材料消耗5 200元，生产工时3 000小时。

⑤ 7824批号。原材料消耗5 000元，生产工时2 100小时。

（3）8月末，该厂全部产品累计原材料费用57 800元，工时38 820小时，直接人工15 528元，制造费用23 292元。

（4）此外，期末完工产品工时总额为23 020小时。其中，6720批号的甲产品全部完工，采用实际工时确定,该批产品全部实际生产工时为 9 020 小时;6721 批号的乙产品部分完工,采用工时定额计算确定已完工产品的生产工时为 14 000 小时。

要求:根据上列资料,登记基本生产成本二级账和各批产品成本明细账,计算和登记累计间接计入费用分配率,并计算各批完工产品成本如表 10 – 12 至 10 – 17 所示。

表 10 – 12 基本生产成本二级账

元

20×× 年		摘 要	直接材料	生产工时/小时	直接人工	制造费用	合 计
月	日						
8	31	本月累计					
	31	分配率					
	31	完工转出					
	31	月末在产品					

说明:直接人工分配率 = 15 528 ÷ 38 820 = 0.4,制造费用分配率 = 23 292 ÷ 38 820 = 0.6。

表 10 – 13 基本生产成本明细账

批号:7720#

品名:甲产品

完工产量:8 件(7 月投产,8 月全部完工)

元

20×× 年		摘 要	直接材料	生产工时/小时	直接人工	制造费用	合 计
月	日						
7	31	本月累计					
8	31	本月发生					
	31	本月累计					
	31	分配率					
	31	分配费用					
	31	完工转出					

表 10 – 14 基本生产成本明细账

批号:7721#

品名:乙产品

完工产量:10 件(7 月投产,8 月完工 4 件)

元

20×× 年		摘 要	直接材料	生产工时/小时	直接人工	制造费用	合 计
月	日						
7	31	本月累计					
8	31	本月发生					
	31	本月累计					
	31	分配率					
	31	完工分配费用					
	31	完工转出					
	31	月末在产品					

说明:表中的直接材料,采用约当产量法进行分配,完工转出的成本 = (24 000 ÷ 10) × 4 = 9 600(元)

表 10－15　基本生产成本明细账

批号:7822#　　　　　　　　　　　　　　　　　　　　　　　　　　　　　　　　品名:丙产品

完工产量:5 件(8 月投产,尚未完工)　　　　　　　　　　　　　　　　　　　　　　　　元

20××年		摘　要	直接材料	生产工时/小时	直接人工	制造费用	合　计
月	日						
8	31	本月累计					

表 10－16　基本生产成本明细账

批号:7823#　　　　　　　　　　　　　　　　　　　　　　　　　　　　　　　　品名:丁产品

完工产量:15 件(8 月投产,尚未完工)　　　　　　　　　　　　　　　　　　　　　　元

20××年		摘　要	直接材料	生产工时/小时	直接人工	制造费用	合　计
月	日						
8	31	本月累计					

表 10－17　基本生产成本明细账

批号:7824#　　　　　　　　　　　　　　　　　　　　　　　　　　　　　　　　品名:戊产品

完工产量:12 件(8 月投产,尚未完工)　　　　　　　　　　　　　　　　　　　　　　元

20××年		摘　要	直接材料	生产工时/小时	直接人工	制造费用	合　计
月	日						
8	31	本月累计					

项目 *11*

分步法

学习目标

1. 理解分步法的一般特点。
2. 理解分步法的适用范围。
3. 掌握逐步结转分步法和平行结转分步法。
4. 了解逐步结转分步法和平行结转分步法的优缺点。
5. 熟练运用分步法的基本原理解决实际问题。

在大批量单步骤生产的企业中,产品成本的计算广泛采用品种法,那么在大批量多步骤生产的企业中,产品成本的计算应该采用什么方法呢？如果管理上不需要提供各步骤的成本资料以考核其步骤成本,产品成本计算仍可采用品种法;反之,则需要按产品品种及其经过的生产步骤计算产品成本,为管理者提供所需要的成本信息和数据。本项目将学习产品成本计算的第 3 种基本方法——分步法。

11.1 分步法概述

11.1.1 分步法的含义

分步法是产品成本计算分步法的简称,是以产品生产步骤和产品品种为成本计算对象来归集和分配生产费用,计算产品成本的一种方法。

分步法是按照生产过程中各个加工步骤为成本计算对象,归集生产费用,计算各步骤半成品和最后产成品成本的一种方法,适用于连续加工式生产的企业和车间,如冶金、纺织等。在这类企业中,生产的工艺过程是由一系列连续加工步骤所构成的,从原材料投入生产开始,每经过一个加工步骤都要形成一种半成品,这些半成品是下一步骤的加工对象,直至最后一步才生产出完工产成品。

在分步法下,连续加工式的生产过程较长,过程中的各个步骤可以间断,月终计算成本时,各步骤均有在产品,因此要将费用在半成品(最终步骤为产成品)和在产品之间进行分配。各步骤的半成品及其成本连续不断地向下一步骤移动,各步骤成本的结转采用逐步结转和平行结转两种方法。逐步结转法还可分为综合结转和分项结转:综合结转需要进行成本还原;分项结转则不必进行成本还原。平行结转法适用于不需要分步计算半成品成本的企业,平行结转法对上一步骤的半成品成本不进行结转,只计算每一步骤中应由最终完工产品成本负担的那部分份额,然后平行相加即可求得最终完工产品的成本。连续式复杂生产的企业中,在半成品具有独立经济利益的情况下,成本计算不宜选择平行结转分步法,应采用逐步结转分步法。

11.1.2 分步法的特点

1. 以各种产品生产步骤为成本计算对象,设置成本明细账

分步法成本计算对象是各个加工步骤的各种或各类产品。也就是说,该种方法是以产品的生产步骤和产品品种作为成本计算对象的。成本明细账按每个加工步骤的各种或各类产品设置。如果只生产一种产品,成本计算对象就是该种产成品及其所经过的各个生产步骤,产品成本明细账应该按照产品的生产步骤设置;如果生产多种产品,成本计算对象应是各种产品及其所经过的各个生产步骤,产品成本明细账应该按照各种产品的各个步骤设置。

在实际工作中,产品成本计算的分步同产品实际的生产步骤的划分并不一定完全一致。计算产品成本时,可以只对管理上有必要分步计算成本的生产步骤单独设立产品成本明细账,单独计算成本;管理上不要求单独计算成本的生产步骤,可以和其他生产步骤合并设立产品成本明细账,合并计算成本。

2. 计算产品成本一般按月定期进行

在大量大批生产的企业里,原材料连续投入,产品连续不断地转移到下一生产步骤,生产过程中始终有一定数量的在产品,成本计算一般在月末进行。因此,成本计算是定期的,成本计算期同产品的生产周期不一致,但同报告期一致。

3. 生产费用需要在完工产品和在产品之间分配

在大量、大批的多步骤生产中,由于生产过程较长,而且往往都是跨月陆续完工的,所以在月终计算成本时各步骤都有在产品,因此,要将生产费用采用适当的方法,在完工产品和在产品之间进行分配。

4. 各步骤之间的成本需要结转

由于产品生产分步进行,上一步骤生产的半成品是下一步的加工对象,因此为了计算各种产品的产成品成本,还需要按照产品的品种结转各步骤成本。也就是说,与其他成本计算方法的不同之处在于:在采用分步法计算产品成本时,在各个步骤之间还有个成本结转问题。这是分步法的一个重要特点。

11.2 逐步结转分步法

11.2.1 逐步结转分步法的含义

逐步结转分步法是产品成本计算分步法中结转成本的一种方法,也称为顺序结转分步法。它是按照产品连续加工的先后顺序,根据生产步骤所汇集的成本、费用和产量记录,计

量自制半成品成本,自制半成品成本随着半成品在各加工步骤之间移动而顺序结转的一种方法。也就是说,从第1步骤开始,先计算该步骤完工半成品成本,并转入第2步骤,加上第2步骤的加工费用,算出第2步骤半成品成本,再转入第3步骤,以此类推,到最后步骤算出完工产品成本。在逐步结转法下,如果半成品完工后不是立即转入下一步骤,而是通过中间成品库周转,就应设立"自制半成品"明细账,当完工半成品入库时,借记"自制半成品"账户,贷记"基本生产"账户。当各步骤领用半成品时,做相反记录。逐步结转法可分为综合结转法和分项结转法两种。

11.2.2　综合结转法

采用综合结转法,将上一生产步骤转入下一生产步骤的半成品成本,综合记入下一生产步骤产品成本明细账中"直接材料"或专设的"自制半成品"项目,不分成本项目综合反映各生产步骤所耗上一步骤所产半成品的成本。

如果半成品需通过仓库收发,就需要企业增设"自制半成品"科目,并按照半成品的种类设置明细账,账内要根据成本结转所用方式相应地设立有关专栏。在综合结转方式下,应设立数量金额式"收发存"专栏的明细账。

半成品成本的综合结转,可以按照上一生产步骤所产半成品的实际成本结转,也可以按照企业确定的半成品计划成本(或定额成本)结转。

1. 按实际成本综合结转

半成品按实际成本综合结转,是指各生产步骤耗用的上一步骤所产半成品成本,按照上一生产步骤产品成本明细账中确定的实际总成本,综合记入各该步骤产品成本明细账中"自制半成品"项目。在设有半成品仓库的企业,半成品仓库日常收入、发出和结存的半成品也都按实际成本计算。半成品仓库收入的半成品,按照交库生产步骤产品成本明细账确定的实际成本入账;发出的半成品,可以采用先进先出法、加权平均法等发出存货的计价方法计算其实际成本。

例 11 - 1　青峰工厂20××年6月份通过3个基本生产车间连续加工的方式大量生产甲产品。其中,第一车间生产A半成品,第二车间将A半成品加工成B半成品,第三车间将B半成品加工成甲产成品。原材料在第一车间生产开始时一次投入。各步骤在产品完工程度均按50%计算。完工产品和月末在产品的费用分配采用约当产量法(资料见表11-1,表11-2)。为了计算方便,将各项数据均列入各产品成本明细账中。各项费用均已登记入账,并将成本计算单的有关内容合并到产品成本明细账中。费用归集和成本计算情况如表11-3至表11-5所示。

① 本月生产产量如表11-1所示。

表11-1　产量资料

20××年6月　　　　　　　　　　　　　　　　　　　　　件

项　　目	第一车间	第二车间	第三车间
月初在产品数量	30	30	30
月末完工产品数量	200	200	220
月末在产品数量	40	40	20

② 生产费用汇总如表 11 - 2 所示。

表 11 - 2　生产费用资料

20××年6月　　　　　　　　　　　　　　　　　　　　　　　　　　元

项　　目	直接材料	直接人工	制造费用
第一车间			
月初在产品成本	5 000	1 250	1 000
本月发生生产费用	55 000	26 250	21 000
第二车间			
月初在产品成本	19 000	4 000	3 000
本月发生生产费用		40 000	30 000
第三车间			
月初在产品成本	33 000	4 000	3 000
本月发生生产费用		42 000	31 500

计算步骤可分为以下几步。

① 分别按照 3 个生产步骤(即 3 个车间)设立产品成本明细账,并计算第 1 步骤产品成本及登记第一车间产品成本明细账(见表 11 - 3)。

表 11 - 3　第一车间产品成本明细账

产品:A 半成品　　　　　　　　　　　　20××年6月　　　　　　　　　　　　　　元

摘　　要	直接材料	直接人工	制造费用	合　　计
① 月初在产品成本	5 000	1 250	1 000	7 250
② 本月发生生产费用	55 000	26 250	21 000	102 250
③ 生产费用合计	60 000	27 500	22 000	109 500
④ 完工产品数量	200	200	200	—
⑤ 在产品数量	40	40	40	—
⑥ 在产品约当产量	40	20	20	—
⑦ 约当总产量	240	220	220	—
⑧ 费用分配率	250	125	100	475
⑨ 完工半成品成本	50 000	25 000	20 000	95 000
⑩ 月末在产品成本	10 000	2 500	2 000	14 500

1) 直接材料费用的分配。

在产品约当产量 = 40 × 100% = 40(件)

直接材料费用分配率 = 60 000 ÷ 240 = 250(元/件)

A 半成品的直接材料费用 = 200 × 250 = 50 000(元)

在产品的直接材料费用 = 40 × 250 = 10 000(元)

2) 直接人工资用的分配。

在产品约当产量 = 40 × 50% = 20(件)

直接人工费用分配率 = 27 500 ÷ (200 + 20) = 125(元/件)

A 半成品的直接人工费用 = 200×125 = 25 000(元)

在产品的直接人工费用 = 20×125 = 2 500(元)

3) 制造费用的分配。

在产品约当产量 = 40×50% = 20(件)

制造费用分配率 = 22 000÷(200+20) = 100(元/件)

A 半成品的制造费用 = 200×100 = 20 000(元)

在产品的制造费用 = 20×100 = 2 000(元)

计算完第 1 步骤完工产品和月末在产品费用后,要将第 1 步骤完工 A 半成品综合成本 95 000 元转入第 2 步骤产品成本明细账中,如表 11-4 所示。

表 11-4　第二车间产品成本明细账

产品:B 半成品　　　　　　　　　　　20××年 6 月　　　　　　　　　　　　　　元

摘　要	A 半成品	直接人工	制造费用	合　计
① 月初在产品成本	19 000	4 000	3 000	26 000
② 本月发生生产费用	—	40 000	30 000	70 000
③ 本月上步转入费用	95 000	—	—	95 000
④ 生产费用合计	114 000	44 000	33 000	191 000
⑤ 完工产品数量	200	200	200	—
⑥ 在产品数量	40	40	40	—
⑦ 在产品约当产量	40	20	20	—
⑧ 约当总产量	240	220	220	—
⑨ 费用分配率	475	200	150	825
⑩ 完工半成品成本	95 000	40 000	30 000	165 000
⑪ 月末在产品成本	19 000	4 000	3 000	26 000

② 计算第 2 步骤(第二车间)产品成本并登记第二车间产品成本明细账。

1) 直接材料费用的分配。

在产品约当产量 = 40×100% = 40(件)

直接材料费用分配率 = 114 000÷240 = 475(元/件)

B 半成品的直接材料费用 = 200×475 = 95 000(元)

在产品的直接材料费用 = 40×475 = 19 000(元)

2) 直接人工资用的分配。

在产品约当产量 = 40×50% = 20(件)

直接人工费用分配率 = 44 000÷(200+20) = 200(元/件)

B 半成品的直接人工费用 = 200×200 = 40 000(元)

在产品的直接人工费用 = 20×200 = 4 000(元)

3) 制造费用的分配。

在产品约当产量 = 40×50% = 20(件)

制造费用分配率 = 33 000÷(200+20) = 150(元/件)

B 半成品的制造费用 = 200×150 = 30 000(元)

在产品的制造费用 $= 20 \times 150 = 3\,000(元)$

计算完第 2 步骤完工产品和月末在产品费用后,要将第 2 步骤完工 B 半成品的综合成本 165 000 元直接转入第 3 步骤产品成本明细账中,如表 11-5 所示。

表 11-5 第三车间产品成本明细账

产品:甲产品   20××年6月   元

摘　　要	B半成品	直接人工	制造费用	合　　计
① 月初在产品成本	33 000	4 000	3 000	40 000
② 本月发生生产费用		42 000	31 500	73 500
③ 本月上步转费用	165 000	—	—	165 000
④ 生产费用合计	198 000	46 000	34 500	278 500
⑤ 完工产品数量	220	220	220	—
⑥ 在产品数量	20	20	20	—
⑦ 在产品约当产量	20	10	10	—
⑧ 约当总产量	240	230	230	—
⑨ 费用分配率	825	200	150	—
⑩ 完工甲产品成本	181 500	44 000	33 000	258 500
⑪ 月末在产品成本	16 500	2 000	1 500	20 000

③ 计算第 3 步骤(第三车间)产品成本并登记第三车间产品成本明细账。

1) 直接材料费用的分配。

在产品约当产量 $= 20 \times 100\% = 20(件)$

直接材料费用分配率 $= 198\,000 \div (220 + 20) = 825(元/件)$

甲产品的直接材料费用 $= 220 \times 825 = 181\,500(元)$

在产品的直接材料费用 $= 20 \times 825 = 16\,500(元)$

2) 直接人工资用的分配。

在产品约当产量 $= 20 \times 50\% = 10(件)$

直接人工费用分配率 $= 46\,000 \div (220 + 10) = 200(元/件)$

甲产品的直接人工费用 $= 220 \times 200 = 44\,000(元)$

在产品的直接人工费用 $= 10 \times 200 = 2\,000(元)$

3) 制造费用的分配。

在产品约当产量 $= 10 \times 50\% = 20(件)$

制造费用分配率 $= 34\,500 \div (220 + 10) = 150(元/件)$

甲成品的制造费用 $= 220 \times 150 = 33\,000(元)$

在产品的制造费用 $= 10 \times 150 = 1\,500(元)$

由于第 3 步骤完工的是甲产成品,所以完工入库的会计分录如下。

借:库存商品——甲商品   258 500

    贷:生产成本——基本生产成本——甲产品   258 500

以上结合实例介绍了在综合结转分步法下按实际成本核算,并且各步骤生产的半成品直接交接下步骤使用的情况下,各步骤半成品(最后步骤为产成品)的成本计算和结转的程序。

如果各步骤生产的半成品经半成品库收发,那么各步骤完工半成品入库同前面所讲述完工产品入库的程序是一样的,而下一步骤从半成品库领用上步骤生产的半成品同生产领用原材料的程序和处理方法是一样的。

2. 综合结转法的成本还原

（1）进行成本还原的意义

因为在综合结转法下,是将每一步骤完工半成品所发生的材料费、人工费和制造费用综合在一起转入到下一步骤产品成本明细账。在下一步骤耗用的半成品中包括了以前步骤发生的直接人工费和制造费用。例如,在第2步骤所耗用的半成品中不仅包含了第1步骤的材料费,还包含了第1步骤发生的直接人工费和制造费用;在第3步骤耗用的半成品中,不仅包含了第1步骤发生的材料费,还包含了第1、第2两个步骤发生的直接人工费和制造费用,但是究竟包含的材料费、人工费和制造费用各是多少,已经难以直接分清。这样,在最终产成品成本中,已经不能反映成本构成的真实情况,也就无从进行成本分析。因此,按综合结转分步法计算产品成本,计算出最终完工产品的成本后,应该进行成本还原工作。如果管理上不要求进行成本还原,就不必进行成本还原。

所谓成本还原,是将产成品耗用各步骤半成品的综合成本,逐步分解还原为原来的成本项目。成本还原的方法是从最后步骤开始,将其耗用上步骤半成品的综合成本逐步分解,还原为原来的成本项目。

（2）成本还原的对象

成本还原的对象就是最终产成品成本项目中的"半成品"成本项目金额。因为这部分金额是综合成本,既包含了第1步骤发生的材料费,又包含了前两个生产步骤的直接人工费和制造费用,所以需要对它进行成本还原,将它还原为直接材料、直接人工和制造费用等按原始成本项目反映的成本。

在表11-5第三车间产品成本明细账中,甲产品完工产品成本各成本项目金额为:"B半成品"项目181 500元,"直接人工"项目44 000元,"制造费用"项目33 000元,完工产品成本合计258 500元。

我们要进行成本还原的对象就是第3步骤生产的甲产品中"B半成品"成本项目的"181500元",要将它还原为"直接材料""直接人工""制造费用"等原始成本项目。

（3）成本还原的程序

成本还原的程序是:从最后步骤完工产品成本中的半成品成本的金额开始,一步步将产成品耗用的以前各步骤半成品的成本,按上一步骤半成品成本构成的比例进行还原,直到还原为第1步骤的原始成本项目。然后将还原后的各相同成本项目金额相加,计算出按原始成本项目反映的产成品成本构成。例如,上述甲产品的生产分3个生产步骤,成本还原从第3步骤完工产品所消耗的由第2步骤生产出来的"B半成品"项目的金额开始,先将它还原为第2步骤的各成本项目金额。第2步骤的成本项目包括了3部分,即"A半成品""直接工资""制造费用"。因此,先要将第三步骤耗用的"B半成品"还原成"A半成品""直接人工""制造费用"3个项目,如图11-1所示。

图 11 - 1 B 半成品成本还原示意

但在这 3 个项目中,"A 半成品"项目又包含了第 1 步骤的"直接材料""直接人工"和"制造费用",所以还要将"A 半成品"还原为第 1 步骤的成本项目金额,如图 11 - 2 所示。

图 11 - 2 A 半成品成本还原示意

最后再将各步骤发生的相同项目的金额相加,便是还原后的按原始成本项目反映的完工产品成本。

(4)成本还原的方法

成本还原有两种方法。

① 第 1 种方法

按上步骤所产半成品中,各成本项目占总成本的比例进行还原。按这种方法进行成本还原主要分为以下两步。

1)计算上一步骤所产半成品中各成本项目占总成本的比例。例如,表 12 - 4 第二车间本月所产完工 B 半成品的成本构成情况是:A 半成品 95 000 元,直接人工 40 000 元,制造费用 30 000 元。B 半成品的总成本是 165 000 元。各成本项目金额占总成本的比例(见图 11 - 3)如下。

A 半成品所占比例 = 95 000 ÷ 165 000 = 57.576%

直接人工所占比例 = 40 000 ÷ 165 000 = 24.242%

制造费用所占比例 = 30 000 ÷ 165 000 = 18.182%

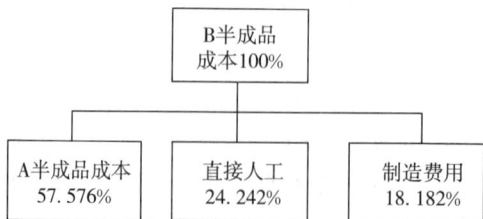

图 11 - 3 B 半成品成本还原比例

2)将本步骤所耗用上步骤的半成品按上步骤成本构成的比例进行成本还原。

$$\begin{array}{c}\text{本步骤完工产品所耗用上步骤}\\\text{半成品应还原的某项目金额}\end{array} = \begin{array}{c}\text{本步完工产品所耗用上}\\\text{步骤半成品的综合成本}\end{array} \times \begin{array}{c}\text{上步骤所产半成品}\\\text{本项目所占的比例}\end{array}$$

表 11 - 5 中的第 3 步骤生产的甲产品所耗用的第 2 步骤生产的"B 半成品"的综合成本为 181 500 元。

在 B 半成品的 181 500 元的综合成本中(见图 11 - 4):

应还原为"A 半成品成本"的金额 = 181 500 × 57. 576% = 104 500(元)

应还原为"直接人工"的金额 = 181 500 × 24. 242% = 44 000(元)

应还原为"制造费用"的金额 = 181 500 × 18. 182% = 33 000(元)

```
                    ┌──────────────┐
                    │ B半成品成本   │
                    │ 181 500元    │
                    └──────┬───────┘
          ┌────────────────┼────────────────┐
   ┌──────────────┐ ┌──────────────┐ ┌──────────────┐
   │ A半成品成本   │ │  直接人工     │ │  制造费用     │
   │ 104 500元    │ │  44 000元    │ │  33 000元    │
   └──────────────┘ └──────────────┘ └──────────────┘
```

图 11 - 4 B 半成品成本还原金额

这样,就将第 3 步骤耗用的 B 半成品分解为相当于第 2 步骤的 3 个成本项目的金额。但是,还原后的"A 半成品"项目的金额 104 500 元,还是一个综合成本项目,本身又包含了第 1 步骤消耗的"直接材料""直接人工"和"制造费用",所以对这部分综合成本还要按第 1 步骤本月所产的"A 半成品"的成本构成的比例继续还原。

第 1 步骤本月所产 A 半成产品的成本构成情况为:直接材料 50 000 元,直接人工 25 000 元,制造费用 20 000 元,A 半成品总成本为 95 000 元。

A 半成品各成本项目占总成本的比例为:

直接材料所占比例 = 50 000 ÷ 95 000 = 52. 632%

直接人工所占比例 = 25 000 ÷ 95 000 = 26. 316%

制造费用所占比例 = 20 000 ÷ 95 000 = 21. 052%

将上述从 B 半成品中还原出来的 A 半成品 104 500 元的综合成本按第 1 步骤各成本项目所占的比例继续还原,如图 11 - 5 所示。

应还原的"直接材料"项目金额 = 104 500 × 52. 632% = 55 000(元)

应还原的"直接人工"项目金额 = 104 500 × 26. 316% = 27 500(元)

应还原的"制造费用"项目金额 = 104 500 × 21. 052% = 22 000(元)

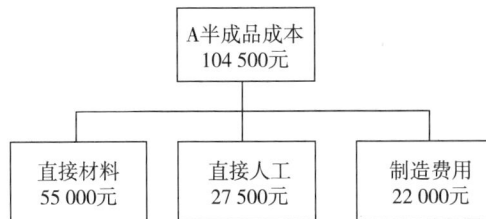

```
                    ┌──────────────┐
                    │ A半成品成本   │
                    │ 104 500元    │
                    └──────┬───────┘
          ┌────────────────┼────────────────┐
   ┌──────────────┐ ┌──────────────┐ ┌──────────────┐
   │  直接材料     │ │  直接人工     │ │  制造费用     │
   │  55 000元    │ │  27 500元    │ │  22 000元    │
   └──────────────┘ └──────────────┘ └──────────────┘
```

图 11 - 5 A 半成品成本还原金额

这样就将产成品中所耗用的 B 半成品中包含的 A 半成品还原成了直接材料、直接人工和制造费用等 3 个成本项目。在成本核算实务中,成本还原是通过编制成本还原计算表进行的。根据上述资料编制成本还原计算表,如表 11 - 6 所示。

表 11 - 6 成本还原计算表

产品名称:甲产品   20××年6月10日   完工产品:220 件   元

摘要	成本项目					
	B 半成品	A 半成品	直接材料	直接人工	制造费用	合计
① 第3步还原前完工产品总成本	181 500	—	—	44 000	33 000	258 500
② 第2步骤 B 半产品成本构成	—	57.576%	—	24.242%	18.182%	100%
③ B 半成品成本项目还原	-181 500	104 500	—	44 000	33 000	
④ 第1步骤 A 半成品成本构成	—	—	52.632%	26.316%	21.052%	100%
⑤ A 半成品成本项目还原		-104 500	55 000	27 500	22 000	—
⑥ 还原后总成本 = ① + ③ + ⑤	—	—	5 500	11 500	8 800	25 800
⑦ 原后单位成本			250	525	400	1175

成本还原后的总成本不变,只是各成本项目的金额发生了变化。

② 第 2 种方法

成本还原的第 2 种方法是用本步骤本月所耗用上步骤半成品占上步骤本月所产该种半成品的比率进行还原。按这种方法进行成本还原,也要经过两步。

1）计算还原分配率。

$$成本还原分配率 = \frac{产成品本月耗用上步骤半成品的综合成本}{上步骤本月所产该种半成品的综合成本}$$

例如,上例第 3 步骤产成品本月所耗第 2 步骤生产的 B 半成品综合成本为 181 500 元,而第 2 步骤本月所产的 B 半成品为 165 000 元。其中,各成本项目金额为:A 半成品 95 000 元,直接人工 40 000 元,制造费用 30 000 元。

将第 3 步骤产成品所耗 B 半成品还原到第 2 步骤的还原分配率为 181 500 ÷ 16 500 = 1.1。

2）按还原分配率将本步骤所耗上步骤半成品还原为上步骤成本构成。

$$\begin{array}{c}产成品所耗上步骤半成品应\\还原的某成本项目金额\end{array} = \begin{array}{c}上步骤本月所产半成品\\该成本项目金额\end{array} \times 还原分配率$$

按上例,第 3 步骤产成品所耗的 B 半成品 181 500 元应还原到上步骤各成本项目的金额为:

还原到"A 半成品"成本项目的金额 = 95 000 × 1.1 = 104 500(元)

还原到"直接人工"项目的金额 = 40 000 × 1.1 = 44 000(元)

还原到"制造费用"项目的金额 = 30 000 × 1.1 = 33 000(元)

将"A 半成品"项目 104 500 元继续向前还原,以此类推。

按这种方法进行成本还原,在成本核算实务中,也是通过编制成本还原计算表进行的,如表 11 - 7 所示。

表 11 – 7　成本还原计算表

产品名称:甲产品　　　　　　　20×× 年 6 月 10 日　　　完工产品:220 件　　　　　　　　元

摘　要	成本项目						
	还原分配率	B 半成品	A 半成品	直接材料	直接人工	制造费用	合　计
① 第 3 步还原前完工产品总成本	—	181 500	—	—	44 000	33 000	258 500
② 第 2 步骤 B 半产品成本构成	—	—	57. 576%	—	24. 242%	18. 182%	100%
③ B 半成品成本项目还原	1. 1	– 181 500	104 500		44 000	33 000	—
④ 第 1 步骤 A 半成品成本构成	—	—	—	52. 632%	26. 316%	21. 052%	100%
⑤ A 半成品成本项目还原	1. 1		– 104 500	55 000	27 500	22 000	—
⑥ 还原后总成本 = ① + ③ + ⑤	—	—	—	55 000	115 500	88 000	258 500
⑦ 还原后单位成本	—	—	—	250	525	400	1 175

上述两种还原方法计算的结果应该是相等的,在上例中有差异是因为小数尾差造成的。两种方法比较,后者更简单,所以实际中较多采用后一种方法。

3. 计划成本结转法

采用这种方法结转半成品时,半成品的收、发、结存均按计划单位成本计算,其核算类似于原材料按计划成本计价的核算。半成品日常的收入、发出均按计划成本核算,但计划成本和实际成本的差异率的计算,所耗半成品成本差异的调整、结转则是通过自制半成品明细账核算的。具体地说,上一步骤生产的半成品入半成品库时,在自制半成品的明细账中既反映其计划成本也反映其实际成本;下一步骤领用半成品继续加工时,按计划成本记入下一步骤的基本生产成本明细账。同时,在基本明细账中还要反映实际成本和成本差异。在产品明细账中所耗半成品成本的记录,可以直接按照所耗半成品的实际成本登记,也可以按照所耗半成品的计划成本和成本差异额分别登记。

综上所述,综合结转半成品成本的核算,类似于各步骤领用原材料的核算,可以采用实际成本结转,也可以采用计划成本综合结转半成品成本。但由于一般工业企业半成品的种类不多,半成品的收发也不如材料收发那么频繁,所以大多数按实际成本进行综合结转半成品成本的核算。

11.2.3　分项结转法

采用分项结转法是将各生产步骤所耗半成品费用,按照成本项目分项转入各该步骤产品成本明细账的各个成本项目中的方法。如果半成品通过半成品库收发,则自制半成品明细账也应按成本项目设置,登记半成品成本时,应按成本项目分别登记。分项结转可以按照半成品的实际单位成本结转,也可以按照半成品的计划单位成本结转,然后按成本项目分项调整成本差异。由于后一种方法计算工作量大,因此一般采用按实际成本分项结转的方法。

例 11 – 2　承例 11 – 1,采用分项结转法计算甲产品成本(保留两位小数)。

① 分别按照 3 个生产步骤(即 3 个车间)设立产品成本明细账(见表 11 – 8 至表 11 – 10),并计算第 1 步骤产品成本及登记第一车间产品成本明细账。

表 11 - 8　第一车间产品成本明细账

产品：A 半成品　　　　　　　　　　20××年6月　　　　　　　　　　元

摘　要	直接材料	直接人工	制造费用	合　计
① 月初在产品成本	5 000	1 250	1 000	7 250
② 本月发生生产费用	55 000	26 250	21 000	102 250
③ 生产费用合计	60 000	27 500	22 000	109 500
④ 完工产品数量	200	200	200	—
⑤ 在产品数量	40	40	40	—
⑥ 在产品约当产量	40	20	20	—
⑦ 约当总产量	240	220	220	—
⑧ 费用分配率	250	125	100	475
⑨ 完工半成品成本	50 000	25 000	20 000	95 000
⑩ 月末在产品成本	10 000	2 500	2 000	14 500

　　② 计算第 2 步骤（第二车间）产品成本并登记第二车间产品成本明细账。

表 11 - 9　第二车间产品成本明细账

产品：B 半成品　　　　　　　　　　20××年6月　　　　　　　　　　元

摘　要	直接材料	直接人工	制造费用	合　计
① 月初在产品成本	19 000	4 000	3 000	26 000
② 本月发生生产费用	—	40 000	30 000	70 000
③ 本月上步转入费用	50 000	25 000	20 000	95 000
④ 生产费用合计	69 000	69 000	53 000	191 000
⑤ 完工产品数量	200	200	200	—
⑥ 在产品数量	40	40	40	—
⑦ 在产品约当产量	40	20	20	—
⑧ 约当总产量	240	220	220	—
⑨ 费用分配率	287.5	313.64	240.91	—
⑩ 完工半成品成本	57 500	62 728	48 182	168 410
⑪ 月末在产品成本	11 500	6 272	4 818	22 590

　　③ 计算第 3 步骤（第三车间）产品成本并登记第三车间产品成本明细账。

表 11 - 10　第三车间产品成本明细账

产品：甲产品　　　　　　　　　　20××年6月　　　　　　　　　　元

摘　要	直接材料	直接人工	制造费用	合　计
① 月初在产品成本	33 000	4 000	3 000	40 000
② 本月发生生产费用	—	42 000	31 500	73 500
③ 本月上步转入费用	57 500	62 728	48 182	168 410
④ 生产费用合计	90 500	108 728	82 682	281 908
⑤ 完工产品数量	220	220	220	—

摘　要	直接材料	直接人工	制造费用	合　计
⑥ 在产品数量	20	20	20	—
⑦ 在产品约当产量	20	10	10	—
⑧ 约当总产量	240	230	230	—
⑨ 费用分配率	377.08	472.73	359.49	1 209.3
⑩ 完工甲产品成本	82 957.6	104 000.6	79 087.8	266 046
⑪ 月末在产品成本	7 542.4	4 727.4	3 594.2	15 864

由于第 3 步骤完工的是甲产成品,所以完工入库的会计分录如下。

借:库存商品——甲产品　　　　　　　　　　　　　　266 046
　　贷:生产成本——基本生产成本——甲产品　　　　　　　　266 046

表 11 – 10 中计算出的产成品单位成本合计数为 1 209.3 元,与表 11 – 7 甲产品成本还原计算表中还原后的产成品单位成本合计数应该是相同的,现在两者有差异是由于小数尾差造成的。但两者的成本结构不同,这是因为:产成品成本还原计算表中产成品所耗半成品各项费用是按本月所产半成品的成本结构还原算出的,没有考虑以前月份所产半成品,即月初结存半成品成本结构的影响;而表 11 – 10 产品成本明细账中产成品所耗半成品各项费用,不是按本月所产半成品的成本结构还原算出,而是按其原始成本项目逐步转入的,包括了以前月份所产半成品成本结构的影响,是比较正确的。

综上所述,采用分项结转法结转半成品成本,可以直接、正确地提供按原始成本项目反映的企业产品成本资料,便于从整个企业的角度考核和分析产品成本计划的执行情况,不需要进行成本还原。但是,这种方法的成本结转工作比较复杂,而且在各步骤完工产品成本中看不出所耗上一步骤半成品费用是多少,本步骤加工费用是多少,从而不便于进行各步骤完工产品的成本分析。因此,分项结转法一般适用在管理上不要求计算各步骤完工产品所耗半成品费用和本步骤加工费用,而要求按原始成本项目计算产品成本的企业。

11.2.4　逐步结转分步法的优缺点和适用范围

1. 逐步结转分步法的优点

① 能够提供各个生产步骤的半成品成本资料。

② 由于半成品的成本随着实物转移而结转,因此还能为半成品和在产品的实物管理与资金管理提供数据。

③ 能够全面地反映各生产步骤所耗上一步骤半成品费用和本步骤加上费用,有利于各个生产步骤的成本管理。

2. 逐步结转分步法的缺点

① 各生产步骤的半成品成本要逐步结转,在加速成本计算工作方面有一定的局限性。

② 在综合结转半成品成本的情况下,往往要进行成本还原;在分项结转半成品成本的情况下,各步成本的结转工作又比较复杂,因而核算工作量比较大。

逐步结转分步法一般适宜在半成品的种类不多、逐步结转半成品成本的工作量不是很大的情况下,或者半成品的种类较多,但管理上要求提供各个生产步骤半成品成本数据的情况下采用。

11.3 平行结转分步法

11.3.1 平行结转分步法的意义

1. 平行结转分步法的含义

平行结转分步法,也称为不计算半成品成本分步法。采用这种方法计算成本时,各个步骤不计算所耗用的上一步骤的半成品成本,只归集本步骤发生的各项费用并划分应计入产成品成本的"份额",然后将各个步骤应计入同一产成品成本的份额平行汇总,以计算产成品成本。

2. 平行结转分步法的适用性

在一些大量大批多步骤装配式生产企业,如机械制造业,半成品的种类很多,各步骤生产完工的半成品专供下步骤领用,很少对外销售,所以在成本管理上更注重考核各生产步骤的耗费和产成品成本在各步骤应负担的费用份额,而不要求也没有必要计算半成品成本。在这种情况下,为简化和加速成本计算工作,只需要确定各步骤发生的费用及应由产成品成本负担的份额。这样,将各步骤应计入产成品的份额平行加总,即为完工产品成本。各步骤可以分别只同完工产品直接联系,平行、独立、互不影响地进行成本计算。

11.3.2 平行结转分步法的特点

同逐步结转分步法相比,平行结转分步法有其自身的特点,主要表现在以下几点。

1. 成本计算对象

平行结转分步法下,成本计算对象是各生产步骤和最终完工产品。在这种方法下,各生产步骤的半成品均不作为成本计算对象,各步骤的成本计算都是为了算出最终产品的成本。因此,从各步骤产品成本明细账中转出的只是该步骤应计入最终产品成本的费用(份额),各步骤产品成本明细账不能提供其产出半成品的成本资料。

2. 半成品成本不随实物转移而转移

在平行结转分步法下,由于各步骤不计算半成品成本,只归集本步骤发生的生产费用,计算结转应计入产成品成本的份额,因此各步骤半成品的成本资料只保留在该步骤的成本明细账中,并不随半成品实物的转移而结转,即半成品的成本资料同实物相分离。

3. 不设置"自制半成品"账户

由于各加工步骤不计算半成品成本,所以不论半成品是通过仓库收发,还是在各加工步骤间直接转移,都不通过"自制半成品"账户进行价值核算,只需进行自制半成品的数量核算。

4. 生产费用在完工产品和在产品之间的分配

月末,生产费用要在产成品和在产品之间分配。在平行结转分步法下,每一生产步骤的生产费用也要选择适当的方法在完工产品和月末在产品之间分配,常用的是约当产量比例法和定额比例法。但这里的完工产品,是指企业最后完工的产成品而非各步骤的完工半成品。与此相联系,这里的在产品是指尚未产成的全部在产品和半成品,也就是广义的在产品。

11.3.3　平行结转分步法的计算程序

平行结转分步法的计算程度如图 11 - 6 所示。

1. 按生产步骤和产品品种开设生产成本明细账

根据管理上的规定,生产步骤应相应设立生产成本明细账,账内按成本项目设立专栏。如果企业同时生产若干种类产品,还应按照产品种类区分成本计算步骤分别设立相应的成本明细账,以便正确归集各种产品的各个步骤的各种费用(不包括耗用上一步骤半成品的成本)。

2. 生产费用在完工产品与在产品之间分配

在各个步骤发生的各种费用,凡是某产品单独耗用的,应直接归集于该种产品的该步骤费用;凡是共同耗用的,应根据受益对象采用一定标准合理分配记入各种产品的各步骤产品成本明细账。月末,将各步骤归集的生产费用,在产成品和广义在产品之间进行分配,计算各步骤应计入产成品的费用份额。

这里应用的是广义在产品,包括尚在本步骤加工中的在产品,即狭义在产品;本步骤已完工转入半成品仓库的半成品;已从半成品库转到以后各步骤进一步加工、尚未最后产成的在产品。这是就整个企业而言的广义在产品,因此在产品费用是指这 3 个部分广义在产品的费用。其中,后两部分的实物已经从本步骤转出,但其费用仍留在本步骤产品成本明细账中,尚未转出。因此,在平行结转分步法下,各步骤的生产费用是由产成品成本中所占的份额和广义在产品成本中所占的份额组成的。

3. 平行汇总成本"份额",计算结转产成品成本

各步骤单独计算出该步骤计入产成品成本的份额后,应通过设立产成品成本汇总表按产品成本项目进行汇总。各步骤计入产成品成本的份额之和即为产成品成本,除以产量为单位成本。最后以产成品成本汇总表为凭证结转入库产成品成本。

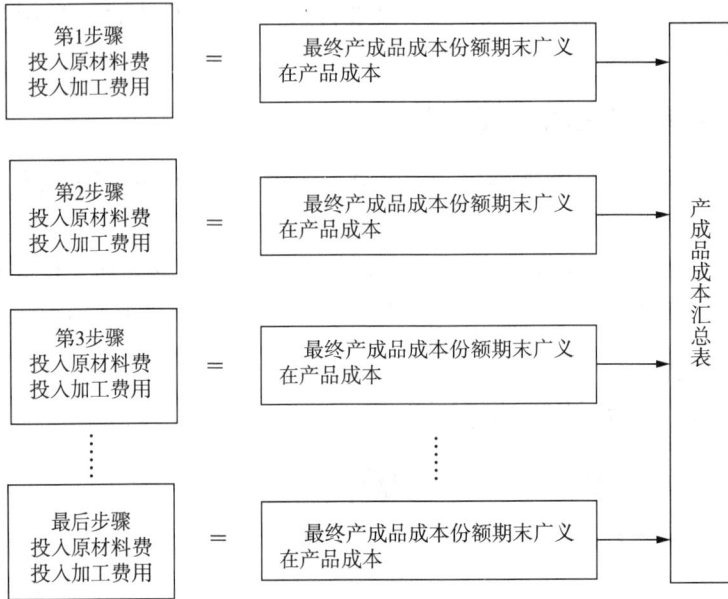

图 11-6 平行结转分步法计算程序

11.3.4 平行结转分步法应用

例 11-3 青峰工厂生产的丁产品经过 3 个车间连续加工制成，第一车间生产 D 半成品，直接转入第二车间加工制成 H 半成品，H 半成品直接转入第三车间加工成丁产成品。其中，1 件丁产品耗用 1 件 H 半成品，1 件 H 半成品耗用 1 件 D 半成品。原材料于第一车间生产开始时一次投入，第二车间和第三车间不再投入材料。各车间月末在产品完工率均为 50%，各车间生产费用在完工产品和在产品之间的分配采用约当产量法。

① 本月各车间产量资料如表 11-11 所示。

表 11-11 各车间产量资料

件

摘　　要	第一车间	第二车间	第三车间
月初在产品数量	20	50	40
本月投产数量或上步转入	180	160	180
本月完工产品数量	160	180	200
月末在产品数量	40	30	20

② 各车间月初及本月费用资料如表 11-12 所示。

表 11 - 12　各车间月初及本月费用

元

		直接材料	直接人工	制造费用	合　计
第一车间	月初在产品成本	1 000	60	100	1 160
	本月的生产费用	18 400	2 200	2 400	23 000
第二车间	月初在产品成本	—	200	120	320
	本月的生产费用	—	3 200	4 800	8 000
第三车间	月初在产品成本	—	180	160	340
	本月的生产费用	—	3 450	2 550	6 000

下面采用平行结转法计算丁产品的生产成本,计算过程如下。

① 编制各生产步骤的约当产量的计算表,如表 11 - 13 所示。

表 11 - 13　各生产步骤约当产量的计算表

摘　要	直接材料	直接人工	制造费用
第一车间步骤的约当产量	290 = (200 + 40 + 30 + 20)	270 = (200 + 40 × 50% + 30 + 20)	270
第二车间步骤的约当产量	250 = (200 + 20 + 30)	235 = (200 + 30 × 50% + 20)	235
第三车间步骤的约当产量	220 = (200 + 20)	210 = (200 + 20 × 50%)	210

② 编制各生产步骤的成本计算单,如表 11 - 14 至表 11 - 16 所示。

表 11 - 14　产品成本计算单

车间:第一车间　　　　　　　　　　品名:丁产品(D 半成品)　　　　　　　　　　元

摘　要	直接材料	直接人工	制造费用	合　计
月初在产品成本	1 000	60	100	1 160
本月发生费用	18 400	2 200	2 400	23 000
合　计	19 400	2 260	2 500	24 160
第 1 步骤的约当产量	290	270	270	—
分配率	66.90	8.37	9.26	—
应计入产成品成本份额	13 380	1 674	1 852	16 906
月末在产品成本	6 020	586	648	7 254

表 11 - 15　产品成本计算单

车间:第二车间　　　　　　　　　　品名:丁产品(H 半成品)　　　　　　　　　　元

摘　要	直接人工	制造费用	合　计
月初在产品成本	200	120	320
本月发生费用	3 200	4 800	8 000
合　计	3 400	4 920	8 320
第 2 步骤约当产量	235	235	—
分配率	14.47	20.94	—
应计入产成品成本份额	2 894	4 188	7 082
月末在产品成本	506	732	1 238

159

表 11-16　产品成本计算单

车间:第三车间　　　　　　　　　　　　品名:丁产品　　　　　　　　　　　　　　　　元

摘　要	直接人工	制造费用	合　计
月初在产品成本	180	160	340
本月发生费用	3 450	2 550	6 000
合　计	3 630	2 710	6 340
第三步骤约当产量	210	210	—
分配率	17.29	12.90	—
应计入产成品成本份额	3 458	2 580	6 038
月末在产品成本	172	130	302

③ 编制产品成本汇总表如表 11-17 所示。

表 11-17　产品成本汇总计算表

产品名称:丁产品　　　　　　　　　　　　　　　　　　　　　　　　　　　　　　元

项　目	数　量	直接材料	直接人工	制造费用	总成本	单位成本
第一车间	—	13 380	1 674	1 852	16 906	84.53
第二车间	—	—	2 894	4 188	7 082	35.41
第三车间	—	—	3 458	2 580	6 038	30.19
合　计	200	13 380	8 026	8 620	30 026	150.13

根据产品成本汇总计算表和产成品入库单,编制结转完工入库产品生产成本的会计分录如下。

```
借:库存商品——丁产品                    30 026
  贷:生产成本——基本生产成本——第一车间      16 906
                        ——第二车间       7 082
                        ——第三车间       6 038
```

11.3.5　平行结转分步法的优缺点和适用范围

1. 平行结转分步法的优点

① 各步骤可以同时计算产品成本,平行汇总计入产成品成本,不必逐步结转半成品成本,能加速成本计算工作。

② 能够直接提供按原始成本项目反映的产成品成本资料,不必进行成本还原,因而能简化成本计算工作。

2. 平行结转分步法的缺点

① 不能提供各步骤的半成品成本资料。

② 在产品在最后产出之前,其费用不随实物转出而转出,因而不能为各个生产步骤在产品的实物管理和资金管理提供资料。

③ 各生产步骤的产品成本不包括所耗半成品费用,因而在各步骤产品成本明细账中不能全面反映各该步骤产品的生产耗费水平(第1步骤除外),不能更好地满足这些步骤成本管理的需要。

平行结转分步法一般适宜在半成品种类较多,逐步结转半成品成本的工作量较大,管理上又不要求提供各步骤半成品成本资料的情况下采用。在采用时,应该加强各步骤在产品收发结存的数量核算,以便为在产品的实物管理和资金管理提供资料。此外,还应加强各步骤废品损失的核算和在产品的清查工作。

项目小结

分步法是按产品生产步骤作为成本计算对象的一种成本计算方法,主要适用于多步骤生产而且管理上要求分步骤计算成本的企业。分步法按是否计算、结转各步骤半成品成本可分为逐步结转分步法和平行结转分步法两种。在逐步结转分步法下,要计算、结转各步骤半成品成本,半成品成本随其实物的转移而结转。逐步结转分步法按半成品成本结转方式不同又可以分为逐步综合结转和逐步分项结转两种。在逐步综合结转分步法下,半成品成本按合计数进行结转,所以最终的产成品成本中包含的成本项目不是原始成本项目,如果企业管理上需要掌握产品成本的原始项目,则还需对产品成本进行还原;在逐步分项结转分步法下、半成品成本分成本项目进行结转,所以最终的产品成本是以原始成本项目反映的,不需要进行成本还原。

平行结转分步法和逐步结转分步法最大的区别就是不计算、结转各步骤半成品成本,只计算各步骤发生的生产费用和应由最终完工产品负担的份额,除最后步骤外,前面各步骤产品成本明细账月末在产品成本中的在产品均为广义在产品。

思考题

1. 简述进行成本还原的必要性。
2. 试比较逐步结转分步法和平行结转分步法的异同。
3. 什么是逐步结转分步法? 逐步结转分步法有什么优缺点?
4. 什么是平行结转分步法? 平行结转分步法适用于什么企业?

练习题

一、单项选择题

1. 成本还原的对象是(　　　)。
   A. 产成品成本
   B. 各步骤半成品成本
   C. 各步骤产成品所耗上一步骤半成品成本
   D. 各步骤的产成品成本
2. 采用逐步结转分步法,在完工产品和在产品之间分配费用是指(　　　)。
   A. 产成品和月末在产品

B. 完工半成品和月末加工中的产品

C. 产成品和广义在产品

D. 前面步骤的完工半成品和加工中的在产品,最后步骤的产成品和加工中的在产品

3. 下列方法中,居于不计列半成品成本的分步法是( )。

A. 逐步结转法　　　B. 综合结转法　　　C. 分项结转法　　　D. 平行结转法

4. 在逐步综合结转法下,将产成品中所耗半成品综合成本进行还原,其还原依据是( )。

A. 本月所产该种半成品的成本构成　　　B. 本月所耗半成品的成本构成

C. 本月所产全部半成品的成本构成　　　D. 本月所耗全部半成品的成本构成

5. 采用平行结转分步法在月末计算完工产品成本时应( )。

A. 按成本项目平行结转各生产步骤应计入产成品的份额

B. 逐步结转各生产步骤应计入产成品的份额

C. 分项结转各生产步骤应计入产成品的份额

D. 综合结转各生产步骤应计入产成品的份额

二、多项选择题

1. 下列不需要进行成本还原的分步法是( )。

A. 逐步综合结转分步法　　　　B. 逐步分项结转分步法

C. 平行结转分步法　　　　D. 按计划成本结转分步法

2. 采用逐步结转分步法,按照结转的半成品成本在产品成本明细账中的反映方法不同,可以分为( )。

A. 综合结转法　　　B. 分项结转法　　　C. 按实际成本结转　D. 按计划成本结转

3. 逐步分项结转分步法的特点为( )。

A. 需要进行成本还原

B. 不需要进行成本还原

C. 能提供按原始成本项目反映的半成品成本资料

D. 有利于加强半成品实物和资金的有效管理

4. 平行结转分步法中的在产品包括( )。

A. 各生产步骤期末未完工产品　　　B. 各生产步骤的完工产品

C. 前面生产步骤的完工产品　　　D. 最后生产步骤的完工产品

三、判断题

1. 采用分步法时,不论是综合结转还是分项结转,第1个生产步骤的成本明细账的登记方法均相向。　( )

2. 产品成本计算的分步法均应逐步结转半成品成本,最后计算出完工产品成本。( )

3. 逐步结转分步法就是为计算半成品成本而采用的一种分步法。( )

4. 采用逐步结转分步法,半成品成本的结转和半成品实物的转移是分离的,因而有利于半成品的实物管理和在产品的资金管理。( )

5. 不论是综合结转还是分项结转,半成品成本都随着半成品实物的转移而结转。( )

6. 采用分项结转半成品成本,在各步骤完工产品成本中可以看出所耗上一步骤半成品的费用和本步骤加工费用的水平。 ( )

四、计算题

某企业甲产品经过 3 个车间连续加工制成:一车间生产 A 半成品,直接转入二车间加工制成 B 半成品,B 半成品直接转入三车间加工成甲产成品。其中,1 件甲产品耗用 1 件 B 半成品,1 件 B 半成品耗用 1 件 A 半成品。原材料于生产开始时一次投入,各车间月末在产品完工率均为 50%。各车间生产费用在完工产品和在产品之间的分配采用约当产量法。

本月各车间产量和费用的资料和表 11 - 18 和表 11 - 19 所示。

表 11 - 18 本月各车间产量资料

件

摘　要	一车间	二车间	三车间
月初在产品数量	20	50	40
本月投产数量或上步转入	180	160	180
本月完工产品数量	160	180	200
月末在产品数量	40	30	20

表 11 - 19 各车间月初及本月费用资料

元

	摘　要	直接材料	直接人工	制造费用	合　计
一车间	月初在产品	1 000	60	100	1 160
	本月生产费用	18 400	2 200	2 400	23 000
二车间	月初在产品	—	200	120	320
	本月生产费用	—	3 200	4 800	8 000
三车间	月初在产品	—	180	160	340
	本月生产费用	—	3 450	2 550	6 000

要求:

(1) 采用综合结转法计算各步骤半成品成本和产成品成本,并进行成本还原。

(2) 采用分项结转法计算各步骤半成品成本和产成品成本。

(3) 采用平行结转法计算产成品成本,编制各步骤成本计算单和产品成本汇总表。

产品成本计算的辅助方法

学习目标

1. 掌握分类法的特点、适用范围和计算程序。
2. 掌握成本定额法特点、适用范围和计算程序。
3. 了解变动成本法及其他方法的特点和适用范围。

产品成本计算的辅助方法不能在企业产品成本计算过程中单独运用,只能同基本方法结合应用。基本方法和辅助方法有着相辅相成的关系:基本方法是对产品成本的总体描叙,而辅助方法则是对基本方法不足地方的补充,可以使用基本方法不能直接表达的内容通过辅助方法来实现。

12.1 产品成本计算的分类法

12.1.1 分类法概述

分类法是将企业生产的产品分为若干类别,以各产品类别作为成本计算对象,归集生产费用,先计算各类别产品成本,然后再按一定的方法在类内各种产品之间进行分配,以计算出各种产品的一种方法。分类法同产品生产的类型没有直接联系,因而可以在各种类型的生产中应用。生产的产品按照其性质、用途、生产工艺过程和原料消耗等方面进行划分,如同类产品、联产品及副产品等,都可以采用分类法进行成本核算。

① 同类产品是指产品的结构、性质、用途及使用的原材料、生产工艺过程等大体相同,而规格和型号不一的产品。例如,灯泡厂生产的同一类别不同瓦数的灯泡、无线电元件厂生产的同一类别不同规格的无线电元件等,都可以分别归为同一类产品。

② 联产品是指使用同一种原材料,经过同一生产过程,同时生产出几种具有相同地位的主要产品。例如,在石油炼制中,原油经过蒸馏、裂化、焦化后,同时产出汽油、煤油、柴油。

③ 副产品是指企业在生产主要产品的过程中附带生产出的一些非主要产品。例如,洗煤生产中产生的煤泥、制皂生产中产生的甘油等,都可称为副产品。

在生产同类产品、联产品和有副产品的工业企业中,如果按照产品的品种、规格归集费用,计算成本,则成本计算工作会极为繁重。按一定标准对产品进行分类,按照产品类别来归集生产费用,采用适当方法计算各种产品生产成本,可以大大简化成本计算工作。

12.1.2   分类法的优缺点和应用条件

以产品的类别作为成本核算对象能简化成本计算工作,并且可以按照产品的类别提供成本信息。同时,在计算各类产品成本时要运用品种法或分批法等成本计算的基本方法。无论采用哪种方法在类内各种产品之间进行成本的分配,在类内各种产品的成本计算结果中有一定的假定性。因此,采用分类法计算产品成本时,首先应当注意产品分类的合理性,其次应注意类内产品成本分配方法的合理性。选定适当的产品的分类和为各该类产品选择适当的类内费用的分配标准或系数是分类法得以恰当应用的前提条件。在产品的分类上,应以所耗原材料和工艺技术过程是否相近为标准,在对产品分类时,类距既不能定得过小,使成本计算工作复杂化,也不能定得过大,造成成本计算上的"大锅烩",影响成本计算的正确性。在产品结构、所耗原材料或工艺技术发生较大变动时,应及时修订分配系数或另选分配标准,以保证成本计算的正确性。

12.1.3   分类法的计算

分类法计算产品成本的计算程序如下。

1) 将产品按照性质、结构、用途、生产工艺过程或耗用原材料的不同标准划分为若干类别,如鞋厂可以按照耗用的原材料不同将产品分为布鞋、皮鞋、塑料鞋 3 个类别。

2) 按照产品的类别设置产品成本明细账,某类产品成本明细账中再按照规定的成本项目汇集生产费用,计算出各类产品的实际总成本。

3) 选择合理标准分配成本,分别将每类产品的成本在类内各种产品之间进行分配,计算出类内各种产品的实际总成本和单位成本。

类内各种产品之间的分配是以类别总成本为标准的。这里要注意分配标准和成本之间要紧密联系,否则会影响类内各种产品成本计算的准确性。为了简化分配工作,也可以将分配标准折算成相对固定的系数,按照固定的系数分配。同类产品中各种产品的成本系数一旦确认,可以在较长的时间里使用。按照系数分配同类产品中各种产品成本的方法,也叫系数法或标准产量法。

系数法是分类法的一种,也可以称之为简化的分类法。使用系数法时,首先要确定标准产品。通常在同类产品中选择一种产销量大、生产正常、售价稳定的产品,作为标准产品,并将其系数定为 1。其次,计算其他产品系数。用其他各种产品的有关定额资料,同标准产品相应定额资料相比,即得到各其他各种产品的系数。再次,计算各产品总系数。将各产品的实际产量,同系数相乘即为总系数,也就是标准产品产量。最后,计算类内各产品的成本。以总系数作为分配标准分配类内费用,计算类内各产品的成本。系数法的有关计算公式为:

$$某产品的系数 = \frac{标准产品售价(或定额消耗量、体积等)}{该产品的售价(或定额消耗量、体积等)}$$

$$某种产品的总系数(标准产量) = 该产品实际产量 \times 该产品的系数费用分配率$$

$$= 应分配成本总额 \div 类内各种产品系数之和$$

$$某种产品应负担费用 = 该产品总系数 \times 费用分配率$$

例 12 - 1   某农具厂生产甲、乙、丙 3 种产品。这 3 种产品的结构、所用材料和工艺过程相近,合为 A 类产品。该厂某月生产甲产成品 2 000 件、乙产成品 1 000 件、丙产成品 1 200 件;甲在产品 100 件,乙在产品 150 件。

有关定额资料如表 12-1 所示,有关费用资料如表 12-2 所示。采用分类法计算各种产品成本。

表 12-1　系数计算表

类别:A 类　　　　　　　　　　　　　20××年 6 月

产品名称	材料消耗定额	系　数	工时消耗定额	系　数
甲产品(标准产品)	20 千克	1	10 小时	1
乙产品	24 千克	1.2	15 小时	1.5
丙产品	10 千克	0.5	05 小时	0.5

表 12-2　基本生产成本明细账类别

类别:A 类　　　　　　　　　　　　　20××年 6 月　　　　　　　　　　　　　　元

摘　要	直接材料	直接人工	制造费用	合　计
月初在产品成本	2 083.80	969.20	957.50	4 010.50
本月发生费用	6 100.20	3 130.00	2 458.50	11 688.70
费用累计	8 184.00	4 099.20	3 416.00	15 669.20
完工产品成本	11 400	3 936	3 280	18 616
月末在产品成本	584	163.2	136	883.2

根据已知资料,首先算出总系数分配表,如表 12-3 所示。

表 12-3　总系数(标准产品产量)计算表

类别:A 类　　　　　　　　　　　　　20××年 6 月　　　　　　　　　　　　　　元

产品名称	产成品产量	直接材料		加工费用	
		系　数	总系数	系　数	总系数
甲产品	2 000	1	2 000	1	2 000
乙产品	1 000	1.2	1 200	1.5	1 500
丙产品	1 200	0.5	600	0.5	600
合　计	—	—	3 800	—	4 100

其次,再核算出产品类内成本分配表(见表 12-4)。

表 12-4　类内产品成本分配表

类别:A 类　　　　　　　　　　　　　20××年 6 月·　　　　　　　　　　　　　　元

摘　要	直接材料	直接人工	制造费用	合　计
A 类完工产品总成本	11 400	3 936	3 280	18 616
总系数	3 800	4 100	4 100	—
分配率	3	0.96	0.8	—
甲完工产品总成本	6 000	1 920	1 600	9 520
甲产品单位成本	3	0.96	0.8	4.76

（续表）

摘　要	直接材料	直接人工	制造费用	合　计
乙完工产品总成本	3 600	1 440	1 200	6 240
乙产品单位成本	3.6	1.44	1.2	6.24
丙完工产品总成本	1 800	576	480	2 856
丙产品单位成本	1.5	0.48	0.4	2.38

12. 1. 4　联产品的成本计算

1. 联产品的概念

联产品是指使用同种原材料,经过同一加工过程且同时生产出来的具有同等地位的两种或两种以上的主要产品。各种类型的企业都可以有联产品,如化工厂对食盐电解后,生产出氯气、氢气、碱液 3 种产品;炼油厂对原油经过蒸馏、裂化、焦化,可以生产出汽油、轻柴油、重柴油和气体 4 种联产品等。

联产品同其他产品相比较,其特点是同一原料在同一生产过程中投入,分离出几种主要产品,其中个别产品的生产必然伴随联产品同时生产。联产品可以根据各联产品的产量增减关系分为补充联产品和代用联产品。补充联产品是指一种联产品产量的增加或减少会导致其他联产品的同比例增加或减少;代用联产品是指一种联产品的增加会导致另一种联产品的减少。

2. 联产品联合成本的分配

从上面的概念可以看出,各种联产品必定在产品生产过程中的某个步骤进行分离。分离后的联产品有的可以直接出售,有的则需进一步加工后再出售。联产品在分离时的生产步骤称为分离点。分离点是联合生产程序结束,是各种联产品可以辨认的生产分界点。我们把分离点之前所归集的生产费用称为联合成本。

各种联产品总是在同一生产过程中被同时被生产出来的,因此不可能对每种产品分别归集生产费用,直接计算其产品成本,只能把联合生产过程发生的费用归集在一起,先计算联产品分离前的联合成本,然后采用一定的分配方法,将联合成本在各联产品之间进行分配,计算出各联产品的成本。我们把分离后需要继续加工的联产品的成本作为可归属成本。它们的关系如图 12 – 1 所示。

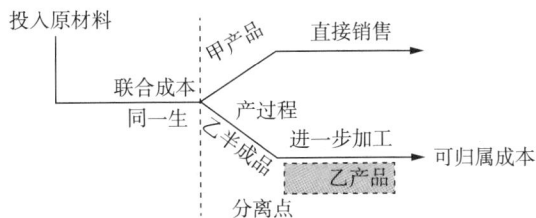

图 12 – 1　联合成本和可归属成本关系

由图 12 – 1 可知,联产品的成本计算由两部分组成,即联产品分离点前的联合成本分配和分离点后加工成本的计算。分离点前成本的归集和分离点后可归属成本的计算,可根据生产类型和管理要求,采用一定的成本计算方法。这在前面几个项目已有所述及,这里不再重复。联产品联合成本的分配是计算联产品成本的关键问题,常用的分配方法有系数分配法、实物量分配法、相对销售收入分配法和净实现价值分配法等。

（1）系数分配法

采用系数分配法,就是将各种联产品的实际产量按事前规定的系数折算为相对产量,然后按各联产品的相对产量比例来分配联产品的联合成本。系数分配法是以产量加权的总系数分配联合成本的,因此系数制定标准选择是否适当是各联产品成本计算是否正确的关键。在实务中,确定系数的标准可以是各联产品的技术特征,如重量、体积、质量性能等,也可以是各联产品的经济指标,如定额成本、销售价格等。系数一经制定,应保持相对稳定。其具体计算方法,在分类法中已经说明。

（2）实物量分配法

采用实物量分配法,就是将产品的联合成本按分离点上各种联产品的质量、容积或其他实物量度比例进行分配。采用这种方法简便易行,因为一般产品都可用实物单位计量,资料容易取得,能为成本分摊带来方便。但并不是所有成本都同实物量直接有关,按实物量分配联合成本,容易造成同实际相脱节的情况,即忽视产品的销售价格,造成售价低的联产品亏损。因此,该法只适用于类似产品的分配。

用这种方法分配联合成本的步骤如下。

① 计算联合成本总额。

② 计算联产品的总数量。

③ 计算联合成本分配率。

$$\text{联合成本分配率} = \frac{\text{联合成本总额}}{\text{联产品总质量（体积）}}$$

④ 计算某种联产品应分摊的联合成本。

$$\text{每种联产品应分摊的联合成本} = \text{该种联产品的质量（或体积）} \times \text{联合成本分配率}$$

（3）相对销售收入分配法

采用相对销售收入分配法,就是按照各种联产品的销售收入比例来分配联合成本。这种方法认为联产品是同一材料、同一过程中同时产出的,在销售中所获得收益的水平也应当相同。因此,对联合成本在各种联产品之间要按销售收入的比例进行分配,即售价较高的联产品应成比例地负担较高份额的联合成本,售价较低的联产品应负担较低份额的联合成本,使各种联产品的毛利率相同。这个方法避免了实物量分配法售价低时产品亏损的缺点,但仍有其不足之处,因为并不是所有的产品成本都同售价有关。这种方法一般较适用于分离后不再加工的联产品。

用这种方法分配联合成本的步骤如下。

① 计算联合成本总额。

② 计算分离点上所有联产品销售价值总额。

③ 计算联合成本分配率。

$$\text{联合成本分配率} = \frac{\text{联合成本总额}}{\text{相对销售价值总额}}$$

④ 分配各联产品成本。

每种联产品应分摊的联合成本 = 该种联产品的销售价值 × 联合成本分配率

（4）净实现价值分配法

采用净实现价值分配法，就是将产品的最终销售价格扣除其分离后发生的归属成本的价值。净实现价值分配法将联产品的联合成本按各联产品的最终销售价格减去分离后成本的价值比例分摊。

用这种方法分配联合成本的步骤如下。

① 计算联合成本总额。

② 计算分离点上所有联产品净实现价值总额。

③ 计算联合成本分配率。

$$联合成本分配率 = \frac{联合成本总额}{净实现价值总额}$$

④ 分配各联产品成本。

每种联产品应分摊的联合成本 = 该种联产品的净实现价值 × 联合成本分配率

◉◉ 提示

联产品成本的分配方法有很多种，企业应根据自身的特点和联产品的情况，选择适合的方法，使联产品的成本计算准确又简便。

---

3. 联产品成本计算举例

例 12 - 2 某化工厂用某种原料同时生产出甲、乙两种联产品，本月共生产出甲产品 20 000 千克，乙产品 10 000 千克，无期初月末在产品。该月生产这些联产品的联合成本为：原材料 300 000 元，直接人工 108 000 元，制造费用 120 000 元。甲产品每千克销售价格为 25 元，乙产品每千克销售价格为 30 元，全部产品均已售出。

根据资料分别用系数分配法、实物量分配法、相对销售收入分配法计算甲、乙产品的成本见，如 12 - 5 至表 12 - 7 所示。

表 12 - 5 联产品成本计算表（系数分配法）

元

产品名称	产量/千克	系 数	标准产量	分配比例	应负担的成本			
					直接材料	直接人工	制造费用	合 计
甲产品	20 000	1	20 000	0.64	192 000	69 120	76 800	337 920
乙产品	10 000	1.125	11 250	0.36	108 000	38 880	43 200	190 080
合 计	30 000	—	31 250	100	300 000	108 000	120 000	528 000

说明：以甲产品为标准产品，其系数为 1，乙产品系数为 1.125（30÷25）。

表12-6　联产品成本计算表（实物量分配法）

元

产品名称	产量/千克	分配比例	应负担的成本			
			直接材料	直接人工	制造费用	合　计
甲产品	20 000	—	200 000	72 000	80 000	352 000
乙产品	10 000	—	100 000	36 000	40 000	176 000
合　计	30 000	17.6	300 000	108 000	120 000	528 000

注：分配率＝528 000÷30 000＝17.6；直接材料分配率＝300 000÷30 000＝10；直接人工分配率＝108 000÷30 000＝36；制造费用分配率＝120 000÷30 000＝4。

表12-7　联产品成本计算表（相对销售收入法）

元

产品名称	产量/千克	销售价格	销售收入	分配比例	应负担的成本			
					直接材料	直接人工	制造费用	合　计
甲产品	20 000	25	500 000	0.625	187 500	67 500	75 000	330 000
乙产品	10 000	30	300 000	0.375	112 500	40 500	45 000	198 000
合　计	30 000	—	800 000	100	300 000	108 000	120 000	5 280

12.1.5　副产品成本计算

1. 副产品的概念

副产品是指在同一生产过程中，使用同种原料，在生产主要产品的同时附带生产出来的非主要产品。例如，在原油加工过程中产生的沥青、渣油，制皂过程中产生的甘油，面粉生产中产生的麸皮等。

副产品同前面所学到的联产品之间既有联系又有区别：联系在于它们都是联合生产过程的产物，都是投入相同的原材料经过同一生产而产生的；区别主要在于价值。联产品的价值一般较大，而副产品的价值一般较小。同时，联产品本身就是主要产品，是企业生产活动的主要目的，副产品是次要产品，随主要产品附带生产出来，不是企业生产活动的主要目的。但是，联产品和副产品也不是一成不变的。随着技术的进步和生产的发展，某些副产品的用途扩大，经济价值提高，副产品可转为联产品，而一些联产品也会因其价值降低而转为副产品。

2. 副产品的成本计算举例

副产品和联产品一样，都是经过同一生产过程生产出来的产品，所以副产品的成本计算就是要确定副产品应负担的分离点前的联合成本。由于副产品的价值较低，所以在计算成本时，不必像联产品那样复杂，通常只是将副产品按一定标准作价从分离前的联合成本中扣除。副产品在分离后，可以作为产品直接销售，也可以进一步加工后出售，副产品的成本计算因这两种不同的情况而不同。

（1）无须进一步加工的副产品的成本计算

① 价值较低的副产品

对于分离后不再加工的副产品，如果价值不大的话，可以不承担分离前的联合成本，联合成本全部由主产品负担。这种方法手续简单,使用方便,但由于副产品不负担分离前的联合成本,所以会影响主产品成本的正确性。

②　价值相对较高的副产品

如果副产品价值较高,可以以副产品的销售价格作为计算依据,用销售价格扣除销售税金、销售费用和正常的利润后,作为副产品的应负担成本从联合成本中扣除,扣除副产品成本后的联合成本为主产品成本。当市价大幅度波动时,副产品的价值和成本将大受影响,随之又影响主产品成本的正确程度。

(2)　需要进一步加工的副产品的成本计算

①　只负担可归属成本的副产品

副产品不负担分离点前发生的联合成本,而只把分离后进一步加工的成本,作为副产品的成本。这种方法简便易行,但低估了副产品的成本,高估了主产品的成本。

②　副产品既负担可归属成本,又负担分离点前的联合成本

在这种方法下,可采用如前所述的方法,按销售价格扣除销售费用和税金后的价值再减去进一步加工后的价值比例来分摊。

例 12 - 3　某厂在生产甲产品的同时生产乙副产品,假定本期发生费用 500 000 元。其中,直接材料 350 000 元,直接人工 100 000 元,制造费用 50 000。乙副产品产量为 2 000 单位,单位售价 15 元,单位销售税金 2 元,单位销售费用 1 元,单位正常利润 2 元。

假定副产品成本从各成本项目中减除,则成本计算情况如表 12 - 8 所示。

乙副产品应负担成本 = 2 000 × (15 - 2 - 1 - 2) = 20 000(元)

表 12 - 8　副产品成本计算表

元

成本项目	总成本	费用比重/%	乙副产品应负担成本	甲应负担成本
直接材料	350 000	70	14 000	336 000
直接人工	100 000	20	4 000	96 000
制造费用	50 000	10	2 000	48 000
合　计	500 000	100	20 000	480 000

承前例,假定乙副产品在分离后还需进一步加工,其加工成本为每单位 2 元,则成本计算情况如表 12 - 9 所示。

乙副产品应负担成本 = 2 000 × (15 - 2 - 1 - 2 - 2) = 16 000(元)

表 12 - 9　副产品成本计算表

元

成本项目	总成本	费用比重/%	乙副产品应负担成本	甲应负担成本
直接材料	350 000	70	11 200	338 800
直接人工	100 000	20	3 200	96 800
制造费用	50 000	10	1 600	48 400
合　计	500 000	100	16 000	484 000

12.2 产品成本计算的定额法

在前述各种成本计算方法——品种法、分批法、分步法和分类法下，生产费用的日常核算是按照生产费用的实际发生额进行的，产品的实际成本也是根据实际生产费用计算的。这样，生产费用和脱离定额的差异及其发生的原因，只有在月末时通过实际资料和定额资料的对比、分析才能得到反映，不能在费用发生的当时就能得到反映，从而不利于更好地加强定额管理，加强成本控制，更有效地发挥成本核算对于节约生产费用，降低产品成本的作用。产品成本计算的定额法（也称定额成本法），就是为了及时反映和监督生产费用与产品脱离定额的差异，加强成本管理和成本控制而采用的一种成本计算方法。

12.2.1 定额法的含义

产品成本计算的定额法是以产品定额成本为基础，加减脱离现行定额差异（如脱离定额的差异、材料成本差异）及定额变动差异来计算产品实际生产成本的一种方法。采用定额法计算产品成本，可以及时地反映和监督产品成本脱离定额成本的状况，为加强定额管理提供了相关信息。采用定额法时，产品实际成本和定额成本的关系可用公式表示为：

产品实际成本＝产品定额成本±脱离定额成本差异±材料成本差异±定额变动差异

① 产品定额成本是根据企业现行材料消耗定额、工时定额、费用定额及其他有关资料计算的一种目标成本。产品定额成本的制定过程也是对产品成本事前控制的过程。定额成本是计算实际产品成本的基础，也是企业对生产费用进行事中和事后分析的依据。

② 脱离定额成本差异是指产品生产过程中各项费用（实际费用）脱离现行定额的差异。脱离定额成本差异反映了企业各项生产费用支出的合理程度及执行现行定额的质量。

③ 材料成本差异也是产品生产费用脱离定额的一部分。采用定额法计算产品成本的企业，原材料日常核算是按计划成本进行的，所以原材料项目的脱离定额成本差异，仅指消耗数量的差异（量差），其金额为原材料消耗数量差异和其计划单位成本的乘积，不包括材料成本差异（价差）。因此，企业应当单独计算产品成本应负担的材料成本差异，其金额为按计划单位成本和材料实际消耗量计算的材料总成本与材料成本差异率的乘积。

④ 定额变动差异是指由于修订定额而产生的新旧定额之间的差异，反映的是定额自身变动的结果，同生产费用支出的节约或超支无关。新定额的执行一般从月初开始，这样当月投入的生产费用在计算其脱离定额差异时一般都按新标准执行，但月初在产品一般是按旧定额计算的。因此，月初在产品的生产费用和本月发生的生产费用就产生了定额标准不一致的现象。为了调整月初在产品定额成本，必须先计算月初在产品的定额变动差异。定额变动差异主要是指月初在产品账面定额成本和按新定额计算定额成本之间的差异。

12.2.2 定额法的特点

① 事前制定产品的定额成本。定额法与产品成本计算的品种法、分批法、分步法和分类法不同，是以产品的定额成本为基础来计算产品实际成本的一种方法。采用定额法计算产品成本，企业必须事前制定好产品的各项消耗定额和费用定额，并以此为依据制定产品的

定额成本,作为降低成本、节约费用支出的目标。

② 分别核算符合定额的费用和脱离定额的差异。在生产费用发生地当时,将符合定额的费用和发生的差异分别核算,以加强对成本差异的日常核算、分析和控制。

③ 以定额成本为基础,加减各种成本差异来求得实际成本。在定额成本法下,本月完工产品的实际成本是以本月完工产品的定额成本为基础,加上或减去本月完工产品应负担的脱离定额差异、材料成本差异、定额变动差异等成本差异来求得的。

12.2.3 定额法的适用范围

定额法不是产品成本计算的基本方法,是为了加强成本控制和管理而采用的一种成本计算与管理相互融洽的方法。采用这种方法计算产品成本,能及时揭示差异,有助于促使企业控制和节约费用。该方法主要适用于企业定额管理制度比较健全、定额管理基础工作比较好、产品生产已经定型、各项消耗定额比较准确且稳定的企业,同企业的生产类型没有直接联系。

12.2.4 定额法的成本计算程序

1. 计算产品定额成本

产品的定额成本包括直接材料定额成本、直接人工定额成本、制造费用定额成本,其计算公式分别为:

产品直接材料定额成本 = 直接材料定额耗用量 × 直接材料计划单价

= 本月投产量 × 单位产品材料消耗定额 × 直接材料计划单价

产品直接人工定额成本 = 产品定额工时 × 计划小时工资率

= 产品约当产量 × 工时定额 × 计划小时工资率

品制造费用定额成本 = 产品定额工时 × 计划小时费用率

= 产品约当产量 × 单位产品工时定额 × 计划小时工资率

确定产品定额成本必须先制定产品的消耗定额,然后再根据材料计划单价、计划工资率、计划费用率等确定各项费用定额和单位产品定额成本。

例 12 - 4 华谊公司生产甲产品耗用 A、B、C 三种材料。A 材料单位消耗定额为 100 千克,计划单价为 8 元/千克;B 材料单位消耗定额为 130 千克,计划单价为 9 元/千克;C 材料单位消耗定额为 14 千克,计划单价为 20 元/千克。本月投产量为 110 件,列表计算甲产品直接材料定额成本。

甲产品的直接材料定额成本如表 12 - 10 所示。

表 12 - 10 甲产品直接材料定额成本计算表

元

材料名称	计量单位	计划单价	定额耗用		
			单位定额消耗量	耗用量	金 额
A 材料	千克	8	100	11 000	88 000

（续表）

材料名称	计量单位	计划单价	定额耗用		
			单位定额消耗量	耗用量	金　额
B 材料	千克	9	130	14 300	128 700
C 材料	千克	20	14	1540	30 800
合　计	—	—	—	—	247 500

此外,我们还可以根据上述公式计算直接人工和制造费用项目的定额成本(甲产品的直接人工和制造费用项目的定额成本在以后的内容中要涉及,此处略)。

2. 核算脱离定额差异

脱离定额差异包括直接材料脱离定额差异的计算、直接人工脱离定额差异的计算、制造费用脱离定额差异的计算。脱离定额差异的计算是定额法的主要内容。

（1）直接材料脱离定额差异的计算

直接材料脱离定额差异是指在生产过程中产品实际耗用材料数量和其定额耗用量之间的差异。其计算公式为:

$$直接材料脱离定额差异 = \sum \left[(材料实际耗用量 - 材料定额耗用量) \times 该材料计划单价 \right]$$

例 12 - 5　承例12 - 4,假设甲产品实际耗用 A 材料10 800 千克,实际耗用 B 材料13 900 千克,实际耗用 C 材料1 650 千克。试计算甲产品直接材料脱离定额差异。

甲产品直接材料脱离定额差异 =(10 800 - 11 000) × 8 + (13 900 - 14 300) × 9 + (1 650 - 1 540) × 20 = - 5 000(元)

（2）直接人工费用脱离定额差异的计算

① 计件工资制度下直接人工脱离定额差异的计算

在计件工资下,直接人工为直接计入费用,在计件单价不变的情况下,按计件单价支付的生产工人薪酬就是定额工资,没有脱离定额的差异。因此,在计件工资制下,脱离定额的差异往往仅指因工作条件变化而在计件单价之外支付的工资、津贴、补贴等。企业应当将符合定额的工资,反映在产量记录中;脱离定额的差异应当单独设置工资补付单等凭证,并经过一定的审批手续。

② 计时工资制度下直接人工脱离定额差异的计算

在计时工资制下,直接人工一般为间接计入费用,其脱离定额的差异不能在平时分产品(成本计算对象)计算,只有在月末确定本月实际直接人工费用总额和产品生产总工时后才能计算。其有关计算公式为:

计划小时工资率 = 计划产量的定额直接人工费用 ÷ 某车间计划产量的定额生产工时
实际小时工资率 = 某车间实际直接人工费用总额 ÷ 某车间实际生产总工时
某产品定额直接人工费用 = 该产品实际完成的定额生产工时 × 计划小时工资率
某产品实际直接人工费用 = 该产品实际生产工时 × 实际小时工资率
某产品直接人工脱离定额的差异 = 该产品实际直接人工费用 - 该产品定额直接人工费用

例 *12 - 6*　华谊公司生产甲、乙、丙 3 种产品的实际生产工时为 200 000 小时。其中,甲产品 85 000 小时,乙产品 50 000 小时,丙产品 65 000 小时。本月 3 种产品实际完成定额工时 205 000 小时。其中,甲产品 86 000 小时,乙产品 55 000 小时,丙产品 64 000 小时。本月实际产品生产工人薪酬为 820 800 元,本月计划小时工资率为 4 元,实际小时工资率为 4.104(= 820 800 ÷ 200 000)。试编制直接人工费用定额和脱离定额差异汇总表。

华谊公司直接人工费用定额和脱离定额差异汇总表如表 12 - 11 所示。

表 12 - 11　华谊公司直接人工费用定额和脱离定额差异汇总表

20 × ×年 7 月

产品名称	定额人工费用			实际人工费用			脱离定额差异/元
	定额工时/小时	计划小时工资率	定额工资/元	实际工时/小时	实际小时工资率	实际工资/元	
甲产品	86 000	—	344 000	85 000	—	348 840	4 830
乙产品	55 000	—	220 000	50 000	—	205 200	- 14 800
丙产品	64 000	—	256 000	65 000	—	266 760	10 760
合　计	205 000	4	820 000	200 000	4.104	820 800	800

(3) 制造费用脱离定额差异的计算

制造费用大多为间接费用,不能在费用发生时直接按产品确定其定额差异,只能在月末实际费用总额计算出来后才能同定额费用对比,确定差异定额。其计算公式为:

计划小时制造费用分配率 = 某车间计划制造费用总额 ÷ 某车间计划产量的
定额生产工时总数
实际小时制造费用分配率 = 某车间实际制造费用总额 ÷ 某车间实际生产工时总数
某产品定额制造费用 = 该产品定额生产工时 × 计划小时制造费用分配率
某产品实际制造费用 = 该产品实际工时 × 实际小时制造费用分配率
某产品制造费用定额差异 = 某产品实际制造费用 - 某产品定额制造费用

例 *12 - 7*　华谊公司本月各种产品实际生产工时和实际完成定额工时与例 12 - 5 相同。本月实际制造费用总额为 413 000 元;本月制造费用计划分配率为每小时 2 元;实际分配率为每小时 2.065 元(= 413 000 ÷ 200 000)。根据上述资料,试编制制造费用定额和脱离定额差异汇总表。

制造费用定额和脱离定额差异汇总表如表 12 - 12 所示。

表 12 - 12　华谊公司制造费用定额和脱离定额差异汇总表

20 × ×年 7 月

产品名称	定额制造费用			实际制造费用			脱离定额差异/元
	定额工时/小时	计划小时费用率	定额费用	实际工时/小时	实际小时费用率	实际费用	
甲产品	86 000	—	172 000	85 000	—	175 525	3 525

（续表）

产品名称	定额制造费用			实际制造费用			脱离定额差异/元
	定额工时/小时	计划小时费用率	定额费用	实际工时/小时	实际小时费用率	实际费用	
乙产品	55 000	—	110 000	50 000	—	103 250	− 6 750
丙产品	64 000	—	128 000	65 000	—	134 225	6 225
合　计	205 000	2	410 000	200 000	2.065	413 000	3 000

3. 计算材料成本差异

采用定额法计算产品成本的企业，应当按照计划成本来组织原材料的日常核算，因此直接材料费用定额成本和脱离定额的差异都是按照原材料的计划单位成本计算的。这样在月末计算产品的实际原材料费用时，还必须考虑所耗原材料应负担的成本差异，即所耗原材料的价差。其计算公式为：

某产品应负担的原材料成本差异 ＝（该产品的原材料定额费用 ± 原材料脱离定额差异）× 材料成本差异率

为简化核算，各种产品应分配的材料成本差异一般由各该产品的完工产品成本负担，月末在产品不负担材料成本差异。在实际工作中，材料成本差异的计算和分配是通过编制耗用材料汇总表、材料成本差异分配表进行的。

例 12 - 8　甲产品所耗直接材料定额费用为 247 500 元，材料脱离定额差异为节约 5 000 元（见例 12 - 5），本月材料成本差异率为节约 1.2%。试计算甲产品应负担的材料成本差异。

甲产品应负担的材料成本差异 ＝（247 500 − 5 000）×（− 1.2%）＝ − 2 910（元）

4. 计算定额变动差异

产品定额成本是根据现行定额（包括材料消耗定额、工时定额和费用定额等）计算确定的，现行定额修订以后，定额成本也应随之修订。月初，产品定额成本修订以后，当月投产的产品应按照新的定额成本计算，而月初在产品的定额成本是上月末按旧的定额计算的。为了将按旧定额计算的月初在产品定额成本和按新定额计算的本月投入产品的定额成本在新定额的同一基础上相加起来，以便计算产品的实际成本，还应计算月初在产品的定额变动差异，用以调整月初在产品的定额成本。

月初在产品定额变动差异，可以根据消耗定额发生变动的在产品盘存数量或在产品账面结存数量和修订后的定额消耗量，计算出月初在产品新的定额消耗量和新的定额成本，再同修订前月初在产品定额成本比较计算得出。在构成产品的零部件种类较多的情况下，采用这种方法按照零部件和工序进行计算，工作量就会很大。为了简化计算工作，也可以按照单位费用的折现系数进行计算，即将按新旧定额所计算出的单位产品费用进行对比，求出系数，然后根据系数进行计算。其计算公式为：

系数 ＝ 按新定额计算的单位产品费用 ÷ 按旧定额计算的单位产品费用

月初在产品定额变动差异＝按旧定额计算的月初在产品费用×(1－系数)

例12－9　华谊公司甲产品的一些零件从7月1日起修订原材料消耗定额。单位产品新的直接材料费用为2 250元,旧的直接材料费用定额为2 343.75元,甲产品月初在产品按旧定额计算的直接材料费用为46 875元。试根据以上资料,计算甲产品月初在产品定额变动差异。

定额变动系数＝2 250÷2 343.75＝0.96

甲产品月初在产品定额变动差异＝46 875×(1－0.96)＝1 875(元)

> ## 提示
>
> 　　采用系数法计算月初在产品定额变动差异虽然比较简便,但由于系数是按照单位产品计算的,而不是按照产品的零部件计算的,因此只适合于在零部件成套生产或零部件成套性较大的情况下采用。也就是说,在零部件生产不成套或成套性较差的情况下,采用系数法就会影响计算结果的正确性。月初在产品定额变动差异是定额本身变动的结果,同实际生产费用的节约或浪费无关。但应当指出,定额成本是计算实际成本的基础,当月初在产品定额成本调低时,应将定额变动差异加入产品实际成本;反之,应当从实际成本中予以扣除。也就是说,月初在产品定额成本调整的数额和计入产品实际成本的定额变动差异之和应当等于0。例如,例12－9中甲产品月初在产品定额成本减少了1 875元,甲产品实际成本中就应当加上定额变动差异1 875元。

5. 计算产品实际成本

（1）登记本月发生的生产费用

根据本月实际发生的生产费用,将符合定额的费用和脱离定额的差异分别核算,编制有关会计分录,记入产品生产成本明细账(产品成本计算单)中的相应项目。

例12－10　根据例12－4和例12－5,编制有关会计分录,记入华谊公司甲产品生产成本明细账。例12－9月初在产品定额调整不属于实际发生费用,可以直接记入甲产品生产成本明细账的相应栏内,不编制会计分录。

编制有关会计分录如下。

① 结转产品生产领用材料计划成本。

借:生产成本——基本生产成本——甲产品(定额成本)　　　　　247 500

　　　　　　　　　　　　——甲产品(脱离定额差异)　　　　　－5 000

　　　贷:原材料　　　　　　　　　　　　　　　　　　　　　　242 500

② 分配职工薪酬。例12－6中,华谊公司本月应付产品生产工人薪酬为820 800元(见表12－11)。

借:生产成本——基本生产成本——甲产品(定额成本)　　　　　344 000

　　　　　　　　　　　　——甲产品(脱离定额差异)　　　　　9 680

——乙产品（定额成本）	220 000
——乙产品（脱离定额差异）	-14 800
——丙产品（定额成本）	256 000
——丙产品（脱离定额差异）	10 760
贷：应付职工薪酬	820 800

③ 分配结转制造费用。例 12 - 7 中华谊公司本月实际制造费用 413 000 元（见表 12 - 12）。

借：生产成本——基本生产成本——甲产品（定额成本）　　　　172 000
　　　　　　　　　　　　　　　——甲产品（脱离定额差异）　　3 525
　　　　　　　　　　　　　　　——乙产品（定额成本）　　　110 000
　　　　　　　　　　　　　　　——乙产品（脱离定额差异）　-6 750
　　　　　　　　　　　　　　　——丙产品（定额成本）　　　128 000
　　　　　　　　　　　　　　　——丙产品（脱离定额差异）　　6 225
　　贷：制造费用　　　　　　　　　　　　　　　　　　　　413 000

④ 分配结转材料成本差异。例 12 - 8 中华谊公司甲产品应负担的材料成本差异为 2 910 元。

借：生产成本——基本生产成本——甲产品（材料成本差异）　　-2 910
　　贷：材料成本差异　　　　　　　　　　　　　　　　　　-2 910

（2）分配脱离定额差异

登记本月生产费用后，应将月初在产品成本、月初在产品定额变动和本月生产费用各相同项目分别汇总，计算出生产费用合计数（见表 12 - 13）。生产费用合计数包括定额成本、脱离定额差异、材料成本差异和定额变动差异。为了简化计算，材料成本差异和定额变动差异可以全部由完工产品成本负担，脱离定额差异则要在本月完工产品和月末在产品之间进行分配。脱离定额差异一般按照本月完工产品和月末在产品定额成本的比例进行分配，具体方法和过程如下。

表 12 - 13　华谊公司产品成本计算单

产品：甲产品　　　　　　　　　产量：120 件　　　　20×× 年 7 月　　　　　　　　　元

项　目	行　次	直接材料	直接人工	制造费用	合　计
一、月初在产品成本	—	—	—	—	—
定额成本	1	46 875	31 000	15 500	93 375
脱离定额差异	2	-850	410	225	-215
二、月初在产品定额调整	—	—	—	—	—
定额成本调整	3	-1 875	0	0	-1 875
定额变动差异	4	1 875	0	0	1 875
三、本月发生生产费用	—	—	—	—	—
定额成本	5	247 500	344 000	172 000	763 500
脱离定额差异	6	-5 000	4 840	3 525	3 365
材料成本差异	7	-2 910	—	—	—

（续表）

项　目	行　次	直接材料	直接人工	制造费用	合　计
四、生产费用合计	—	—	—	—	—
定额成本	8	292 500	375 000	187 500	855 000
脱离定额差异	9	− 5 850	5 250	3 750	3 150
材料成本差异	10	− 2 910			− 2 910
定额变动差异	11	1 875	0	0	1 875
差异分配率	12	− 2%	1.4%	2%	—
五、完工产品成本	—	—	—	—	—
定额成本	13	270 000	360 000	180 000	810 000
脱离定额差异	14	− 5 400	5 040	3 600	3 240
材料成本差异	15	2 910			− 2 910
定额变动差异	16	1 875	0	0	1 875
实际成本	17	263 565	365 040	183 600	812 205
六、月末在产品	—	—	—	—	—
定额成本	18	22 500	15 000	7 500	45 000
脱离定额差异	19	− 450	210	150	− 90

① 直接材料项目。

直接材料脱离定额差异分配率 = (− 5 850) ÷ (270 000 + 22 500) = − 2%

完工产品分配脱离定额差异 = 270 000 × (− 2%) = − 5 400(元)

月末在产品分配脱离定额差异 = 22 500 × (− 2%) = − 450(元)

② 直接人工项目。

直接人工脱离定额差异分配率 = 5 250 ÷ (360 000 + 15 000) = 1.4%

完工产品分配脱离定额差异 = 360 000 × 1.4% = 5 040(元)

月末在产品分配脱离定额差异 = 30 000 × 1.4% = 210(元)

③ 制造费用项目。

制造费用脱离定额差异分配率 = 3 750 ÷ (180 000 + 7 500) = 2%

完工产品分配脱离定额差异 = 180 000 × 2% = 3 600(元)

月末在产品分配脱离定额差异 = 7 500 × 2% = 150(元)

④ 本月在完工产品和在产品之间分配脱离定额差异。

本月完工产品分配脱离定额差异 = − 5 400 + 5 040 + 3 600 = 3 240(元)

月末在产品分配脱离定额差异 = − 450 + 210 + 150 = − 90(元)

上述计算结果在甲产品产品成本计算单中登记见表 12 − 13。

（3）计算结转完工产品实际成本

通过以上分配和计算，华谊公司本月完工甲产品 120 件的实际总成本为 812 205 [810 000 + 3 240 + (− 2 910) + 1 775]元。

编制的会计分录如下。

借：库存商品——甲产品　　　　　　　　　　　　　　　812 205

　　贷：生产成本——基本生产成本——甲产品(定额成本)　　810 000

——甲产品（脱离定额差异）	3 240
——甲产品（材料成本差异）	−2 910
——甲产品（定额变动差异）	1 775

12.2.5　定额法的优缺点

由上可知,定额法是将产品成本的计划工作、核算工作和分析工作有机结合起来,将事前、事中、事后反映和监督融为一体的一种产品成本计算的方法与成本管理制度。

① 定额法的主要优点是通过对生产耗费及其脱离定额差异的日常核算,能够及时反映和监督各项耗费发生脱离定额的差异,从而有利于加强成本控制,及时有效地促进生产耗费的节约,降低产品成本;由于产品实际成本是按照定额成本和各种差异分别核算的,因此便于对各项生产耗费和产品成本进行定期分析,有利于进一步挖掘降低产品成本的潜力;通过脱离定额差异和定额变动差异的核算,还有利于提高成本的定额管理和计划管理的水平;由于存在现成的定额成本资料,因此能够较为合理、简便地解决完工产品和月末在产品之间的分配费用问题。

② 定额法的主要缺点是计算产品成本的工作量较大,因为采用定额法必须制定定额成本,单独核算脱离定额差异,在定额变动时还必须修订定额成本,计算定额变动差异。

12.3　变动成本法和其他方法

12.3.1　变动成本法

1. 变动成本法的特点

变动成本法是一种只计算产品的变动成本的成本计算方法——是西方管理会计的重要组成部分。采用变动成本法时,固定成本作为期间成本直接计入当月损益,不计入产品成本;算出的产品成本只包括变动成本,不包括固定成本。这是变动成本法的主要特点。

要了解变动成本法,必须先了解成本按其性态的分类。按照成本性态,可以把成本分为固定成本、变动成本和混合成本 3 类。

2. 变动成本法同完全成本法的区别

变动成本法同完全成本法对比,有几个方面的不同点:产品成本内容构成不同;存货估价不同;利润计算方式不同;产销量不平衡时算出的利润额不同。

3. 变动成本法和完全成本法的优缺点

前面各项目所述各种成本计算方法算出的产品成本,都是既包括变动成本,又包括固定成本的产品成本,所以可以统称为完全成本。变动成本法和完全成本法都能为管理当局提供有用服务,只是在不同情况下两种方法所存在的优缺点不同。具体表现在以下方面。

（1）关于利润和产销量的联系

采用变动成本法算出的利润多少同销售量增减相一致,可以促使企业注重销售,根据市场需求以销定产,避免盲目增产。

（2）关于决策分析

采用变动成本法,能够提供创利额这一指标,揭示销售量、成本和利润之间的依存关系,进行量本利分析,为企业短期的生产经营预测和决策提供所需数据。

（3）关于成本控制和业绩评价

变动成本法在成本控制方面比完全成本法有更多的优越性,还有利于各部门业绩的评价。

（4）关于产品定价、对外报告和计税

变动成本法算出的产品成本不完全,不符合产品定价的要求;采用变动成本法计算的存货价值和损益,也不符合对外报送会计报表的要求和所得税法对计算应税所得额的要求。完全成本法则符合这些要求。因此,需要采用变动成本法计算产品成本的企业,一般只宜在账外计算,不宜在账内计算,不能在账内根据这种成本计算营业利润、编制对外会计报表。如果产品变动成本在账内计算,那么在月末计算营业利润、编制对外会计报表之前,必须将账面成本调整为完全成本。

4. 成本法的计算程序

采用变动成本法,必须先将成本划分为变动成本和固定成本,并将混合成本采用适当的方法分解为变动成本和固定成本。分解混合成本的方法很多,一般常用高低点法和散布图法。

12.3.2　其他辅助成本计算方法及实际应用

标准成本法也是一种重要的辅助成本核算方法,是以预先制定的标准成本为基础,用标准成本同实际成本进行比较、核算和分析成本差异的一种产品成本计算方法,也是加强成本控制、评价经济业绩的一种成本控制制度。它的核心是按标准成本记录和反映产品成本的形成过程和结果,并借以实现对成本的控制。标准成本法适用于产品品种较少的大批量生产企业,而单件、批量小和试制性生产的企业较少采用。

综合而言,前面各项目所述的品种法、分批法和分步法 3 种基本方法,以及分类法、定额成本法、变动成本法、标准成本法 4 种辅助方法,都是典型的成本计算方法。在实际工作中,由于情况错综复杂,一个企业、一个车间、一种产品往往同时采用或结合采用几种成本计算方法。

项目小结

本章主要介绍了分类法、定额法等成本计算辅助方法的特点、适应范围及成本核算程序。分类法是按产品类别归集生产费用,在计算出各类产品成本的基础上,再按一定标准在类内各种产品之间分配费用的一种成本计算方法。分类法适用于企业所生产产品的品种或规格繁多且可以对企业的产品进行适当分类的企业。联产品是指企业在生产过程中,使用相同的原材料,经过共同的生产工艺,进行相同的加工过程,生产出来的具有同等地位、不同用途的几种主要产品;副产品是指企业在生产主要产品的过程中,附带生产出一些非主要产品。实际工作中,联产品、副产品是按照分类法进行产品成本计算的。产品成本计算的定额法,是以产品定额成本为基础,加减脱离现行定额差异(如脱离定额的差异、材料成本差异)及定额变动差异来计算产品实际生产成本的一种方法。定额法作为一种成本计算方法和成本管理制度,有利于加强成本控制,便于对各项生产耗费和产品成本进行定期分析,有利于提高成本的定额管理和计划管理的水平,并能够较为合理、便捷地解决完工产品和月末在产品之间的分配费用问题;其缺点主要是计算产品成本的工作量较大。分类法、定额成本法、变动成本法、标准成本法都是典型的辅助成本计算方法,在实际工作中,往往同基本成本计算方法结合使用。

思考题

1. 简述分类法的计算程序。
2. 简述定额法的计算程序。

练习题

在线测试

一、单项选择题

1. 联产品在分离前计算出的总成本称为(　　　)。
   A. 直接成本　　　　　　　　　B. 间接成本
   C. 联合成本　　　　　　　　　D. 分项成本

2. 分类法的成本计算对象是(　　　)。
   A. 产品品种　　　B. 产品类别　　　C. 产品规格　　　D. 产品加工步骤

3. 下列适合采用分类法计算产品成本的企业是(　　　)。
   A. 制鞋厂　　　　　　　　　　B. 小型水泥厂
   C. 造纸厂　　　　　　　　　　D. 精密仪器生产企业

4. 在计算类内各种产品成本时,分配标准应选择同产品成本高低有直接联系的项目,通常采用的分配标准是(　　　)。
   A. 定额成本　　　B. 约当产量　　　C. 标准产量　　　D. 固定成本

5. 关于联产品,下列说法中正确的是(　　　)。
   A. 联产品中各种产品的成本应该相等
   B. 可以按联产品中的每种产品归集和分配生产费用
   C. 联产品的成本应该包括其所应负担的联合成本
   D. 联产品的成本应该包括其所应负担的联合成本和分离后的继续加工成本

6. 联产品分离前的联合成本的计算,可采用分类法的原理进行。联合成本在各种联产品之间分配的常用方法是(　　　)。
   A. 实际产量分配法　　　　　　B. 约当产量分配法
   C. 标准产量分配法　　　　　　D. 计划产量分配法

7. 副产品的计价可以根据不同情况分别采用不同方法,常见的方法是(　　　)。
   A. 按上期成本计价　　　　　　B. 按固定成本计价
   C. 按定额成本计价　　　　　　D. 按实际成本计价

8. 副产品成本从联合成本中扣除的方法可以是(　　　)。

A. 从"直接材料"成本项目中扣除　　　　B. 从"直接人工"成本项目中扣除

C. 从"制造费用"成本项目中扣除　　　　D. 由企业自行决定

9. 由材料质量、工艺过程本身等特点造成的等级品,可按分类法计算类产品的联合成本,在各种等级品之间分配联合成本时可采用的方法是(　　　)。

A. 约当产量比例法　　　　　　　　　　B. 实际产量比例法

C. 计划产量比例法　　　　　　　　　　D. 标准产量比例法

10. 采用分类法按系数分配计算类内各种产品成本时,对于系数的确定方法是(　　　)。

A. 选择产量大的产品作为标准产品,将其分配标准数确定为 1

B. 选择产量大、生产稳定的产品作为标准产品,将其分配标准数确定为 1

C. 选择产量大、生产稳定或规格折中的产品作为标准产品,将其分配标准数定为 1

D. 自行选择一种产品作为标准产品,将其分配标准数定为 1

二、多项选择题

1. 采用分类法计算产品成本时应注意的问题有(　　　　　)。

A. 类内产品品种不能过多　　　　　　　B. 类内产品品种不能太少

C. 分配标准可由企业自由选择　　　　　D. 分配标准应有所选择

E. 类距要适当

2. 分类法的成本计算程序是(　　　　　)。

A. 在同类产品中选择产量大、生产稳定或规格折中的产品作为标准产品

B. 把标准产品的分配标准系数确定为 1

C. 以其他产品的单位分配标准数据同标准产品相比,求出其他产品的系数

D. 用各种产品的实际产量乘上系数,计算出总系数

E. 按各种产品总系数比例分配计算类内各种产品成本

3. 分类法下对于类内产品成本的计算,一般可以采用的方法有(　　　　　)。

A. 系数法　　　　　　　　　　　　　　B. 按定额成本计价法

C. 按定额比例法计算　　　　　　　　　D. 分批法

E. 约当产量法

4. 如果按单项系数进行类内产品成本分配,当直接材料成本项目按定额成本作为分配标准时,则在计算直接材料成本项目的系数时应考虑以下因素(　　　　　)。

A. 标准产品的直接材料定额成本　　　B. 某种产品的直接材料定额成本

C. 标准产品的其他成本项目定额成本　D. 某种产品的其他成本项目定额成本

E. 标准产品定额成本总数

5. 分类法主要适用于产品品种较多的企业或车间,下列可以采用分类法计算产品成本的企业有(　　　　　)。

A. 电子元件厂　　　B. 针织厂　　　　C. 造船厂　　　　D. 机床厂

E. 砖瓦厂

6. 在分类法下,将每类产品总成本在类内各种产品之间进行分配时所选择的分配标准通常可以是(　　　　　)。

A. 定额消耗量　　　B. 计划成本　　　C. 产品售价　　　D. 定额成本

E. 产品的质量或体积

7. 采用系数法分配计算类内各种产品成本时,可以按单项系数进行分配。单项系数计算公式的分子和分母可以是(　　　　　)。

　　A. 分子是某种产品直接材料定额成本,分母是标准产品直接材料定额成本

　　B. 分子是某种产品定额工时,分母是标准产品定额工时

　　C. 分子是某种产品定额制造费用,分母是标准产品定额制造费用

　　D. 分子是标准产品直接材料成本,分母是某种产品直接材料成本

　　E. 分子是标准产品定额制造费用,分母是某种产品定额制造费用

8. 按定额比例法进行类内产品成本分配时的具体做法是(　　　　　)。

　　A. 材料费用可采用定额工时比例分配

　　B. 加工费用可采用材料定额工时比例分配

　　C. 材料费用可采用材料定额耗用量比例分配

　　D. 加工费用可采用定额工时比例分配

　　E. 各项费用均按材料定额消耗量比例分配

9. 联产品的生产特点是(　　　　　)。

　　A. 经过同一个生产过程进行生产　　　　　B. 利用同一种原材料加工生产

　　C. 都是企业的主要产品　　　　　　　　　D. 有的是主要产品,有的是非主要产品

　　E. 生产成本相同

10. 联产品分离前的联合成本,在各种联产品之间进行分配的方法包括(　　　　　)。

　　A. 计划产量分配法　　　　　　　　　　　B. 约当产量分配法

　　C. 实物计量分配法　　　　　　　　　　　D. 销售价值分配法

　　E. 标准产量分配法

11. 副产品是指企业在生产主要产品的过程中附带生产出来的一些非主要产品。副产品的计价方法是(　　　　　)。

　　A. 副产品不计价

　　B. 按销售价格扣除销售税金、销售费用后的余额计算

　　C. 副产品按固定价格计价

　　D. 按计划单位成本计价

　　E. 按实际成本计价

12. 可按分类法成本计算原理计算产品成本的等级品是(　　　　　)。

　　A. 由于材料质量原因造成等级品　　　　　B. 由于工艺过程本身原因造成等级品

　　C. 由于自然原因造成等级品　　　　　　　D. 由于生产管理不当造成等级品

　　E. 由于操作失误造成等级品

三、判断题

1. 成本计算的辅助方法同企业生产类型的特点没有直接联系,不涉及成本计算对象。(　　)

2. 成本计算的辅助方法,一般应同基本方法结合起来使用,而不单独使用。　　　(　　)

3. 约当产量法主要适用于月末在产品数量较大,各月末在产品数量变化也较大,成本中原材料费用所占的比重不多的产品。　　　　　　　　　　　　　　　　　　　　(　　)

4. 在定额法下,原材料成本差异等于该产品的原材料定额费用和原材料脱离定额差异的代数和再乘以原材料成本差异率。 （ ）

5. 在产品按定额成本计价法适用于定额管理基础较好,各项消耗定额或费用定额比较准确、稳定,而且各月在产品数量变动较大的产品。 （ ）

四、计算题

1. ABC 企业采用分类法进行产品成本计算。甲类产品包括 X、Y、Z 三个品种,其中 X 产品为标准产品。类内产品成本分配的方法为:直接材料按材料费用定额系数为标准,其他费用项目按定额工时系数为标准。甲类完工产品成本及产量和定额等资料如表 12 - 14 和表 12 - 15 所示。

表 12 - 14 甲类产品成本计算单

元

项 目	直接材料	直接工资	制造费用	合 计
月初在产品成本(定额成本)	8 900	3 200	5 200	17 300
本月发生费用	90 850	45 300	49 700	185 850
完工产品成本	85 200	35 550	47 400	168 150
月末在产品成本(定额成本)	14 550	12 950	7 500	35 000

表 12 - 15 产量及定额资料

名 称	产 量	单位产品材料费用定额	单位产品工时定额
X	200 件	150.0 元	12.0 小时
Y	200 件	120.0 元	15.0 小时
Z	150 件	172.5 元	11.4 小时

要求:在表 12 - 16 和表 12 - 17 中填制甲类产品系数计算表和甲类产品成本计算单。

表 12 - 16 甲类产品系数计算表

名 称	直接材料		工 时	
	单位产品定额/元	系 数	单位产品定额/小时	系 数
X				
Y				
Z				

表 12 - 17 甲类产品成本计算单

项 目	产量/件	直接材料系数	直接材料总系数	工时系数	工时总系数	直接材料	直接人工	制造费用	成本合计
分配率									
X									
Y									
Z									
合 计									

成本报表的编制和分析

学习目标

1. 了解成本报表的作用和种类。
2. 掌握成本报表的编制要求和分析方法。
3. 掌握产品生产成本表、主要产品单位成本表和制造费用明细表的结构及其编制方法。

我们已经阐述了产品成本的核算方法,在成本会计实务中,核算出产品成本后,还应该及时编制成本报表,并选用适当的方法对其进行分析,以提供决策需要的成本信息。

13.1 成本报表的作用和种类

13.1.1 成本报表的概念

成本报表是指企业根据成本管理的需要,依据日常成本和期间费用的核算资料及其他有关资料定期或不定期编制的,用来反映和监督企业一定时期产品成本和期间费用水平及其构成情况的内部报告文件,是企业会计报表体系的重要组成部分。正确、及时地编制成本报表,是企业成本会计工作的一项重要内容。

13.1.2 成本报表的作用

成本报表是企业成本会计信息的载体,属于企业内部的成本管理报表。编制成本报表的目的主要是为满足企业内部管理需要,向企业管理者提供有关的成本信息,便于管理者进行成本分析和成本决策。其作用有以下方面。

1. 成本报表是评价和考核成本计划的完成情况的依据

成本报表能够综合地反映企业在成本报告期内产品的成本费用水平、构成及升降情况。通过编制成本报表及其提供的成本信息,可以及时揭示企业在生产、管理、技术、质量等方面的工作成果;将成本报表中的数据同计划数进行比较,检查企业成本计划的执行情况,评价和考核企业成本工作绩效,以达到不断总结经验教训,提高企业成本管理水平,提高经济效益的效果。

2. 成本报表是进行成本分析的依据

通过分析成本报表,可以揭示影响产品成本指标和费用项目变动的因素与原因,从生产技术、生产组织和经营管理等各方面挖掘节约费用与降低产品成本的潜力,提高企业经济效益,实现企业成本管理的目标。

3. 成本报表是成本预测、决策及制定成本计划和产品价格的重要依据

成本报表提供的实际产品或者经营业务成本或费用支出的信息,不仅可以满足日常成本、费用管理的需要,而且也是企业进行成本预测、决策,编制下期成本计划,制定产品价格的重要依据。

13.1.3　成本报表的种类

成本报表属于内部报表,是一种商业机密,不对外公布,因此成本报表的种类、格式、项目、指标的设计和编制方法、编报日期、具体报送对象都由企业自行决定,国家不做统一规定。但是,同一个行业企业的成本报表也具有相似性。一般来说,工业企业的成本报表可以做如下分类。

1. 按成本报表反映的经济内容分类

（1）反映成本水平的报表

这类报表主要有产品生产成本表、主要产品单位成本表等。通过它们,可以揭示企业为生产一定产品所付出的成本是否达到了预定的要求。在报表中,可将报告期实际成本水平与计划成本水平、历史成本水平及同行业成本水平进行比较,以反映成本管理工作的绩效。

（2）反映费用支出情况的报表

这类报表主要有制造费用明细表、财务费用明细表、销售费用明细表和管理费用明细表等。通过它们可以了解到企业在一定时期内费用支出的总额及构成情况,了解费用支出的合理程度和变动趋势,以便企业管理部门正确制定费用预算,考核各项消耗和支出指标的完成情况,明确各有关部门和人员的经济责任。

（3）反映成本管理专题的报表

这类报表主要反映生产中影响产品生产成本的某些特定的重要问题,主要有责任成本报表、质量成本报表等,一般根据实际情况灵活设置。

2. 按成本报表编制的时间分类

（1）定期报表

定期报表是指为了满足企业日常成本管理的需要,及时反馈成本信息而按照规定期限编制的成本报表,一般按年、半年、季、月等定期编报。如果内部管理有特殊需要,也可以按半月、旬、周、日等定期编报。它充分体现了成本报表的及时反馈特性。

（2）不定期报表

不定期报表是指针对成本、费用管理中出现的某些较大问题或亟待解决的问题而随时按要求编制的成本报表,如异常成本差异报表等。它体现了成本报表适应管理需要的灵

活性。

3. 按成本报表编制的范围分类

① 企业成本报表。又称全厂成本报表,是指反映全企业范围成本费用状况的报表。

② 车间成本报表。车间成本报表是指反映车间范围的成本费用状况的报表。

③ 班组成本报表。班组成本报表是指反映班组范围成本费用状况的报表。

13.1.4 成本报表的特点

成本报表同财务报表相比,成本报表属企业内部报表,由企业自行设计和填制,旨在为企业内部各层级提供必要的信息,满足企业内部经营管理的需要。其特点表现在以下方面。

1. 针对性

成本报表主要为企业内部管理服务,满足企业管理者、成本责任者对成本信息的需求,有利于观察、分析、考核成本的动态,以确保企业成本、费用管理目标的实现。同时,也为企业进行成本预测、决策和制订成本计划提供重要的依据。

2. 多样性

成本报表的种类、格式、内容等由企业自行决定,根据企业自身生产经营过程的特点、企业经营管理特别是成本管理的具体要求来确定——不同企业生产经营特点和成本管理要求不同,不同企业编制的成本报表是有所不同的。因此,成本报表也就呈现出多样性。

3. 综合性

成本报表需要同时满足财会部门、各级生产技术部门和计划管理等对成本管理的需要。对这些职能部门而言,它们不仅要求成本报表提供用于事后分析的资料,还要提供事前计划、事中控制所需要的大量信息。因此,成本报表不仅要设置货币指标,还要设置反映成本消耗的多种形式的指标;不仅包括会计核算提供的指标,还包括统计核算、业务核算提供的指标,这些指标实质上是核算资料和技术经济资料(固定资产的利用程度、劳动效率等)的有机结合,具有综合性的特点。

13.2 成本报表的编制和分析方法

13.2.1 成本报表的编制要求

编制成本报表的主要依据主要有报告期的成本账簿资料、本期成本计划和费用预算等资料、以前年度的会计报表资料及同企业有关的统计资料和其他资料等。为了提高成本信息的质量,充分发挥成本报表的作用,成本报表的编制应符合下列基本要求。

1. 真实可靠

成本报表必须依据审核无误的账簿资料及其他相关资料编制,不得以任何方式弄虚作假。成本报表的指标数字必须真实可靠,要计算正确,不得任意估计,能如实地集中反映企业实际发生的成本费用情况。各种成本报表之间、主表和附表之间、各项目之间,凡是有勾稽关系的数字,应相互一致;本期报表和上期报表之间有关的数字应相互衔接。

2. 相关可比

相关可比是指对于重要的项目(如重要的成本、费用项目)在成本报表中应单独列示,以显示其重要性;对于次要的项目,可以合并反映。同时,在会计计量和编报方法上,各报表项目的数据应当口径一致、相互可比,以便成本信息使用者进行比较,做出正确的决策。

3. 内容完整

内容完整是指编制的各种成本报表应当齐全;应填列的报表指标和文字说明必须全面;无论是根据账簿资料直接填列,还是根据计算分析结果填列,表内项目和表外补充资料都应当准确无缺,不得随意取舍。如果计算方法有变动,应当在附注中说明。对报送的主要成本报表,还应当附加分析,说明成本费用的使用情况、原因、措施等。

4. 编报及时

编报及时是指根据企业管理部门的需要,及时编制和提供各种成本报表。成本报表按编制的时间分类可以分为定期报表和不定期报表。不管是定期报表还是不定期报表,都应按规定日期及时编制,及时报送成本报表,保证成本报表的及时性,以便及时反映情况。只有保证其及时性,才能及时地对企业成本费用情况进行检查和分析,从中发现问题,及时采取措施加以解决,充分发挥成本报表的应有作用。

13.2.2　成本报表分析的方法

成本报表分析是指利用成本报表及其相关成本、费用资料,按照一定的程序,采用专门的方法,对企业一定时期产品成本和期间费用的水平及其构成情况进行分析与评价,揭示产品成本和期间费用变动的原因及各种因素对其变动的影响程度,以挖掘降低成本、费用的潜力,提高企业的经济效益。成本报表分析是企业成本管理的重要组成部分,也是成本会计的主要职能。

成本报表分析的方法主要有比较分析法、比率分析法、趋势分析法和因素分析法 4 种。

1. 比较分析法

比较分析法也称对比分析法,是指通过对成本报表项目的实际数和基准数的对比,从数量上确定差异的一种分析方法。其主要作用在于揭示它们之间存在的差异,了解经济活动的业绩和问题,为进一步分析指出方向。在具体分析时,既可以采用绝对数,也可以采用相对数比较。在成本会计实务中,对比分析的基准数由于分析的目的不同而有所不同,实际工作中通常有以下几种形式。

① 将实际数和计划数或定额数对比,可以揭示计划或定额的执行情况,为进一步分析指明方向。但在分析时,还应检查计划或定额本身是否切实可行。

② 将本期实际数和前期实际数或者以往年度同期实际数对比,可以考察企业有关成本

经济业务的发展变化情况。

③ 将本期实际数同本企业历史先进水平和国内外同行业的先进水平对比,可以考察企业成本发展动态和变化趋势。同历史水平对比,有助于吸取历史经验;同先进水平做对比,有助于发现目前企业成本管理的状况和水平与先进水平之间的差距。

比较分析只适用于同质指标的数量对比,所以运用比较分析法时,应该注意指标的内容、计划标准、计算方法、时间长短和影响指标形成的客观条件等方面的可比性。如果相比的指标之间存在一些不可比的因素,应当按照可比的口径进行调整,然后再进行对比。

2. 比率分析法

比率分析法是指通过计算和对比相关经济指标之间的比率,借以分析和评价企业经济业务的相对效益的一种分析方法。采用这一分析方法,首先要把对比的数值变为相对数,求出比率,然后再进行对比分析。其具体形式主要有相关指标比率分析法和比重分析法两种。

（1） 相关指标比率分析法

相关指标比率分析法简称为相关比率分析法,是指将两个性质不同但又相关的指标进行对比求出两者的比率,以反映报表中相关项目之间关系的一种分析方法。在实际工作中,由于企业规模、发展状况不同等原因,单纯对比各项目的绝对数并不能说明企业成本水平的高低及经济效益的好坏,但如果计算成本和相关指标之间的相对数,如成本同产值、销售收入或利润相比的相对数,就可以反映出企业经济效益的好坏。

相关比率分析法中常用的比率主要有产值成本率、销售收入成本率和成本利润率等,其计算公式为:

$$产值成本率 = \frac{产品成本}{产品产值} \times 100\% \qquad (13-1)$$

公式 13 - 1 中,产品产值是指企业在一定时期内生产的工业最终产品或提供工业性劳务按照现行价格计算的总价值。

$$销售收入成本率 = \frac{产品成本}{产品销售收入} \times 100\% \qquad (13-2)$$

$$成本利润率 = \frac{利润总额}{产品成本} \times 100\% \qquad (13-3)$$

由上述 3 个公式可知,产值成本率和销售收入成本率越低,或者成本利润率越高,反映企业经济效益越好;反之,企业经济效益越差。

（2） 比重分析法

比重分析法也称结构比率分析法或构成比率分析法,是指通过计算某项成本指标的各个组成部分占总体的比重来分析其构成部分之间关系的一种比率分析法。在实际工作中,进行分析时可以把不同时期的同样产品的成本构成相比较,观察产品成本构成的变化,看产品成本或费用的构成是否合理,并观察提高生产技术水平和加强经营管理之间的关系,进一步降低产品成本。

比重分析法中常用的比率主要有原材料成本比率、直接职工薪酬成本比率和制造费用比率。其计算公式为:

$$原材料成本比率 = \frac{原材料成本}{产品成本} \times 100\% \qquad (13-4)$$

$$直接职工薪酬成本比率 = \frac{直接职工薪酬成本}{产品成本} \times 100\% \qquad (13-5)$$

$$制造费用比率 = \frac{制造费用}{产品成本} \times 100\% \qquad (13-6)$$

为了克服比率分析法的局限性,在应用比率分析法时,应注意以下问题:一是在对各种比率进行分析时,应制定出相应的标准,据以评价实际完成情况,以达到指导企业经济活动的目的;二是计算比率的两个项目要具有相关性,其计算口径要一致;三是在不同企业之间进行对比分析时,要剔除不可比因素。

3. 动态分析法

动态分析法也称趋势分析法,是指将企业连续若干期成本报表中的相同指标的绝对数或相对数进行对比,揭示该项成本费用指标的增减变化,据以预测其发展变化趋势的一种分析方法。

动态分析法按照对比期的指标基数数据是否固定,可以分为定基比率动态分析法和环比比率动态分析法两种。

① 定基比率动态分析法简称定比分析法,是指在采用动态分析法时,选定分析期中的某一期的指标数据为固定的基期指标数据,将其他各期的指标数据与其对比,以分析该指标发展趋势的一种分析方法。其计算公式为:

$$定基比率 = \frac{分析期数据}{固定基期数据} \times 100\% \qquad (13-7)$$

② 环比比率动态分析法简称环比分析法,是指在采用趋势分析法时,以每一分析期的前一期指标数据为基期指标数据,将每一分析期的指标数据与其对比,以分析该指标发展趋势的一种分析方法。其计算公式为:

$$环比比率 = \frac{分析期数据}{前一期数据} \times 100\% \qquad (13-8)$$

4. 因素分析法

比较分析法和比重分析法只能揭示实际数和基数之间的差异,难以揭示其影响因素,因为一个经济指标的完成,往往是多种因素共同影响的结果。

因素分析法是指根据综合分析指标和其影响因素的关系,从数量上确定各项因素对综合分析指标影响方向和程度的一种分析方法。由于各构成因素之间相互关系的复杂性不同,因素分析法又分为连环替代分析法和差额计算分析法。

（1）连环替代分析法

连环替代法是根据因素之间的内在依存关系,依次测定各因素的变动对经济指标差异影响的一种分析方法。其主要作用在于分析计算综合经济指标变动的原因及其各因素的影响程度。其计算步骤如下。

① 找到同经济指标有因果关系的构成因素。

② 确定各因素的排列顺序，即确定在以后的计算中因素替换的顺序。

③ 数次替代因素。按因素的排列顺序，在基期的水平上进行连续替换，每次只替换一个因素，即将其中一个因素的基准数替换为该因素的本期实际数，其他因素暂时不变。后面因素的替换是在前面因素已经替换为本期实际数的基础上进行的。

④ 确定影响结果，计算每个因素单独变动对差额的影响。将每次替换后得出的综合指标新数据和替换前的数据相减，其差额即为该替换因素变动对综合指标的影响程度。

⑤ 汇总影响结果，将各因素单独变动对差额的影响数额汇总相加，用相加所得的合计数去同"实际数－基准数"的差额进行验证，如果两者相等则结束工作。

例13－1 某企业生产的一种产品所耗用的原材料费用相关数据资料如表13－1所示。

表13－1 原材料费用数据资料

费用项目	计量单位	上年同期实际	本月实际	本年累计实际
产品产量	台	450	480	30
单位产品材料消耗量	千克	25	24	－1
材料单价	元	10	15	3
材料费用总额	元	112 500	172 800	60 300

从表13－1中可知：

材料费用总额差异 = 172 800 － 112 500 = 60 300（元）

基期指标 = 450 × 25 × 10 = 112 500（元）

第1次替代 = 480 × 25 × 10 = 120 000（元）

由于产品产量增加使材料费用增加，材料费用 = 120 000 － 112 500 = 7 500（元）

第2次替代 = 480 × 24 × 10 = 115 200（元）

由于单位产品材料消耗量减少使材料费用减少，115 200 － 120 000 = －4 800（元）

第3次替代 = 480 × 24 × 15 = 172 800（元）

由于材料单价上升使材料费用增加，材料费用 = 172 800 － 115 200 = 57 600（元）

材料费用变动差异合计 = 7 500 + （－4 800） + 57 600 = 60 300（元）

可见，此结果刚好同材料费用总额差异数额相等。

（2）差额计算分析法

差额计算法是根据各个因素的实际数和基准数之间的差额，直接计算出各个因素对综合指标差异的影响数值的一种分析方法。它是连环替代分析法的一种简化的计算方法。

仍参照例13－1的数据来说明。

材料费用总额差异 = 172 800 － 112 500 = 60 300（元）

由于产品产量增加使材料费用增加，材料费用 = （480 － 450） × 25 × 10 = 7 500（元）

由于单位产品材料消耗量的减少使材料费用减少 = 480 × （24 － 25） × 10 = －4 800（元）

由于材料单价增加使材料费用增加，材料费用 480 × 24 × （15 － 10） = 57 600（元）

材料费用变动差异合计 = 7 500 + （－4 800） + 57 600 = 60 300（元）

由此可见,以上两种方法计算结果相同,但采用差额计算法显然要比连环替代法简化许多,因此在实际工作中,采用差额计算法较多。

13.3　产品生产成本表的编制和分析

产品生产成本表是反映企业在报告期(月、季、半年、年)内生产的全部产品的总成本的报表。一般按照格式划分,可以分为按产品种类反映的产品成本表和按成本项目反映的产品生产成本表两种。

13.3.1　产品生产成本表(按产品种类反映)的编制

按产品种类反映的产品生产成本表是指按产品种类汇总反映企业在报告期内生产的全部产品的单位成本和总成本的报表。

按产品种类反映的产品生产成本表一般有基本报表和补充资料两部分构成。其中,基本报表部分一般分别按照可比产品和不可比产品汇总反映实际产量、单位成本、本月总成本和本年累计总成本;补充资料部分主要反映可比产品的降低额和降低率等资料。

1. 产品生产成本(按产品种类反映)表的结构

该表可以分为实际产量、单位成本、本月总成本和本年累计总成本 4 部分,表中按照产品种类分别反映本月产量、本年累计产量及上年实际成本、本年计划成本、本月实际成本和本年累计实际成本。其结构如表13-2所示。

2. 产品生产成本表(按产品种类反映)的填列方法

① "产品名称"项目。对于企业的主要产品应按照产品品种分为可比产品和不可比产品填列,但不可比产品不填列上年成本资料;对于企业的非主要产品,可以按照产品类别合并填列本月总成本和本年累计总成本;如果有不合格产品,应当单独列示一行,并注明"不合格产品"字样,不应当同合格产品合并填列。

其中,可比产品是指企业上年正式生产过,具有可供比较的上年完整成本资料的产品;不可比产品是指企业上年没有正式生产过,没有可供比较的上年完整成本资料的新产品。

② "实际产量"项目反映本月的实际产量。其中,"本月"栏应当根据本月份产品成本计算单资料填列;"本年累计"栏应该根据上月份本表的"本年累计"栏的数量加上本月份本表的"本月"栏的数量计算填列。

③ "单位成本"项目。"上年实际平均"栏应当根据上年末本表的"本年累计实际平均"栏的数据填列;"本年计划"栏应当根据本年度成本计划有关资料填列;"本月实际"栏和"本年累计实际平均"栏是分别反映本月和自年初起至本月末止,企业生产的各种产品的实际总成本,应根据产品成本计算单的资料计算填列。

④ "本月总成本"项目。"按上年实际平均单位成本计算"栏应当根据本月实际产量乘以"上年实际平均单位成本"计算填列;"按本年计划单位成本计算"栏应当根据本月实际产量乘以"本年计划单位成本"计算填列;"本月实际"栏应当根据本月份产品成本计算单的相关资料填列。

编制单位:××公司

表13-2 产品生产成本表(按产品种类反映)

20××年12月

产品名称	实际产量/件		单位成本/元				本月总成本/元			本年累计总成本/元		
	本月	本年累计	上年实际平均	本年计划	本月实际	本年累计实际平均	按上年实际平均单位成本计算	按本年计划单位成本计算	本月实际	按上年实际平均单位成本计算	按本年计划单位成本计算	本年实际
	1	2	3	4	5=9/1	6=12/2	7=1×3	8=1×4	9	10=2×3	11=2×4	12
可比产品合计	—	—	—	—	—	—	11 000	10 940	10 920	134 200	133 508	133 660
其中:A产品	10	130	300	302	306	305	3 000	3 020	3 060	39 000	39 260	39 650
B产品	20	238	400	369	393	395	8 000	7 920	7 860	95 200	94 248	94 010
不可比产品	—	—	—	—	—	—	—	14 000	9 980		104 000	99 900
其中:C产品	10	100	—	500	498	499	—	5 000	4 980	—	50 000	49 900
D产品	20	120	—	450	250	400	—	9 000	5 000	—	54 000	50 000
产品生产成本合计	—	—	—	—	—	—	11 000	24 940	20 900	134 200	187 508	233 560

注:补充资料(按本年累计总成本计算)如下。

1. 可比产品成本的实际降低额为540元(本年计划降低额为500元)。

2. 可比产品的实际降低率为0.402 4%(本年计划降低率为0.355 5%)

⑤ "本年累计总成本"项目。"按上年实际平均单位成本计算"栏应当根据本年累计实际产量乘以"上年实际平均单位成本"计算填列;"按本年计划单位成本计算"栏应当根据本年累计实际产量乘以"本年计划单位成本"计算填列;"本年实际"栏应当根据"本月总成本"栏中"本月实际"的数据加上上月份本表的"本年累计总成本"栏中的"本年实际"的数据计算填列。

⑥ "补充资料"项目。"本年计划降低额"和"本年计划降低率"应当根据企业制订的可比产品成本降低计划中的计划降低额和计划降低率直接填列。计划降低额是指可比产品计划总成本比按计划产量实际计算的上年实际总成本减少的数额;计划降低率是指计划降低额除以计划总成本的比率。"可比产品成本的实际降低额""可比产品成本的实际降低率"计算公式为:

$$可比产品成本的实际降低额 = \sum 实际产量 \times$$
$$(上年实际单位成本 - 本年累计实际单位成本) \qquad (13-9)$$

$$可比产品成本的实际降低率 = \frac{可比产品成本的实际降低额}{\sum (实际产量 \times 上年实际单位成本)} \times 100\%$$
$$(13-10)$$

$$可比产品成本的计划降低额 = \sum 计划产量 \times (上年实际单位成本 - 本年计划单位成本)$$
$$(13-11)$$

$$可比产品成本的计划降低率 = \frac{可比产品成本的计划降低额}{\sum (计划产量 \times 上年实际单位成本)} \times 100\% \qquad (13-12)$$

13.3.2　产品生产成本表(按成本项目反映)的编制

按成本项目反映的产品生产成本表是按成本项目汇总反映企业在报告期内发生的全部生产费用,以及产品生产成本合计数的报表。通过该表可以反映工业企业一定时期内全部产品生产成本发生的情况,了解产品成本核算发生的全貌;可以考核全部产品成本计划的执行结果,了解产品成本升降的情况;揭示成本差异,分析成本差异的原因,挖掘降低产品成本的潜力。

按成本项目反映的产品生产成本表一般有生产成本和产品生产成本两部分构成。

1. 产品生产成本(按成本项目反映)表的结构

该表的基本结构是按成本项目列示产品总成本,并按上年实际数、本年实际数、本月实际数和本年累计数分栏反映,如表 13-3 所示。

表 13-3　产品生产成本表(按成本项目反映)

编制单位:××公司　　　　　　　　　　　20××年12月　　　　　　　　　　　　　　元

项　目	上年实际	本年计划	本月实际	本年累计实际
生产成本:	—	—	—	—
原材料	97 920	120 400	11 590	126 880
直接人工	40 800	60 197	3 860	50 752

(续表)

项 目	上年实际	本年计划	本月实际	本年累计实际
制造费用	65 280	70 233	7 270	76 128
生产成本合计	204 000	250 830	22 720	253 760
加:在产品、自制半成品期初余额	10 000	13 000	12 000	10 000
减:在产品、自制半成品期末余额	8 000	10 000	13 820	13 000
产品生产成本合计	206 000	253 830	20 900	250 760

2. 产品生产成本(按成本项目反映)表的填列方法

① "上年实际"栏。应当根据本月份本表的"本年实际"栏的数据填列。

② "本年计划"栏。应该根据本年度成本计划有关资料填列。

③ "本月实际"栏。应当根据各种产品本月产品成本明细账,按照成本项目分别汇总的数据填列;

④ "本年累计实际"栏。应当根据"本月实际"栏的数据加上上月份本表的"本年累计实际"栏的数据填列。

⑤ "原材料""直接人工""制造费用"按成本计算单或产品成本明细账的记录计算填列;

⑥ "在产品、自制半成品期初余额""在产品、自制半产品期末余额"栏。应根据各种产品的产品成本明细账、自制半成品明细账的期初、期末余额分别汇总的数据填列。

⑦ "产品生产成本合计"栏。应当根据"产品生产成本合计 = 生产成本合计+在产品、自制半成品期初余额 - 在产品、自制半成品期末余额"公式计算填列。

13.3.3 产品生产成本表的分析

一般来说,产品生产成本表的分析主要是从产品成本计划完成情况分析切入的,对于可比产品,还要分析可比产品成本降低目标的完成情况。

1. 产品生产成本计划完成情况分析

（1） 按产品种类进行成本计划完成情况分析

按产品品种分析全部产品成本的计划完成情况,是将全部产品和各种主要产品的按实际产量计算的计划总成本同实际总成本进行对比,确定实际总成本和计划总成本的差异。这样就剔除了产量变动对产品成本的影响,从而了解成本计划的执行情况。其计算公式为:

$$总成本降低额 = 按实际产量计算的计划总成本 - 实际总成本$$

$$= \sum (计划单位成本 \times 实际产量) - \sum 计划单位成本 \times 实际产量) \quad (13-13)$$

$$总成本降低率 = \frac{总成本降低额}{\sum (计划单位成本 \times 实际产量)} \quad (13-14)$$

例 13 - 2 根据某公司产品成本计划完成情况分析表(见表13 - 4),分析某公司产品成本计划的完成情况。

表 13 - 4　某公司产品生产成本分析表

元

产品名称	计划总成本	实际总成本	实际与计划的差异	
			降低额	降低率
可比产品	2 930 000	2 955 000	- 25 000	- 0.85%
A 产品	2 000 000	2 040 000	- 40 000	- 2%
B 产品	930 000	915 000	15 000	1.61%
不可比产品	70 000	65 900	4 100	5.86%
C 产品	30 000	29 400	600	2%
D 产品	40 000	36 500	3 500	8.75%
全部产品	3 000 000	3 020 900	- 20 900	- 0.70%

　　从分析表中可以看出,总成本超支额为 20 900 元,超支率为 0.70%,可见全部产品成本计划尚未完成。从产品品种上看,各产品成本计划完成情况不均衡。其中,可比产品超支了 25 000 元,超支率为 0.85%;不可比产品比计划降低了 4 100 元,降低率为 5.86%。可比产品中 B 产品和不可比产品都完成了计划,A 产品发生了超支,说明企业在成本管理中还存在一定的问题,应结合其他方面的资料进一步分析甲产品超支的具体原因,根据具体原因加强成本管理。

　　(2) 按成本项目进行产品成本计划完成情况分析

　　以上按产品品种分析全部产品成本的计划完成情况,可以看到可比产品、不可比产品成本的计划完成情况。但究竟是哪些成本项目超支,哪些成本项目节约,还需要再根据有关成本计划和成本核算资料分别对每个成本项目进行分析,确定每个成本项目的降低额和降低率,以便寻找降低产品成本的途径。

　　例 13 - 3　现根据表 13 - 3 有关成本计划和成本核算资料,按产品成本项目编制成本分析表(见表 13 - 5),并做分析。

表 13 - 5　产品成本项目分析表

元

成 本 项 目	计划总成本	实际总成本	实际与计划的差额		各项目的降低额占计划总成本的百分比
			降低额	降低率	
生产成本:	—	—	—	—	—
原材料	120 400	126 880	- 6 480	- 5.38%	- 2.55%
直接人工	60 197	50 752	9 445	15.69%	3.72%
制造费用	70 233	76 128	- 5 895	- 8.39%	- 2.32%
生产成本合计	250 830	253 760	- 2 930	- 1.17%	- 1.15%
加:在产品、自制半成品期初余额	13 000	10 000	3 000	23.08%	1.18%
减:在产品、自制半成品期末余额	10 000	13 000	- 3 000	- 30.00%	- 1.18%
产品生产成本合计	253 830	250 760	3 070	1.21%	1.21%

从表 13 - 5 可以看出,从总体水平上来看,该企业产品的总成本计划完成了,在这几个成本项目中,只有直接人工和在产品、自制半成品期初余额成本是降低的,其他都是上升的。但由于直接人工节约了不少成本,从而使总的成本降低,不过降低幅度很小,因此还是要注意成本管理。直接材料和制造费用分别超支了 6 480 元和 5 895 元,超支率分别为 5.38% 和 8.39%,说明直接材料和制造费用项目存在一些问题,应当进一步查明原因,以便使产品成本降低更多。

2. 可比产品生产成本计划完成情况分析

可比产品成本降低计划完成情况的分析是指将可比产品成本的实际降低额同计划降低额、实际降低率同计划降低率进行对比,分析其实际的降低情况,以评价可比产品成本降低任务的完成情况。如果企业规定有可比产品成本降低计划,即可比产品成本的计划降低额或降低率,那么应当进行可比产品成本降低计划执行结果的分析,计算公式为公式(13 - 9)至公式(13 - 12)。

例 13 - 4　根据表 13 - 2 的资料,编制该公司规定的 20 × × 年全部可比产品成本降低计划完成情况分析表(见表 13 - 6)并做分析。

表 13 - 6　全部可比产品成本降低计划完成情况分析表

编制单位:× × 公司　　　　　　　　　　　　20 × × 年　　　　　　　　　　　　　　　元

分析指标	实际成本降低情况	计划成本降低任务	本年成本降低实际比计划降低
降低额	540	550	40
降低率	0.402 4%	0.355 5%	0.05%

从表 13 - 6 可知,该公司 20 × × 年全部可比产品成本降低计划超额完成了。由于影响可比产品成本升降的因素是比较复杂的,因此企业需要进一步分析,以提高经济效益。

13.4　主要产品单位成本表的编制和分析

主要产品是指企业日常生产经营中生产的在企业总产品成本中所占比重较大,能代表企业生产经营状况,体现企业经营管理水平的产品。主要产品单位成本表是反映企业在一定时期内(月份、季度、年度)生产的各种主要产品单位成本的构成和各项主要经济指标执行情况的成本报表。

13.4.1　主要产品单位成本表的结构

主要产品单位成本表是产品生产成本表的必要补充,应按某些主要产品分别编制。它一般由产品单位生产成本和主要经济技术指标两部分构成:产品单位生产成本部分包括直接材料、直接人工和制造费用项目,并分别列出历史先进水平、上年实际平均、本年计划、本月实际和本年累计实际平均的单位成本;主要经济技术指标部分主要反映原材料、主要材料、燃料和动力等消耗数量。其一般格式如表 13 - 7 所示。

表 13 - 7　某公司主要产品单位成本表

编制单位：某公司　　　　　　　　　　　　　　20××年 12 月　　　　　　　　　　　　　元

产品名称	A 产品		本月计划产量		10
规格	—		本月实际产量		10
计量单位	台		本年累计计划产量		120
销售单价	—		本年累计实际产量		130
成本项目	历史先进水平	上年实际平均	本年计划	本月实际	本年累计实际平均
直接材料	150.3	150.7	151	153	152
直接人工	64.5	65	66.5	66	67
制造费用	84.2	84.3	84.5	87	86
产品单位生产成本	299	300	302	306	305
主要技术经济指标	计量单位	用量	用量	用量	用量	用量

主要技术经济指标	计量单位	用量	用量	用量	用量	用量
原料	—	—	—	—	—	—
主要材料	千克	22	21	20	18	19
燃料	—	—	—	—	—	—
工时	小时	2.4	2.9	2.8	2.5	2.7

13.4.2　主要产品单位成本表的填列方法

①"本月计划产量"和"本年累计计划产量"项目。分别根据本月和本年产品产品产量计划填列。

②"本月实际产量"和"本年累计实际产量"项目。根据统计提供的产品产量资料或产品入库单填列。

③"成本项目"栏各项目。应按具体规定填列。

④"主要技术经济指标"栏。反映主要产品每一单位产品产量所消耗的主要原材料、燃料、工时等的数量。

⑤"历史先进水平"栏。应当根据历史上该种产品成本最低年度的实际平均单位成本填列，但不可比产品不填列。

⑥"上年实际平均"栏。应当根据上年末本表"本年累计实际平均"栏数据填列，但不可比产品不填列。

⑦"本年计划"栏。反映本年计划单位成本和单位用量，应根据年度计划资料填列。

⑧"本月实际"栏。反映本月实际单位成本和单位用量，应根据本月产品成本计算单等相关资料填列。

⑨"本年累计实际平均"栏。应当根据该种产品自年初起至本月末止完工入库总成本除以本年累计实际产量后的商填列。

13.4.3　主要产品单位成本表分析

主要产品单位成本表的分析应当选择成本超支或节约较多的产品有重点地进行，以更有效地降低产品的单位成本。因此，企业应当首先对各种主要产品的单位成本计划完成情况进行分析,以确定成本超支或节约较多的重点产品,然后再按其成本项目,如直接材料、直接人工、制造费用等进行具体分析。

1. 产品单位成本计划完成情况分析

例 13－5 根据表 13－2 的资料,编制该公司全部产品单位生产成本分析表,如表 13－8 所示。

表 13－8　全部产品单位生产成本分析表

编制单位:××公司　　　　　　　　　　　20××年12月　　　　　　　　　　　　　　元

产品名称	上年实际	本年计划	本月实际	本年累计实际	本年实际比上年降低	本年实际比计划降低	本年实际比本月降低
A	300	302	306	305	－ 5	－ 3	1
B	400	396	393	395	5	1	－ 2
C		500	498	499	——	1	－ 1
D	—	450	250	400	——	50	－ 150

从表 13－8 可以看出,B、C、D 三种产品的单位成本计划完成较好;虽然 B、D 两种产品的本月单位成本高于本年累计实际单位成本,但是本年实际单位成本还是低于上年实际单位成本和本年计划单位成本。A 产品的本年累计实际单位成本和本月实际单位成本都高于本年计划单位成本与上年实际单位成本,且可能是逐年提高的;A 产品的本月实际单位成本高于本年累计实际单位成本,表明可能本年实际单位成本也将逐月提高。因此,A 产品成本会超支,该公司应把 A 产品确定为重点产品。

2. 产品单位成本各主要项目分析

① 原材料成本的分析。从表 13－7 中可知,A 产品原材料成本占该产品单位成本的 50% 左右,比重较大,而且本月实际原材料成本超过了本年计划、上年实际平均、历史先进水平,也超过了本年累计实际平均数,因此应当作为重点项目进行分析。

② 直接人工的分析。从表 13－7 中可以看出,A 产品单位成本中的直接人工本年累计实际平均数高于本年计划数,本月实际数低于本年累计实际平均数和本年计划数。但是本年计划数仍高于上年实际平均、历史先进水平,说明该产品的直接人工成本已经明显好转,应当进一步查明原因。

③ 制造费用的分析。制造费用一般间接计入生产费用,在成本会计实务中,企业产品成本中的制造费用一般是根据生产工时等标准分配计入的,因此产品单位成本中制造费用的分析通常同实行计时工资制度下的产品单位成本中的直接人工成本的分析相似,即制造费用是由工时消耗量和工时价格(每小时的制造费用成本)两因素变动引起的——可以采用因素分析法进行分析。

13.5　制造费用明细表的编制和分析

制造费用明细表是反映企业在报告期(月、季、半年、年)内发生的制造费用及其构成情况的报表。通过该表可以了解制造费用各构成项目的实际发生及其增减变动情况,分析和考核制造费用预算或计划的执行情况及其结果,充分揭示差异及其产生的原因。

13.5.1　制造费用明细表的结构

制造费用明细表一般按费用项目分别反映其本年计划数、上年同期实际数、本月实际数、本年累计实际数。其明细项目,各行业、各企业并不完全一致,因此应列示哪些明细项目,可由企业根据其生产经营特点和管理要求及重要性原则自行确定。其一般格式如表 13 - 9 所示。

表 13 - 9　某公司制造费用明细表

编制单位:某公司　　　　　　　　　　　　20 × × 年 12 月　　　　　　　　　　　　　　　元

费用项目	本年计划数	上年同期实际数	本月实际数	本年累计实际数
职工薪酬	37 926	3 910	3 708	40 348
折旧费	14 050	1 354	1 236	14 460
办公费	350	111	218	893
水电费	4 210	429	407	4 415
保险费	3 509	384	364	3 883
机物料消耗	4 915	512	465	4 948
低值易耗品摊销	1 400	158	138	1 523
劳动保护费	1 756	196	174	1 903
其他	2 117	466	560	3 755
制造费用合计	70 233	7 520	7 270	76 128

13.5.2　制造费用明细表的编制方法

① "本年计划数"栏。应当根据本年制造费用计划资料填列。

② "上年同期实际数"栏。应根据上年同期的本月实际数填列。

③ "本月实际数"栏。应根据制造费用明细账中本月发生数填列。

④ "本年累计实际数"栏。应当根据企业各基本生产部门制造费用明细账上自年初至本月末止的本年累计数据汇总计算填列。

值得注意的是,由于辅助生产部门的制造费用已通过辅助生产费用的分配转入基本生产部门制造费用、管理费用等相关的成本费用项目,为了避免重复计算,制造费用明细表中只反映基本生产部门的制造费用,不反映辅助生产部门的制造费用。

13.5.3　制造费用明细表的分析

对制造费用进行分析一般采用比较分析法和构成比率分析法。

① 采用对比分析法进行分析时,通常先将本月实际数同上年同期实际数进行对比,揭示本月实际数和上年同期实际之间的增减变化。在表中列有本月计划数的情况下,则应先进行这两者的对比,以便分析和考核制造费用月份计划的执行成果。

在将本年累计实际数同本年计划数进行对比分析时,如果不是 12 月份的报表,这两者的差距只是反映年度内计划执行的情况;如果该表是12月份报表,则本年累计实际数和本年计划数的差异就是全年对应计划执行的结果。为了具体分析制造费用增减变化和计划执行情况的好坏及其原因,上述对比分析应该按照费用项目进行。由于制造费用项目很多,分析时应该选择超支或节约数额较大的或费用比较重大的项目有重点地进行。评价分析制造费用的各项目超支或节约时应该联系费用的性质和用途进行具体分析,不能简单地认为超支就是不合理,节约就是合理。

在采用构成比率分析法进行制造费用分析时,可以计算某项费用占制造费用总额的构成比率,也可以将制造费用分为同机器设备使用无关的费用(如车间管理人员的工资和福利费)、同机器设备使用有关的费用(如机器设备的折旧费、修理费等)及非生产性损失等几类,分别计算其占制造费用合计数的构成比率,分析其构成是否合理。还可以将本月实际和本年累计实际的构成比率同本年计划的构成比率和上年同期实际的构成比率进行对比,揭示其差异和上年同期的增减变化情况,分析其差异和增减变化情况是否合理。

项目·小结

成本分析是按照一定的原则,采用一定的方法,利用成本核算资料及其他有关资料对企业成本费用水平及其构成情况进行分析研究,查明影响成本费用升降的具体原因,寻找降低成本、节约费用的潜力和途径以达到用最少的劳动和资源消耗,取得最大的经济效益的一项管理活动。成本分析的目的是为了改进生产经营管理体制,节约生产耗费,不断降低成本,提高经济效益。

工业企业成本报表是内部报表,所以格式、编制方法等有一定的灵活性,一般包括商品产品成本表、主要产品单位成本表、制造费用明细表及期间费用明细表等。工业企业成本分析的方法一般有比较分析法、比率分析法、连环替代法等,不同的报表分析的内容不同,所起的作用也不同,因此应采用不同的分析方法。

影响成本分析的因素可以分为固有(先天性)因素、宏观因素和微观因素三大类。企业成本分析的任务是:揭示成本差异原因,掌握成本变动规律;合理评价成本计划完成情况,正确考核成本责任单位的工作业绩;检查企业是否贯彻执行国家有关的方针、政策和财经纪律;挖掘降低成本的潜力,不断提高企业经济效益。成本分析时要着重掌握下列原则:全面分析和重点分析相结合的原则;专业分析和群众分析相结合的原则;经济分析和技术分析相结合的原则;纵向分析和横向分析相结合的原则;事后分析和事前、享中分析相结合的原则;报表数据分析和实地分析相结合的原则。成本分析评价标准主要有历史标准、行业标准和预算标准等。

思考题

1. 什么是成本报表? 有什么作用? 有哪些特点?
2. 简述成本报表的分类。
3. 什么是成本报表分析?
4. 简述成本报表分析的方法?

练习题

一、单项选择题

1. 企业的成本报表是一种(　　)。
   A. 对外会计报表　　　　　　　　　　B. 对内会计报表
   C. 静态会计报表　　　　　　　　　　D. 动态会计报表

2. 工业企业成本报表,总的来说,反映工业企业的(　　)。
   A. 生产费用　　　　　　　　　　　　B. 生产经营费用
   C. 经营管理费用　　　　　　　　　　D. 经营管理费用和产品生产成本

3. 产品生产成本表是一种反映(　　)生产成本的报表。
   A. 全部产品　　　　B. 主要产品　　　　C. 可比产品　　　　D. 合格产品

4. 比率分析法是通过计算(　　)的相对数,借以考察经济业务相对经济效益的一种分析方法。
   A. 实际数和计划数之间　　　　　　　B. 各个不同的相关指标之间
   C. 某项指标的各个组成部分占比　　　D. 连续若干期相同指标之间

5. 连环替换分析法和差额计算分析法(　　)。
   A. 两者没有任何联系　　　　　　　　B. 两者是一种分析方法
   C. 后者是前者的简化的计算方法　　　D. 两者计算原理和计算结果可能不同

6. 下列各项中,不属于产品生产成本(按成本项目反映)表反映内容的是(　　)。
   A. 在产品、自制半成品期初余额
   B. 在产品、自制半成品期末余额
   C. 上年实际产品生产成本
   D. 按上年实际单位成本计算的本年产品生产成本

7. 既反映本期发生的生产费用,又反映本期完工产品成本的报表是(　　)。
   A. 按成本项目反映的产品生产成本表　　B. 按产品种类反映的产品生产成本表
   C. 主要产品单位成本表　　　　　　　　D. 制造费用明细表

8. 制造费用明细表反映工业企业(　　)。
   A. 各生产单位的制造费用
   B. 辅助生产车间的制造费用
   C. 基本生产车间的制造费用
   D. 基本生产车间和辅助生产车间的制造费用

9. 工业企业的期间费用明细表不包括(　　)。
   A. 制造费用明细表　　B. 管理费用明细表　　C. 销售费用明细表　　D. 财务费用明细表

10. 下列各项中,不属于产品生产成本(按产品种类反映)表反映内容的是(　　)。
    A. 本年计划总成本
    B. 按本年计划单位成本计算的本年产品生产成本
    C. 按上年实际单位成本计算的本年产品生产成本
    D. 本年累计实际平均单位成本

二、多项选择题

1. 企业的成本报表一般包括(　　　　　)。
   A. 产品生产成本表
   B. 主要产品单位成本表
   C. 制造费用明细表
   D. 管理费用明细表

2. 采用连环替换分析法时,各因素的顺序(　　　　　)。
   A. 可以任意排列
   B. 应按一定原则排列:先质量后数量
   C. 应按一定原则排列:先实物量因素,后价值量因素
   D. 应按一定原则排列:涉及两个或几个相同性质的因素中,先主要后次要

3. 对比分析法可以从以下几个方面对比(　　　　　)。
   A. 实际和计划
   B. 实际和定额
   C. 本期实际和前期实际
   D. 本企业本期实际和国内外同行企业先进水平

4. 成本报表的编制要求一般包括(　　　　)。
   A. 真实可靠
   B. 相关可比
   C. 内容完整
   D. 编报及时

5. 成本报表分析的方法一般有(　　　　)。
   A. 比较分析法
   B. 比率分析法
   C. 趋势分析法
   D. 因素分析法

三、判断题

1. 产品生产成本表按产品种类反映和按成本项目反映的作用是相同的。　　　　(　　)

2. 按计划产量、计划品种比重和计划单位成本确定的成本计划降低率,同按实际产量、计划品种比重和计划单位成本算出的成本降低率是一致的。　　　　(　　)

3. 产品产量、产品品种比重和产品单位成本 3 个因素,对可比产品成本的降低额都有影响。　　　　(　　)

4. 企业成本报表是对外报表。　　　　(　　)

5. 采用连环替代法,在测定某一因素变动影响时,是以假定其他因素不变为条件的,也就是在其他因素不变的条件下,确定这一因素变动的影响程度。　　　　(　　)

四、计算题

某工业企业某月某种产品的原材料费用计划 156 000 元,实际 139 810 元,降低 16 190 元。

该种产品的数量为:计划 400 件,实际 410 件;单件消耗为:计划 30 千克,实际 31 千克;每千克原料单价为:计划 13 元,实际 11 元。

要求:

（1）采用连环替换分析法和差额计算分析法计算产品数量、单位产品、耗料数量和原料单价变动对原材料费用的影响。

（2）核对两种分析方法的计算结果。

参考文献

［1］ 江希和,向有才.成本会计教程［M］.北京:高等教育出版社,2019.

［2］ 于彩珍.成本会计实务［M］.3 版.厦门:厦门大学出版社,2019.

［3］ 万寿义,任月君.成本会计［M］.5 版.大连:东北财经大学出版社,2019.

［4］ 张德容,徐畅,廖国和.成本会计学［M］.南京:南京大学出版社,2017.

［5］ 潘飞,乐艳芬.成本会计［M］.5 版.上海:上海财经大学出版社,2018.

［6］ 苗爱红,王晓敏.成本会计实务［M］.北京:清华大学出版社,2019.

［7］ 陈小英,陈梅容,杨承亮.成本会计理论与实务［M］.北京:清华大学出版社,2019.

［8］ 于富生,黎来芳,张敏.成本会计学［M］.北京:中国人民大学出版社,2018.

［9］ 丁小华.成本会计［M］.北京:科学出版社,2019.